宽窄说

烟草之书

了解烟草的前世今生

四川中烟工业有限责任公司　编著

段炼　编撰

华夏出版社
HUAXIA PUBLISHING HOUSE

四方过客行，皆吟此圣物。

教人无劳苦，休憩亦胜神。

悠然卧榻上，常令妙时过。

平和心性起，家眷同安乐。

世事皆随意，泰然自取悦。

饰以非凡色，浓香坠欲滴。

虽无美人色，君子趋若鹜。

人共羡其度，瘾者独惜末。

欲索飘然物，神游共此处。

——〔英国〕乔治·戈登·拜伦

序

烟草是源自美洲大陆的一种古老而神奇的植物。根据最新的分子生物学研究，烟草起源于南美洲安第斯山脉，这个地区也被认为是美洲大陆的第一个独立农业起源地。除了烟草，全球广泛种植的玉米、马铃薯、花生、南瓜等作物也诞生于这里。

在 15 世纪之前，美洲的印第安人的生活方式仍停留在刀耕火种的阶段，对于烟草的认识、生产和使用也还处于原始状态。在脱离了神化和巫术化以后，吸食烟草逐渐成为印第安人的一种生活方式与习惯，烟草成为印第安部落之间交换或赠送的一种贵重礼物。

烟草是一种发现相对较晚的农作物。在哥伦布发现新大陆之前，除了美洲的印第安人，全球范围内没有人知道烟草是什么。1492 年，哥伦布在古巴岛发现了烟草，然而仅仅经过 100 多年，烟草就几乎传遍了全世界。

对于烟民来说，烟草的独特价值在于其具有兴奋剂和镇静剂的双重作用。临床研究发现，吸烟可以加快人体多种机能活动，尤其是肾上腺素的分泌，从而加快心脏跳动。然而，烟民往往将烟草视为一种镇静剂。这种看似矛盾的功能正是烟草吸引人的原因，因为实际上人们吸烟主要出于这两个目的。

1492 年，哥伦布在古巴岛发现了烟草，然而仅仅经过 100 多年，烟草就几乎传遍了全世界。

无论是高兴还是忧郁，紧张还是悠闲，面对众人的聚会还是感到孤独的陌生环境，人们都会吸一口烟。吸烟可以被看作对做好事情的奖赏，也可以被看作对做糟事情的安慰。吸烟可以让人轻松应对日常生活中的烦恼，似乎还能缓解遇到的不利情况。同时，它还可以使烟民的生活有规律。总而言之，虽然烟草只是一种商品，但它是一种绝佳的情绪调节剂，是一种能让人感到亲近的物品。

明朝万历年间，烟草通过"海上丝绸之路"传入中国，随后逐渐发展为全国范围内盛行的农产品和消费品，对中国人的生活具有重要作用。从明末清初烟草进入中国，到民国时期烟草工业的启蒙，再到现代化制烟业的发展，烟草产业不仅见证了中国经济的崛起和社会的变革，还对国家和社会生活产生了重要影响。

在美国杜克大学的档案中，记载了建校者詹姆斯·布坎南·杜克的一段历史。1881年发明卷烟机后，詹姆斯·布坎南·杜克翻阅世界地图，调查各国人口。他找到了一个拥有4.3亿人口的国家，惊呼道："我们的香烟就要卖到这里！如果每个中国人每天抽一支烟，加起来就是4.3亿支，这是多么动人的数字啊！"1890年，杜克开始向中国出口香烟。然而，他肯定想不到的是，一百多年后，4.3亿支香烟只不过是中国烟民不到半天的消耗量。作为世界上最大的发展中国家，中国代表了世界烟草业的未来。全球10亿烟民中，有3亿多是中国人。

在中国文化史上，烟草是一个极具特殊意义的存在。它不仅是一种独特的文化符号，更是承载着丰富的历史、民俗、宗教、医学等多种文化信息的物质载体。

本书以历史为线索，描述了中国烟草产业的起源、变迁和发展，展现了中国烟草的文化、经济、社会等方面的真实图景。本书以科学严谨的态度，收集和整理了大量与烟草相关的历史文化资料，力图还原烟草在中国的真实发展过程，并通过对历史的诠释展示烟草文化的多样性、矛盾性和复杂性。

通过对比不同历史时期的烟草文化，我们可以看到人类文明的发展以及人类对烟草的认识和态度如何发生变化，同时也可以了解现代中国烟草产业的发展及其对社会和经济的影响与贡献。当然，我们也不得不关注烟草对人类健康的危害和相关社会问题。

本书兼顾学术性和通俗性，在阅读过程中，读者既可以感受到历史的厚重感，也能够了解到现代制烟业的发展和变化，以及丰富的烟草知识和文化。希望本书能够对广大读者有所启发和帮助，也希望它能够成为普及烟草文化知识的一本开放式的参考书。

相信这本书将给广大爱好历史、文化等人文科学的读者以及烟草爱好者带来不同寻常的阅读体验，同时使我们能够更加深入地认识和准确把握烟草文化的内涵与价值，对探索烟草在当代社会中所具有的发展性和建设性作用有所帮助。

目　录

前　言

1492 年，哥伦布发现了新大陆，无意间也发现了烟草，从此开启了烟草世界的新版图。从 16 世纪到 18 世纪，欧洲列强进行了大规模的海外扩张和殖民地争夺，导致大规模的人员、动物、植物的跨洲交流和贸易。在这个过程中，烟草经历了 100 多年的时间，从美洲大陆传播到了全世界，成为全球重要的经济作物和大众嗜好品。

烟草作为原产新大陆的一种新奇植物，凭借其所带来的愉悦感和药用功效，逐渐引起了欧洲人的关注和兴趣。在当时的欧洲社会，烟草受到社会名流的推崇、医学家的肯定以及文人的赞赏，但同时也遭到了统治者、宗教人士、医生的质疑和反对。然而，烟草凭借其独特魅力克服了各种困难，最终成为普罗大众的嗜好品。正如英国加莱赫烟草公司的墙上刻着的一位作家的名言："在所有所需品都是制造出来的情况下，没有一件比烟草造得更好了。它是饥饿人的食物，哀愁人的兴奋剂，失眠人的酣睡，冻得发抖人的炉火。先生，普天之下没有任何香草像它一样。"

据出版于 1815 年的《烟草论》一书所述："烟草已经征服了全人类：阿拉伯人在沙漠里种植它；日本人、印度人和中国人都在追捧它；无论是在炽热的非洲地区还是在寒冷地带，它的身影无处不在。吸烟已然成为地球上每一个文明社会都不可或缺的风俗。"

它是饥饿人的食物，哀愁人的兴奋剂，失眠人的酣睡，冻得发抖人的炉火。

烟草燃烧后所产生的烟气是一种由气体和数千种化合物微小颗粒组成的混合物。这些颗粒的直径从十万分之一英寸到五十万分之一英寸不等，到今天为止，人们可以确认的大约有四千多种。这其中就包括尼古丁，一种碱性化合物，它随着呈固态颗粒状的未充分燃尽烟叶的烟雾悬浮着进入人体内。人们笼统地把这些东西称为"焦油"。而口腔中呈碱性的唾液，又正好为尼古丁这种外来物穿过细胞膜并最终被人体吸收打开了方便之门。

通常用于斗烟、雪茄、嚼烟以及鼻烟的深色烟叶是碱性的，而卷烟使用的是通过烘烤调制的"淡色"烟叶，由于化学成分的变化，卷烟产生的烟气更偏酸性，不太容易被口腔吸收。所以，深色烟草燃烧后产生的烟雾进入口腔，其中的尼古丁会逐渐被口腔黏膜和唾液吸收，并慢慢消化，对内部组织影响较小；而其他粗糙的化合物颗粒在到达喉部末端时会引发咳嗽和刺激，如果将烟气吞下去，还会引起恶心或其他不良反应。相反，使用"淡色"烟叶的卷烟所产生的酸性烟雾，会顺利进入呼吸系统的支气管，最后到达细小的肺泡。在这里，尼古丁和其他化合物颗粒很容易穿过极薄的细胞膜进入血液系统。相较于斗烟、雪茄和嚼烟所用的颜色深且味道浓的烟叶，卷烟产生的烟雾更容易进入人体内部系统，所以在人体内的反应更为复杂，对人体的危害性也更大。这也是欧美国家对卷烟的管制更为严格的主要原因。

烟草和玉米、番薯一样，都是在明朝万历年间从西班牙殖民地菲律宾传入中国的。明朝末年就有记载："烟草自古所未闻，近自我明万历时，出于闽广之间，自后吴楚地土皆种植之。"

传入中国后，烟草最初被称为淡芭菰、姜丝草、八角草等。四百多年来，中国人吸烟的方式经历了几次大的转变，从烟斗、鼻烟、水烟、雪茄再到卷烟。烟斗最早由外国使馆和商人引入上海、北京等地，随后开始流行。在英美租界，海关人员使用烟斗吸烟，从而使其普及开来。清末民初，水烟袋受到富裕家庭的喜爱，人们认为吸水烟较为卫生，同时味道也较为醇厚。然而，由于使用较为烦琐，水烟袋主要适用于室内场所，到 20 世纪 60 年代末，这种吸烟方式就很少见了。

在中国的传统文化中，烟草常被视为具有防病、驱虫和祭祀功能的神物。这种传统观念和独特的文化背景使得吸食烟草的行为在精神和道德层面上被人们广泛接受。

民国时期益川工业社生产的淡芭菰雪茄

1905 年，日本华侨简照南在香港创办了"广东南洋烟草公司"，生产了中国第一支国产香烟。由于其广告强调"中国人吸中国烟"，得到国人的情感认同，其生产的"双喜""飞鹤"等品牌香烟夺回了被国外品牌占领的部分市场，并为中国烟草未来发展奠定了基础。随着1918年四川什邡"益川工业社"的成立，中国工业化、规模化生产雪茄的工厂也开始出现。

在中国，吸烟几乎成为全民活动。爱面子的中国人将其视为愉悦精神和促发灵感的娱乐活动。高档香烟与财富和地位等价，成为社会精英炫耀性消费的象征。在中华民国成立后，新型知识分子和文人墨客纷纷选择吸食香烟，以显示自己的成熟、进步和思想开明，与封建王朝划清界限。

中国传统儒医相信"阴阳二元论"，认为烟草燃烧产生的烟气可以激发活力、提升元气，"温补派"甚至认为烟草可以提振男性气质。这促使烟草逐渐融入中国传统药补和食补的范畴，受到追求养生人士的钟爱。尽管社会逐渐意识到烟草的危害性，但中国人圆融、中庸的性格使得对烟草的态度模棱两可——烟草的有害性因人、时机和地点而异，是食物还是药物，人们众说纷纭、意见不一，更加深了对烟草的欲罢不能。

烟袋、鼻烟壶、雪茄、卷烟、电子烟等多种吸食工具和方式勾勒出了中国烟草的变迁史。尽管四百多年来，人们对待烟草的态度随着社会的变迁而不断变化，但中国烟民在与国外消费理念和生活方式碰撞互动的过程中，使之不断与自身习惯和文化传统相适应，形成了具有中国特色的烟草消费文化。

在烟民众多的中国，吸烟很快就成为重要的社交礼节，甚至成为男人们交往的黏合剂。在男性群体中，若是其中有人要

雪茄是一个优雅的生活方式的完美补充。

——乔治·桑

抽烟,那么必须首先向其他人敬烟。只有彼此分享,才不算失礼。同样,如果一个人有求于别人,敬烟是必不可少的。即便自己不吸烟,也要向对方敬烟。实际上,单靠敬烟还不够,还需要为对方点烟,以示谦逊。在托人办事时,烟草扮演着"敲门砖"的角色。陌生人相互搭讪时,也可以通过"借火、递烟"来拉近距离。青少年们为了成为真正的男人,也会偷偷地模仿抽烟,以显示自己能够进入成年人的世界。

从 1980 年开始至今,中国的卷烟产量和吸烟人数一直位居全球首位。中国的烟草产量等同于七个主要的烟草生产国(美国、日本、英国和德国等)的总和。

改革开放以后,在专卖制度和庞大烟民的支持下,现代中国烟草产业变得更加稳固和强大,成为财政收入的重要来源,对中国经济和社会发展做出了重大的贡献。

第一章 烟草溯源

1. 烟草的起源

烟草就像西红柿、马铃薯和辣椒一样，属于茄科植物，是一种一年生或有限多年生的草本植物。烟草属于茄科中的烟草属，共有 66 种。根据花的颜色，它们可以分为红花烟草和黄花烟草。红花烟草适宜在温暖地区种植，是一年生或二至三年生的草本植物；黄花烟草也称为董烟草，适合在低温地区栽培，是一年生或两年生的草本植物。

在中国，除了黑龙江的"蛤蟆烟"、新疆的"莫合烟"和甘肃的"水烟"，其他地区种植的烟草大都是红花烟草，因此红花烟草也被称为普通烟草。此外，还有一种由智利人培育出的白花烟草，绿叶白花，一般只用作观赏花卉。

关于烟草的具体起源地问题，一直存在着多种说法。烟草作为一种生命力极其强盛、适应性极其广泛的植物，其起源问题存在着多元论和二元论的观点。一组最近的生物地理学研究报告称，现代烟草起源于安第斯山脉的高地，很可能是两个较古老的物种杂交的结果。早在西班牙殖民之前，烟草就在其起源地及以外的地方广泛分布，遍及南美洲，进入中美洲，并在不迟于公元前 300 年到达北美东部林地。尽管学术界内部存在一些争论，认为某些品种可能起源于中美洲或墨西哥南部，但最被广泛接受的理论是现代烟草起源于两个祖先物种的历史范围相交的地方。

南美洲是烟草的发源地，这里的气候条件非常适宜烟草生

红花烟草

长。根据考古学家的研究，关于烟草的最早证据可以追溯到公元前5000年左右。当时，南美洲的印第安人开始种植烟草，并将其用于祭祀和医疗。在印第安人的文化中，烟草被视为一种与神灵交流的工具，他们将其作为神圣的植物，用于吸引神性力量并与之沟通。印第安人在召开部落会议时，主持人往往将烟草装在一个烟管中，点燃后连续喷烟三次，第一次喷向天空，感恩天神；第二次喷向大地，感恩地母；第三次喷向太阳，感恩太阳的照耀。

根据1535年出版的《印第安通史》记载，印第安人有个嗜好就是吸烟，一直吸，直到失去知觉，躺在地上像喝醉了酒一样。烟草在印第安人的生活中扮演着重要的角色，不仅是一种草药，还被用于祭祀、社交和娱乐。

在欧洲殖民者抵达南美洲之前，烟草已经被当地居民广泛使用了数千年。1492年，哥伦布的远征队发现了美洲新大陆，并第一次接触到烟草，随后将其带回欧洲。然而，烟草刚传入欧洲时并不受欢迎，因为当时的基督教社会认为吸烟是一种邪恶和令人生厌的行为。

在欧洲殖民者抵达南美洲之前，烟草已经被当地居民广泛使用了数千年。

尽管欧洲人一开始对烟草持有负面态度，但烟草仍然被广泛传播到全球其他地区。在16世纪和17世纪，烟草成为欧洲人在美洲交易的主要商品之一。同时，欧洲人也开始将烟草带到其他大陆，如非洲和亚洲。在这些地方，烟草受到了当地人的喜爱，并逐渐成为其日常消遣的一部分。

随着时间的推移，烟草的使用方式也发生了变化，人们逐渐开始将其作为一种刺激剂和社交聚会的一部分。在 18 世纪末期，享用烟草制品成为欧洲和美洲中上层社会的时尚，吸烟被视为一种高雅的生活方式。鼻烟在贵族中很流行，在法国宫廷同样如此，据说拿破仑每月需要耗费 7 磅多的鼻烟。鼻烟在中国满族和蒙古族贵族中同样受到热捧，并出现了盛极一时的鼻烟壶文化。到了清朝中期，中国鼻烟壶甚至成为最尊贵的国礼之一，流传世界。

烟草被认为是新世界中最早被培育和使用的植物之一，它可以令人愉悦并引发狂喜。大量摄入烟草还会引起幻觉，使用极端剂量会使心率降低，在某些情况下还会让人进入紧张的状态。烟草有多种使用方式，包括咀嚼、舔食、进食、嗅探和灌肠，但吸食是最有效和最常见的使用方式。在欧洲殖民统治时，烟草同时也是美洲使用最为广泛的麻醉剂。

巴西印第安人使用的荷兰烟斗

延伸阅读：烟草起源假说

关于烟草的起源存在多种说法。其中一种观点认为，烟草起源于非洲。美国语言学家魏纳尔在他的著作《美洲与美洲的发现》中指出，烟草可能是很久以前由非洲黑人横渡大西洋带到美洲的，与此同时，非洲人在吸烟和使用烟斗方面的历史可以追溯到哥伦布到达美洲之前的数千年。然而，这种说法主要基于语言学的证据，缺乏可靠的考古材料支持，因此长期以来未得到广泛支持。

另一种观点认为烟草起源于美洲。考古发现表明，在人类尚处于原始社会阶段时，烟草就已经进入了美洲居民的生活。人们在采集食物时无意识地摘取烟草叶子放在嘴中咀嚼，由于其具有刺激性，能够恢复体力和提神，因此咀嚼烟草以至抽烟渐渐形成一种嗜好。根据考古学家的研究，人类使用烟草最早的直接证据来自墨西哥南部贾帕思州倍伦克的一座建于公元432年的神殿中的浮雕，浮雕上描绘了一个叼着长烟管的玛雅人，他在举行祭祖典礼时吹烟和吸烟，头部还用烟叶裹着。

此外，在美国亚利桑那州的一些印第安人居住过的洞穴中，考古学家还发现了遗留的烟草和烟斗中的烟灰，据推测这些遗物的年代大约在公元650年左右。另外，14世纪时，在萨尔瓦多也有记载人类吸食烟草的情况。可以说，美洲原住民在很早的时候就已经拥有吸烟的习惯。随着对美洲历史的深入挖掘，烟草的历史可能会追溯到更早的时期。此外，现代常见的红花烟草喜欢温热的气候，这也进一步提高了烟草源于热带美洲的观点的可信度。

吸烟的印第安人

还有一种说法认为烟草起源于埃及。据称，一些埃及考古学家在古埃及中王国时期法老的墓穴中发现了陶制烟斗，这些古墓建造于公元前 22 世纪至公元前 18 世纪。这次发现的陶制烟斗被认为是迄今为止世界上最早的烟斗，有人据此认为古埃及人是世界上最早抽烟的民族。

烟草起源的蒙古说是由美国学者沃尔费在他的著作《香料烟》中提出的。根据对人类学的研究，他认为烟草最早起源于蒙古，理由是美洲印第安人是来自亚洲的蒙古人种。他认为东亚大陆的中国人和蒙古人可能在大约 20000 到 15000 年前，带着烟草种子和吸烟习惯从西伯利亚通过白令陆桥来到阿拉斯加，然后在美洲各地散居。随后，烟草通过欧洲传回了中国。

烟草起源于中国的观点是近年来我国烟草界的一些研究

人员在研究烟草历史和编写地方烟草志时提出的。他们对烟草在中国只有400多年历史的观点表示质疑，并提出了烟草源于中国或蒙古的观点。目前人们所种植的烟草只有红花烟草和黄花烟草这两个品种，根据已有的资料，这两个品种是从美洲传入我国的。但我国也存在野生的烟草，例如《滇南本草》中记载的"野烟"。在四川的什邡、绵竹等地仍然可以找到被称为"野烟"的野生烟草，它们的植株很小，叶子形状与烟草相似，颜色较浅，但没有人将其作为烟草的替代品来吸食的记录。此外，还有一些资料显示，河南嵩山林荫中有一种外形类似烟草的野生茄科草本植物，当地人有采摘和吸食的习惯。这种植物也分布在秦岭地区，所谓的华山参就是指这种植物的根部，但它有毒，不可食用。此外，在云南南部和西双版纳地区分布着一种多年生的野生烟草，具有很好的抗病虫性能。虽然目前的调查研究还不完全，但可以相信在亚洲热带地区以及我国亚热带和温带地区可能存在着类似烟草的原生植物分布。有人称，近年发现的"昭君出塞"壁画中，使臣随从所背的袋子就是装烟草的。

1939年12月20日发行的《张建通讯》半月刊称："早在汉朝以前，中国就有种植烟叶，并设有专门的官员负责征税。"另外还有记载，三国时期诸葛亮率军南征时，士兵感染疟疾，当地居民送来蓶叶芸香草，烧后吸其烟以驱散疟疾。后来芸香草被引入甘陕地区，逐渐成为当地家种烟叶。山东兖州、河南邓州是著名的晾晒烟产区，那里的烟农们认为，他们种植的烟草就来源于三国时期诸葛亮为了避免疟疾而使用的芸香草，芸香草经过栽培和驯化，演变成了今天的晾晒烟。元朝时期的文献《云南志略》中记录，金齿百夷（即今天的傣族、景颇族）有嚼烟草的习俗和爱好。很明显，这些习俗的产生早于哥伦布发现烟草的时期。

2. 烟草最早的使用

古代南美洲的印第安人将烟草视为一种与神灵沟通的工具，并用它来进行占卜、治疗和祭祀等活动，他们相信吸烟能够获得神灵的祝福。印第安人还有把烟斗当作陪葬品的风俗，考古学家在北美阿尔冈琴族和马斯科基族印第安人的坟墓中发现过雕刻有动物图腾、人头和人物等的精美烟斗。

烟草的使用可以追溯到公元 5000 年前的南美洲。当时，在今天秘鲁和厄瓜多尔等地的印第安人已经开始种植和使用烟草，但他们是将烟草作为一种药物来使用。

使用烟草的习惯有可能是从吸鼻烟发展起来的。鼻烟是将烟草粉末通过鼻子吸入的方式。鼻烟管是与烟草相关的最古老的人造物品之一，在南美洲和中美洲都有发现。

随着印第安人征服了鼻子这一通道，他们开始将注意力转向肺部，发明了用肺部吸食烟草的方法。人类的肺具有双重功能，不仅用于呼吸，还可用于刺激。肺内有大量具有吸收能力的组织，每一英寸至少有一千条血管，它们从心脏向大脑输送氧气、毒物和吸入的其他气体。

南美洲有一个关于烟草的传说：一位公主去世后被抬到野外进行天葬，但神奇的是，她并没有被猛禽啄食，而是在一种植物辛辣的气味刺激下苏醒了过来。这种植物就是烟草。印第安人将其视为一种神奇的草药，称为"圣草"和"返魂草"。

没有烟，我只会流汗，一个字也写不出！

——老舍

烟草作为一种药物具有双重属性，这就部分解释了为什么它能够如此广泛地传播开来。小剂量的烟草对使用者有舒缓作用，而大剂量使用会导致幻觉、精神恍惚，有时甚至是死亡。

烟草的外用方法包括烟熏除虫和消毒，南美部落还使用烟草汁杀虱子。在图卡诺部落，男孩在成人仪式上要吸鼻烟。烟草被认为是成年人的象征，孩子们向往成年并希望吸烟。

印第安人最开始使用烟草是在口中咀嚼。后来，他们发明了各种吸食烟草的方法，比如用炭火燃烧烟叶，再用空心管吸烟气，也可以用烟叶或玉米叶卷成烟卷，再插入空心管中点燃，吸食烟雾，享受飘飘欲醉的感觉。

烟草是一种可以与粮食、棉花等重要农产品相提并论的作物。许多印第安部落将烟草种植作为一项重要的经济活动。同时，烟草也成了印第安部落内部和外部交流的一种手段，他们通过赠送烟草来表达友谊、尊重和感激，并在祭拜和谈判时将抽烟作为正式的仪式之一。

印第安人最初开始吸食烟草，可能并不是觉得烟草好吸，而是因为他们无法忍受蚊虫的叮咬。他们发现烟草燃烧后的烟雾可以有效驱赶蚊虫，因此，在田间劳作时，他们会点燃烟草，然后放在嘴里，为了不让烟叶熄灭，便用嘴吸一下，这可能是吸烟的原型。

印第安人对于烟草有一种浪漫的解释，认为烟草是由诸神创造的。神明为了给自己带来味觉上的特殊享受，创造了这种神奇的植物——烟草。在电闪雷鸣之时，诸神点起火，为自己点燃一支雪茄。在烟草传到旧大陆之后，这一解释催生了一个广为人知的神话故事：普罗米修斯的兄弟是最早的抽烟者。传说他将烟草和树叶扔在普罗米修斯盗来的火种上，青蓝色的烟雾随之升腾而起，他随即用禾秆抽吸，这可能就是最早的烟草品鉴活动。这种烟气缭绕的浪漫爱好，因为烟草具有某些疗效，甚至催生了早期的医疗团队。

美洲原住民吸烟

📖 延伸阅读：人类最早使用烟草的新证据

从 15 世纪烟草被发现开始，研究人员对于烟草的起源和使用时间一直存在争议。最近，在美国犹他州西部沙漠的一个狩猎采集营地，考古学家发现了烟草最古老的直接使用证据。

根据发表在《自然人类行为》杂志上的一篇论文（发布日期为 2021 年 10 月 11 日），北美的狩猎采集者大约在 12300 年前就开始使用烟草，比此前已记录的时间要早 9000 年。这个遗址位于一条史前河流的河道旁，该河流如今已经干涸。约在 13000 至 9500 年前，人们曾在这个地方扎营。在考古团队挖掘这个历史遗址时，他们发现一个古老的壁炉，其中有四颗已经燃烧过的烟草植物种子。

为了确定壁炉和其中物质的年代，研究人员使用了 C14 测年法。由于烟草种子本身非常小且易碎，无法进行准确的测年，但研究团队确认壁炉中燃烧的木材的历史大约是 12300 年。据推测，被烧焦的种子可能也具有相同的历史。

尽管该团队无法确定烟草的具体使用方式，但保存下来的种子表明烟草植物的叶子和茎已经被消耗殆尽。由于种子非常小且容易被植物的粘毛黏住，在采摘时它们可能已经被意外误捡。

研究人员认为，烟草种子不太可能自然沉积在壁炉中，并对此进行了调查。这些种子可能来自被猎杀的鸭子的胃中，或者来自壁炉附近生长的植物。然而，烟草植物通常生长在高地，远离湿地和典型的水禽食物。研究团队对该地区人类活动时期的沉积物进行了检查，但只发现了常见的湿地植物，没有发现烟草的痕迹。有趣的是，烟草种子与鹅掌草等可食用植物的种子一起被发现，这可能意味着烟草种子来自被捕猎的鸭子的胃中。

这项研究揭示了北美原住民在远古时期就开始使用烟草的事实，进一步扩展了我们对烟草起源和使用历史的了解。烟草在古代北美文化中可能具有重要的宗教、药用或社交意义，对这一发现的进一步研究将有助于我们更好地理解古代人类的行为和习俗。

印第安人使用烟斗吸烟

3. 烟草的发现

以旧世界的眼光来看，烟草是一种发现相对较晚的植物。在哥伦布发现新大陆之前，除了美洲的印第安人，其他地方的人并不知晓烟草的存在。

在 15 世纪的欧洲，人们充满兴趣和好奇地谈论着《马可·波罗游记》。马可·波罗是一位意大利探险家和商人，他在 13 世纪时曾经游历过亚洲各国。回到意大利之后，马可·波罗在威尼斯和热那亚之间的一次海战中被俘，被关进了监狱。在监狱里，他疯狂炫耀自己的旅行经历，由鲁斯蒂谦执笔写出了《马可·波罗游记》。这本书的主要内容与东方国家有关，因此也被称为《东方见闻录》。书中对中国的描述尤为详细，包括政治制度、农业、手工业、贸易和文化等方面，把中国描述成了富得流油的地方，遍地都是黄金。马可·波罗的旅行经历激发了西方人对神秘东方的向往，推动了新航路的开辟和新大陆的发现，对于中西方文化交流和互动有着深远的影响。

哥伦布就是在这一背景下开始了自己的探险之旅。他相信地球是圆的，认为从欧洲向西航行，可以到达亚洲东部的印度和中国。他希望不用绕过非洲就能到达目的地，从而节省所需要的时间和费用。他向西班牙女王伊莎贝拉一世提出了申请，并获得了资助，开始了他的第一次航海探险。

1492 年 8 月 3 日，哥伦布携带着送给印度君主和中国皇帝的国书，率领着 87 名船员和三艘百吨级的帆船从西班牙的巴罗斯港出发，向正西的大西洋深处驶去。经过 70 昼夜的艰苦航行，10 月 12 日，他们抵达了巴哈马群岛的圣萨尔瓦多岛。哥伦布的使者登陆后，发现当地居民都在吸食一种燃烧的烟叶，并一口口吸着烟雾。10 月 28 日，哥伦布到达了古巴岛。他误认为这里就是亚洲大陆，以为已经找到了寻找黄金的目的地——印度，于是带着礼物和信函登上了岛屿。但他并没有找到传说中的黄金，也没有见到君主，岛上到处可见的是吸烟的男男女女，哥伦布将他们称为印第安人。

哥伦布的两个探险队成员首次尝试吸食这种燃烧的叶子，欧洲和烟草之间的握手就此开始了。修士巴托洛梅·德拉斯·卡萨斯记录下了当时吸烟的情景："这两个基督教徒（杰雷兹和托瑞斯）在路上遇到了许多男女，他们手持火把，用一种干燥的香草获得香气，然后加入某种干燥叶子，制成火枪状物，类似男孩们在圣灵节制作的东西。他们点燃一头，在另一头吸或咀嚼，吸入烟雾，使自己陶醉其中，就像喝醉了一样，他们说这样能不感到疲倦。他们把这些我们称为火枪的东西称作塔巴果（Tabasco）。"探险队在这个岛上停留了三个星期后，最初尝试吸烟的杰雷兹和托瑞斯已经开始对烟草上瘾了。

根据史料记载，欧洲首位尝试烟草的人正是托瑞斯，他最初效仿印第安人的吸烟方式，使用原始的烟斗。他还将烟斗和烟叶带回了西班牙。哥伦布对这些烟草并无兴趣，但因为美洲原住民把烟草视为极其珍贵的植物，所以他还是决定留下并带回欧洲供专家分析。

在返回西班牙的帆船上，托瑞斯决定尝试用烟草吸烟，单

哥伦布的两个探险队成员首次尝试吸食这种燃烧的叶子，欧洲和烟草之间的握手就此开始了。

独体验一下效果。当他到达西班牙塞维利亚的阿亚蒙特港后，他决定在公共场合向人们展示吸烟。人们看到他口吐烟雾，以为是魔鬼现身，惊恐不已。因为这发生在西班牙宗教裁判所存在的时期（1478—1834），托瑞斯随即被当局调查。他向当局解释，烟雾是他从古巴带回的烟草植物产生的，与魔鬼无关。然而，由于当时西班牙是天主教君主统治，他们认为吸烟会影响宗教裁判所的形象，因此判处托瑞斯十年监禁，罪名是"施行妖术"。法庭认为托瑞斯应被视为恶魔般的人物。

哥伦布发现新大陆

西班牙人潘氏所著的《个人经历谈》可能是关于吸烟最早的文字记载。潘氏记载了他在1497年跟随哥伦布第二次航海到西印度群岛的经历，其中描述了他发现印第安人吸食烟草的情景。另一本较早谈到吸烟的书，是 1535 年出版的由航海史学家裴南蒂斯·奥威图所写的《印第安通史》，内有这样的记载："在别的邪恶习惯里，印第安人有种特别有害的，便是吸某一种烟……又便产生不省人事的麻醉状态……他们的酋长使用一种 Y 字形管子，将有叉的两端插入鼻孔，另一端装着燃烧的野草。他们用这种方法吸烟，直到失去知觉，伸着四肢躺在地上，像个喝醉酒酣睡的人一样。"

1536 年 5 月，探险家嘉蒂在美洲看到印第安人使用烟草的情况，他做了更加详细的记述："他们晒干烟草，用小袋子、石头或木头制作的管子来吸烟。他们使用烟草制作了一种类似管子的工具，将烟草放在一端点燃，并通过吸入烟雾使体内充满烟。印第安人相信吸烟可以保持温暖和健康。我也尝试了吸烟，感受到了辛辣的味道，有点类似胡椒。"

古印第安人抽烟的雕像

4. 烟草的传播

西班牙曾经是一个非常强大的国家，除了巴西以外，他们征服了整个拉丁美洲地区。西班牙的势力甚至延伸到亚洲，穿越了南非好望角到达印度洋。

1511 年，西班牙将古巴纳入殖民统治。西班牙商人开始购买非洲黑奴，在种植烟叶、甘蔗和咖啡等农作物方面展开经营。1518 年，西班牙征服者科特兹应哥伦布随行修道士的要求，从墨西哥带回了烟草。到了 1530 年，西班牙船员正式将烟草种子带回欧洲，并逐渐将其传播到欧洲其他国家。

在治疗雅司病、侵蚀性溃疡以及类似红斑狼疮和梅毒等疾病方面，烟草展示出惊人的功效。一位西班牙医生宣称："在恶劣环境下，士兵只需吸烟，就能预防感冒、抑制饥饿和口渴。西印度群岛的居民通过吸食这种上帝赐予的神奇植物，缓解了热带环境中的不适。"

大约在 1560 年左右，法国驻葡萄牙大使让·尼古特听说烟草具有提神解乏、止痛和治疗疾病的功效，尤其对头痛效果显著。恰好这时，法国王后凯瑟琳·德·美第奇正倍受头痛困扰。为了赢得王后的欢心，尼古特向她介绍了烟草的来源及其神奇之处，特别夸大了烟草治疗头痛的功效。王后听后非常高兴，亲自尝试了这种神奇的植物。从那时起，王后开始使用鼻烟，尽管她的病情时好时坏，但已经养成了吸食鼻烟的习惯。她不仅对尼古特充满信任，同时也深深喜欢上了烟草。很快，这一事件在法国宫廷中传开，王公贵族们纷纷效仿，开始吸食烟草。烟草的影响和价值也因此大幅上升，被称为"太后草"，在上层社会中广为流传。

1565 年，塞尔维亚一位名叫蒙纳第的医生写了一本名为《新世界的好消息》的小册子，详细描述了烟草的治疗功效，对烟草充满了赞美之词。蒙纳第医生首先强调了烟草对人脑的积极影响：它可以使人头脑清晰、精力充沛。然后向那些有"心胸疼痛、口舌糜烂以及呼吸不足"等症状的人推荐了烟草。接着，蒙纳第医生以更大的热情宣称烟草是一种能够治疗内部器官任何疾病的药物，可以治疗口臭，尤其是儿童吃肉过多引起的口臭，还可以治疗肾结石、蛔虫病、牙痛，甚至老虎咬伤和毒箭射伤等创伤。事实上，它可以治疗"任何一种创伤"。蒙纳第同时注意到了烟草对动物的功效，宣称它可治愈牛的"创伤腐烂"、蛆虫传染、口蹄疫以及各种已经出现的和可能出现的寄生虫病。在最后一章中，他列举了历史上的一个实际医疗案例，当"外科专家竭尽全力却无效"的时候，烟草治愈了头皮屑问题。《新世界的好消息》一书在欧洲出版后引起了轰动，被多个国家翻译并公开发行，引发了人们对烟草的广泛关注和兴趣。

1565 年，西班牙人占领了菲律宾群岛，并引入了烟草。自那时起，菲律宾开始了烟草的种植，烟草迅速发展成为该国一种非常具有经济价值的农作物。

同时期，法国传教士塞外特游历巴西进行探险时，观察到当地原住民有吸烟的习惯。他将烟草的种子和吸烟方法带回法

《新世界的好消息》一书在欧洲出版后引起了轰动，被多个国家翻译并公开发行，引发了人们对烟草的广泛关注和兴趣。

国，并在一本书中进行了夸张的宣传。他宣称，在巴西有一种植物，能够净化人类脑部的黏液，对身体有许多好处，能够解渴解饥。如果大量吸食，会让人有飘飘欲仙的感觉。在上流社会有尼古特的积极推崇以及塞外特夸张的宣传，吸烟的习惯不久以后就传入了英国。

从 1580 年开始，西班牙开始在哈瓦那种植烟草，雪茄的制作由政府垄断。雪茄在西班牙得到快速的发展，其制作工艺变得更加精细和复杂，切割和包装技术水平也显著提高，成为一门艺术。雪茄制作的每个步骤都经过熟练卷制工人的精心操作。成熟的烟叶需要技术熟练的工人进行筛选和加工，首先确定使用哪些烟叶以及烟叶的哪一部分来制作雪茄茄衣。茄衣被切割完成后，卷制工人用手将确切数量的烟叶卷成茄芯，然后手工完成雪茄的制作。复杂的工艺使得雪茄的制作成本较高，因此售价也相对较为昂贵。

西班牙王室和上层社会喜欢抽雪茄，并且遵循着雪茄的抽吸礼仪。当有人要求你点烟时，递雪茄之前要先把烟灰掸掉，点过后将他的雪茄递回，尽可能优雅地挥手，其他人有需要时才能将你自己的雪茄递给第三个人。他们喜欢在月光皎洁的夜晚，坐在城市大酒店的屋顶上，聆听着海浪声，在微风的吹拂下品味一支上等的雪茄。

西班牙人还格外注重雪茄的包装，他们制造出了精致的雪茄盒。雪茄盒的盖子上通常印有雪茄的品牌，正面标注着雪茄的形状和规格，背面标示雪茄的产地，底部则标注着雪茄的颜色。

西班牙人对雪茄的热爱以及对雪茄文化的推崇，促进了雪茄的普及和推广。这其中的主要因素在于古巴和菲律宾的雪茄工厂，在这些殖民地被割让给美国之前，雪茄一直由西班牙政府垄断生产。

1581 年，西班牙探险家发现阿兹特克人和玛雅人利用空竹管来吸食烟草，西班牙人也学着吸了起来，这种吸食烟草的方法被带回了欧洲，烟斗就这样逐步开始流行了。

有记载的第一幅吸烟的图画，1595 年

在 1590—1610 年间，精神抖擞的葡萄牙人将烟草带到了印度、爪哇、日本和伊朗，烟草的使用和种植迅速扩散开来。烟草扩散的范围包括从印度到锡兰、从伊朗到中亚、从日本到朝鲜、从中国到西伯利亚、从爪哇到马来西亚和新几内亚。

16 世纪末期，英国人描述了烟草刚传入英国时的情况：
"烟草的需求量很大，价格也很昂贵，但是很多人都非常喜欢
用烟斗吸烟，烟草店像酒馆一样在城镇中大量出现。"最初，
烟草以药用形式进入英国，人们传说它可以治疗各种疾病，包
括痛风、牙痛和水肿。随后，在植物药学家和医学家的积极推
介下，烟草的药用价值更加公开化和合理化，烟草成为日常使
用的药品之一。

进入英国后不久，烟草就成为宫廷贵族喜爱的时尚物品，
英国的中产阶级随后进一步将吸烟塑造成一种展示身份和地位
的重要工具。优雅地吸烟不仅能展示绅士风度、炫耀财富，还
是他们娱乐消遣的重要方式。英国人更喜欢使用烟斗作为这种
新习惯的工具，而西班牙人通常吸雪茄。英国最早使用的烟斗
是小型的陶制装置，通常属于吸烟室的财产。为了迎合人们对
烟草的狂热喜好，吸烟室在整个英国大量涌现。

在哈里森的《年表》（1573 年）中，有烟草在英国国内
使用的最早记录："最近英国人开始广泛地用一个勺子形状的
工具吸食一种名为烟草的印第安植物，并将烟从嘴巴传到大脑
和胃中。"

烟草消费背后折射出近代英国社会消费内容与消费观念
的转变。随着资本主义经济的发展和商业革命的推进，传统的
封建等级秩序开始崩溃，新的社会阶层中的中产阶级成了主导
力量，他们的财富不断增长，渴望展示自己的富裕和地位。与
此同时，烟草、蔗糖、咖啡、可可、茶等刺激感官的新消费品
应运而生，满足了这些中产阶级的购买欲望和展示欲望。吸烟

我的散文都是由尼古丁构成的。

——林语堂

成为展示财富和地位的象征。他们在公共场所形象生动地示范吸烟，通过优雅而讲究的吸烟来彰显自己的地位，给人们留下深刻印象。

在 17 世纪，烟草像瘟疫一样蔓延开来，跨越国界，跨越文化，无论对于牧民还是佛教徒、基督教主教，烟草都具有同样的感染力。到了 17 世纪中叶，几乎全世界都有了烟草的存在。

浪漫的法国人将鼻烟从安第斯山脉传播到苏格兰峡谷，使其成为一种时尚和宫廷嗜好。随着时间的推移，它从王后的寝宫传入觐见室，然后几乎在整个法国社会中传播开来。

早在 1665 年，吸鼻烟就在戏剧中崭露头角，开启了莫里哀《唐璜》第一幕的序幕。这部戏剧以斯哥那瑞勒为开场人物，他独自站在舞台上，拿着鼻烟盒，大唱烟草的赞歌："不管亚里士多德和一切哲学会说些什么，没有什么能比得上烟草。诚实的人们爱着它，如果没有了烟草，人们活着还有什么价值！它不仅让人的头脑恢复活力并得到净化，还引领人们走上美德之路，教人变得诚实。"

尽管烟草传播速度很快，但并没有成为大众普遍的消费品，主要的原因是产量少、价格昂贵。直到西方国家的殖民地烟草产量大幅提升后，这一问题才得到逐步缓解。那时烟草产

不管亚里士多德和一切哲学会说些什么，没有什么能比得上烟草。

29

量最大的殖民地是北美洲的弗吉尼亚州和马里兰州。17 世纪 20 年代初期，烟草每磅值若干先令。到 17 世纪 70 年代晚期，则掉到每磅 1 便士以下（1 先令相当于 12 便士）。商人一般会先将烟草运到英国，再外销至其他国家和地区，尤其是阿姆斯特丹。1670 年，荷兰人的烟草人均消费量是 1 磅半，比英国人还多一点。大烟商会把弗吉尼亚和其他殖民地出产的烟草与比较廉价的荷兰烟草混在一起，运往斯堪的纳维亚和俄罗斯售卖。

到了 18 世纪，鼻烟开始在欧洲流行起来，19 世纪又兴起了雪茄。欧洲人在传播烟草的同时，也把各种吸食方式带到了世界各地。在不同的社会经济、文化和地理气候条件下，各地形成了各具特色的烟草消费习俗，如东亚的旱烟、中东的水烟、北美的嚼烟、非洲的斗烟。到了后来，各种吸食方式在全球范围内都有一定的存在。

抽烟斗的欧洲贵妇

在以农业经济为主导的背景下，直到 19 世纪中后期，人们主要以斗烟、鼻烟、嚼烟和雪茄烟为主进行烟草消费。除美洲种植园的大规模生产外，大多数地区都依靠小农生产，自给自销或在小规模集市进行交易。各地种植的烟草品种仍然主要是从美洲引进的古老品种，烟叶的加工方法一直沿用古老的晾晒和明火熏烤的方式。

在烟草发现的 300 多年间，全球烟草种植业和加工业、烟草制品及其消费虽然有所改进和发展，但总体上没有发生本质变化。各地的烟草产业差异也不大，加工方式主要以手工作坊为主，只是在规模和效率上有所差异。

烟草在欧洲人与其他民族之间充当了贸易交换物的角色。一些亚洲国家也种植烟草，用于贸易和满足本国人民的需求。阿拉伯的独桅帆船载着烟草，穿越印度洋，从一个国家到另一个国家，从一个岛屿到另一个岛屿，经过马来西亚、爪哇、婆罗洲，直到澳大利亚的北角。在烟草传入的国家链条中，亚洲处于第二环。亚洲国家从邻国引进了烟草，然后再将烟草传播到其他地方，形成链条的第三环。烟草在亚洲传播的过程是美洲、欧洲和中国共同作用的结果。

尽管欧洲人将烟草引入亚洲国家时，除了作为消遣品外并未涉及其他用途，但烟草在亚洲国家之间传播时却被赋予了更多功效。中国人告诉越南人烟草对健康有益。在出口到西贡之前，中国人会将烟草染成红色——代表成功的颜色。在缅甸，中国人将烟草作为药物出售。随后，缅甸人无论男女都迷恋上了烟草。缅甸的妇女甚至用烟草和乳汁一起喂养婴儿，并相信这种方式可以使孩子更健康和强壮。

烟草在传播过程中也被赋予了更多的故事和传奇。马来西亚人相信烟草起源于中国，是由龙和蛇结合而产生的。托雷斯群岛居民在被问及烟草的原产地时，都会指向北方。随着越来越多的民族接触到烟草，烟草也逐渐具有了友谊和和平的象征意义。

除了通过海洋传播，烟草还成为丝绸之路上最重要的货物之一。随着商人们长途跋涉穿越沙漠，烟草来到了那些西方人从未到过的远方。在那里，烟草成了人们在闺房和剧院中的密友。国王的宫廷也充满了烟草，这些烟草有的来自西方，有的来自东方，因此也就有了关于烟草来源和用途的不同说法。例如，在波斯，当烟草最初从西方传入时，吸烟者和烟草商人都受到了波斯国王的严厉惩罚；后来从印度传入时，印度人只附加了一种吸烟的水烟筒，昏昏欲睡的波斯人就爱上了吸烟这个消遣。

5. 香烟来了

香烟的起源最早可以追溯至 17 世纪的西班牙，但现代意义上的香烟，直到 19 世纪中叶新型烤烟出现才得以真正形成。

1839 年，美国弗吉尼亚州出现了一种新型烤烟，它采用火管烘烤的方式，替代了以往的明火熏烤。这种新型烤烟现在被称为弗吉尼亚烤烟，它的烟叶色泽淡雅，质地轻盈，烟碱含量较低。经过火管烘烤后，烟气芳香柔和，易于下咽，并通过肺部直接吸收尼古丁。与之相比，以前的各种老品种烟叶色泽深，质地厚重，烟碱含量较高，经过明火熏烤，烟气强烈辛辣，无法下咽，只能在口腔中吸食。先前的吸食方式，如斗烟、雪茄烟、鼻烟、嚼烟，主要通过口腔、鼻腔间接接触烟草来吸收尼古丁。弗吉尼亚烤烟的出现，改变了人体吸收尼古丁的方式，为现代卷烟的流行奠定了基础。

在 1854—1856 年的克里米亚战争期间，英国和法国的士兵从土耳其士兵那里学会了用纸包裹烟丝的吸烟方法，香烟在军队中得到了普及。战争结束后，这种烟草制品在民间得到了广泛传播，西方国家迅速接受了这种更为方便快捷的吸烟方式。

拿破仑三世被誉为"香烟男"，他非常喜欢吸烟，每天至少要抽 50 支。他大力推动建立国家香烟制造工厂，并派专人研究人们的吸烟喜好，指导产品调整，全力鼓励吸烟。在他的推动下，法国的香烟销量从 1855 年的 70 万支猛增到 1870 年的 1200 万支，仅用了 15 年时间就增长了 16 倍。对于法兰西

在 1854—1856 年的克里米亚战争期间，英国和法国的士兵从土耳其士兵那里学会了用纸包裹烟丝的吸烟方法，香烟在军队中得到了普及。

帝国来说，吸烟所带来的税收每年能达到一亿法郎。当时，民间反烟协会活动较为活跃，向政府提出了禁烟的请求，但拿破仑三世回应道："如果你能找到一种美德能带来同样的收益，我当然可以立即下令禁止吸烟。"

"香烟男"——拿破仑三世

在欧洲，香烟的兴起与工业革命相得益彰。一些艺术家将香烟与蒸汽机并列，将它们视为标志着新时代开启的两大事件。一首名为《吸烟的艺术》的诗歌称赞道："这两种都会喷发出烟雾的神奇物品，共同推动了人类的进步。"社会评论家同样将吸烟与工业革命联系在一起，将吸烟视为工业社会文明体系的美德。

从个体的角度来看，吸烟者热衷于在众人面前吞云吐雾。吸烟不仅仅是点燃一根香烟，更是内心躁动的表现。而从整体来看，当时工业社会的新兴繁荣离不开不停息的蒸汽机和冶炼炉。吸烟者口中散发的烟雾，在某种程度上正是蒸汽机形象的反映。因此，吸烟象征着一种更强大、更活跃、更丰富的生活方式。

1843 年 6 月 25 日，法国烟草经营商首次制造了商业贩售的香烟，这种香烟名为西班牙式烟卷，在法语中被称为 cigarette（cigar 是雪茄，ette 代表"小"），从而形成了英文中的"香烟"一词。随着时间的推移，这种烟草制品逐渐演变为现代卷烟，并开始实现工业化生产。当时，位于西班牙西南部城市塞维利亚的卷烟加工业非常繁荣，成了世界卷烟加工业的中心。

根据 W.W. 茹纳在他的著作《烟草生产》中的记载，世界上第一台真正具备现代卷烟机功能的机器是在 1872 年发明的。实际上，19 世纪 50 年代就已经出现了用于制造卷烟的机器。这台机器是由苏西尼发明的。1853 年，在古巴建造的一家卷烟厂开始使用苏西尼的卷烟机。然而，这种机器是一种充填式卷烟机，其工作原理是先将烟纸制作成空心管，然后将烟丝填充进去。这种卷烟机的产能非常有限，每小时只能生产 3600 根卷烟，相当于每分钟约 60 根。

　　直到 19 世纪中叶，真正现代意义上的卷烟工业才在美国出现。1880 年，年仅 21 岁的弗吉尼亚青年詹姆斯·阿尔伯特·邦萨特发明了世界上第一台能够大规模制造卷烟的机器。这台机器极大地提高了卷烟生产的效率，每天可制造 12 万支卷烟，相当于手工制作效率的 40 倍。

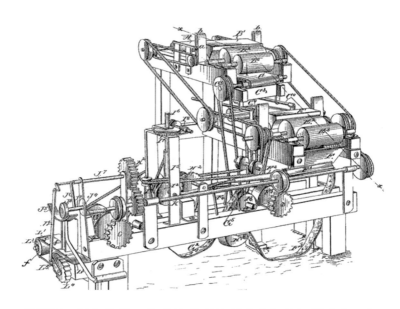

1880 年，年仅 21 岁的弗吉尼亚青年詹姆斯·阿尔伯特·邦萨特发明了世界上第一台能够大规模制造卷烟的机器。

詹姆斯·阿尔伯特·邦萨特发明的制造卷烟的机器（草图）

　　詹姆斯·布坎南·杜克是一名来自美国北卡罗来纳州的烟草商人，他具有敏锐的商业头脑，很快找到了这个机器的发明者购买了专利，并迅速在他自己的工厂中投入使用。这个机器引起了轰动：它是一种半自动机器，能够将烟丝倒在整片烟纸上，随着工人摇动手柄，机器会自动将烟纸卷成卷状，并通过一个固定的管道输出。此时的烟卷是很长的一整根，然后由齿轮驱动的剪刀按照固定的频率将它剪成小段，最终形成成品烟。这就是工业发展带来的卷烟机。随后，雄心勃勃的杜克成立了美国烟草公司，并成为真正的美国烟草大亨。

卷烟机的问世彻底改变了卷烟工业的生产方式，使得卷烟行业能够进行大规模、高效率的生产，也使得卷烟成了其他烟草制品无法望其项背的最重要的产品。这也标志着烟草制造业开始迈入现代化发展阶段，并最终成长为一个庞大的产业部门。

雷诺兹公司于1913年推出世界上最早的美式混合型卷烟——骆驼牌卷烟，这种用土耳其香料烟、白肋烟和烤烟混合配制的卷烟很快被市场接受，当年就售出4.25亿支。4年之后，骆驼牌成为美国的头号畅销卷烟，超过一半的美国吸烟者抽吸这种卷烟。混合型卷烟比较节约原料，成本低，能增加高档烟的生产，经济效益高。今天全球烟草市场（中国除外）上混合型卷烟占80%以上的市场份额。

对于当时的欧美国家而言，香烟的利润十分丰厚，被视为"印钞机"，推广香烟就成了资本家的任务之一。骆驼牌在烟草广告中将吸烟打上了"释放压力"的标签。1930年，好彩牌香烟更是找了20679名医生来背书，认可好彩香烟是健康品牌。

电影产业也对香烟的推广起到了推波助澜的作用。曾几何时，在好莱坞大片中随处可见俊男美女吸烟的镜头。资本还将当红的好莱坞女星与香烟绑定，把女性吸烟塑造成女性追求独立和性感的标志。伴随着好莱坞电影在全世界的上映，抽吸香烟成为一种现代时尚，是人人都能够实现的热望。

电影《扬帆》剧照

1950 年以后，医学研究发现吸烟是导致癌症的一个因素，引起了人们对吸烟与健康的关注。欧洲各国的反烟运动迅速兴起，掀起了一股控烟浪潮，导致全球卷烟销售量急剧下降。面对这一局势，烟草行业迅速做出反应。1954 年，雷诺兹公司推出"云斯顿"牌过滤嘴香烟，这种香烟迅速成为过滤嘴香烟市场的主导产品。

雪茄是我生命中的一部分，

它是枪、是道德，某些时候帮助我战胜自己。

　　　　　　——切·格瓦拉

　　医生和研究人员发布了一系列关于吸烟与肺部疾病可能有关的研究结果，过滤嘴香烟开始受到重视。卷烟行业通过广告宣传，大力宣扬过滤嘴可以"保护人体健康"，这样做解除了吸烟者的一些担忧，迎合了消费者的心理和口味，加速了过滤嘴香烟的发展和普及。到了 1976 年，美国成功生产出了低焦油卷烟。20 世纪 70 年代以来，从美国开始，低焦油卷烟逐渐在全球范围内普及。1954 年，美国市场上的卷烟平均焦油含量为 37 毫克 / 支；而如今，美国和欧盟市场上销售的卷烟，焦油含量普遍低于 8 毫克 / 支。

第二章 烟草的流行与扩散

烟草的药用价值是推动其扩散与流行的重要因素之一。早期人们发现烟草具有一定的药用价值，将其用于治疗一些疾病和缓解身体不适。例如，烟草可以用来缓解头痛、消除肠胃不适、治疗呼吸道感染等。这种药用价值使得烟草成为一种受欢迎的草药，并逐渐在不同地区传播开来。

战争也促进了烟草的扩散与流行。在战争中，士兵们常常需要能够缓解压力和紧张情绪的方法。吸烟行为被认为可以帮助士兵们减轻压力、提高士气，因此，烟草在军队中逐渐流行起来，并在战后通过退伍军人的传播而扩散到更广泛的社会人群中。

宗教也对烟草的扩散与流行产生了影响。在一些宗教仪式中，烟草被视为与神灵沟通的媒介。例如，美洲的一些原住民部落将烟草视为神圣的植物，这种宗教意义使得烟草在原住民社区中得到广泛使用，并随着宗教的传播而扩散到其他地区。

1. 烟草与医药

古代美洲的印第安人，从发现烟草的一开始，就视其为万灵药，用来治疗多种疾病，如感冒、头痛、牙痛、创伤、烧伤、脓疮溃烂等。印第安人还发现烟草具有麻醉、美白牙齿、抗疲劳等功能。因此，烟草被他们尊称为"圣药"。在那里，人们使用烟草的方式有很多种，包括吸入新鲜烟草的气味，吸鼻烟，将干烟草与盐、石灰混合敷在患处，口嚼烟草摩擦口腔内部，用火熏烤烟草等。

印第安女性如果感到胃不舒服，会在腹部涂抹一些热油，然后将烟草叶放在火灰下加热，再敷在肚子上进行热敷，以缓解胃痛。阿兹特克人有一种传统，即用黄油煎过的烟叶来促进伤口愈合，并将烟叶放入蛀牙内，以减轻疼痛。同时，他们发现烟草可以治疗头疼、痢疾和风湿等疾病。

自从 1492 年哥伦布登陆美洲，印第安人的吸烟形象开始在欧洲传播开来。在随后的美洲探险热潮中，欧洲探险家对原住民吸食烟草的方式有了更深入的了解。如前文所述，西班牙传教士巴托洛梅·德拉斯·卡萨斯加入了哥伦布第二次美洲航行的船队，并在其作品中详细记录了印第安人抽烟的情形。

在哥伦布发现美洲大陆后的几十年间，欧洲人对烟草产生了极大的兴趣。探险家的日志中出现了欧洲航海者抽烟的记录："每天有许多从新大陆返回欧洲的船员，他们的颈部普遍挂有一种用棕榈叶制作的小烟斗。船员们坚信，吸入烟雾不仅可以解渴，还能抵御饥饿，并且能够驱散疲劳、恢复体力。浓郁的烟雾让他们的大脑完全放松，情绪也得到了发泄。"这些探险者将他们对烟草的医疗观察和体验带回了欧洲，引起了欧洲各国植物学家、医生和神职人员的关注，有些人开始在药园中种植烟草，进一步探索其治疗效果。

法国驻葡萄牙大使让·尼古特是最早探索烟草疗效的人之一。他从各国进贡的礼品中找到几粒烟草种子，在居住的院子里细心种植。烟草长势喜人，第一次收获后，他尝试吸了一些，觉得味道不错。尼古特还用烟草成功治愈了厨师严重的刀伤、助手父亲连续两年的腿部溃烂、妇女脸上的皮肤病以及船长的溃疡等。他使用碾碎的烟草和汁液来治愈助手面颊上的侵蚀性溃疡。受到这些成功案例的鼓舞，尼古特更加坚信烟草的疗效。1561 年，他把烟叶献给了当时倍受头疼折磨的法国王后凯瑟琳。他告诉王后，将烟叶研磨成粉末，通过鼻子吸入，可以缓解头痛。鼻烟确实对王后的头痛起到了作用，凯瑟琳和整个法国宫廷一时间都成为烟草的信徒。为了纪念尼古特在烟草传播中的突出贡献，人们以他的名字将烟草命名为 Nicotiana，从烟草中发现的植物碱——烟碱的名称"尼古丁"同样源自他的名字。

为了纪念尼古特在烟草传播中的突出贡献，人们以他的名字将烟草命名为 Nicotiana，从烟草中发现的植物碱——烟碱的名称"尼古丁"同样源自他的名字。

烟草在欧洲社会的普及也与鼠疫的流行有关。在那个时代，医学界对细菌的存在和鼠疫致病原因的认识还很有限。因此，在可怕的鼠疫爆发时，欧洲人尝试了各种治疗方法，其中包括使用烟草。他们相信烟草的烟可以"净化"被鼠疫污染的空气，并帮助排出被鼠疫污染的体液。

探索烟草药用价值的法国外交官尼古特

一些医生开始注意到并赞扬烟草的医疗特性，将其称为"治百病的良药"。在 18 世纪的德国汉堡，当霍乱爆发时，死亡人数众多，但在 5000 名从事雪茄制作的人中只有 8 人受到感染，其中 4 人死亡。人们开始认为烟草对于霍乱可能具有一定的防疫作用。

著名哲学家弗朗西斯·培根赞赏烟草"具有舒畅全身和防止疲劳的效力"。著名诗人拜伦甚至写过一首烟草赞歌：

烟草，我向您致敬！
从东到西，您陪伴着水手的辛劳或土耳其人的闲暇；
当人们坐在长椅上，度过漫漫岁月，
您就像美丽的新娘、妖艳的罂粟花，令人痴迷；
在伊斯坦布尔，您盛况空前，

在沃平、在斯特兰德，您稍显落寞，但热度不减；

您是水烟之神，斗烟之魂，

伴随琥珀烟嘴的轻吸，您醇厚、丰满而浓郁，让人无法忘怀；

您像抚慰心灵的魔术师，让人迷醉，

您像身着盛装的魅力舞者，光芒四射；

您像令人爱慕的恋人，近在咫尺，

您就是那赤裸的女神——雪茄，给我来一支！

在 16 世纪的欧洲，烟草被视为治疗多种疾病的药物，包括牙痛、寄生虫病、口臭和破伤风，甚至有人认为烟草可以治疗黑死病。据说英国伊顿公学甚至会让学生在每天早晨吸烟，以躲避瘟疫。这种使用烟草的习惯一直延续到 20 世纪。

在这个时期，人们普遍将烟叶卷成烟卷点燃，病患通过吸入烟雾来缓解身体不适。19 世纪上半叶，生理学家阿尔芒·特鲁索提出"使用烟草的烟熏疗法有利于治疗呼吸类疾病"的理论。

烟草制造商也积极推广药用烟草。19 世纪末，各大报纸上充斥着药用烟草的广告。在法国的报纸上，除了抗风湿的药酒、勒拉斯磷化铁和哈尔莱姆药油之外，还有各种香烟品牌的广告，如"迪娃""吉布森女孩"等。然而，法国人更喜欢具有东方风格的印度烟草，因其以抗哮喘的疗效而闻名。

与在欧洲类似，烟草作为一种外来物品进入中国，起初也是作为药物使用。自明朝开始，烟草就轻易地融入了中国的本草学体系，并为一些吸烟成瘾者提供了所谓的"理由"。我们将在第六章中进行详细描述。

📖 延伸阅读：尼古丁与抗衰老

尼古丁是一种常见的生物碱类物质，存在于茄科植物中。除了烟叶，一些蔬菜和药材如土豆、番茄、枸杞等茄科植物中也含有尼古丁。近期在《细胞代谢》杂志上发表的一项研究指出，尼古丁可能具有抗衰老的作用。这是中科院深圳先进技术研究院的李翔研究员团队进行的研究，他们发现尼古丁能够增强细胞中 NAD+ 合成限速酶的活性，从而恢复生物体 NAD+ 代谢的平衡状态，延缓细胞衰老过程，改善认知能力下降和糖代谢紊乱等老化特征，最终使摄入尼古丁的小鼠死亡率降低了近 40%。这项研究结果表明，长期摄入尼古丁可能显著延长小鼠的寿命，减缓肺衰竭、肌肉萎缩等与年龄增长有关的老化现象。尼古丁在抗衰老领域可能具有潜在作用，并且有望成为一种新型的抗衰老药物。

要更好地理解尼古丁与抗衰老之间的关系，我们首先需要了解人体老化的原因。人体老化是由细胞功能逐渐减退、器官退化和免疫力下降等多种因素引起的，其中最主要的原因是细胞氧化损伤。

尼古丁可以通过多种途径抑制自由基的产生，减缓细胞氧化损伤，从而达到抗衰老的目的。此外，尼古丁还可以激活人体蛋白质激酶，例如 SIRT1 和 AMPK，促进人体代谢的正常运作，减缓衰老的速度。另外，尼古丁还有助于促进血管内皮细胞的增殖和血管生成，缓解血管老化和心血管疾病的发生。尽管尼古丁具有抗衰老的作用，但它作为一种新型的抗衰老药物仍需要进一步的研究和验证。

首先，我们需要充分评估尼古丁的毒性和副作用，以确保其安全性。其次，还需要进一步研究确定尼古丁作为药物时的最佳剂量和用药时间。此外，不同年龄和性别的人群对尼古丁的反应可能存在差异，因此需要进行更详细的研究。

　　除了抗衰老，尼古丁还可能用于治疗神经系统疾病、心血管疾病等多种疾病。此外，尼古丁还可以改善认知功能，有望成为一种智能增强剂。随着科学技术的不断发展和进步，在未来，尼古丁可能会在多种疾病的治疗上发挥重要作用，成为一种全新的药物造福人类。

2. 烟草与战争

烟草似乎从一开始就在美洲原住民部落中担任了双重角色，它既是信仰，也是战争的象征。这些部落经常用烟草来纪念他们的战神威齐洛波契特里。在古代中美洲的米却肯地区，烟草是部落宣战仪式中不可或缺的一部分。当酋长宣布进入战争状态后，他们会举行精心准备的仪式。午夜时分，扮演火神的大祭司会点燃一碗烟草，并将两碗烟草、老鹰的羽毛和两支染血的箭送到敌人的营地，以此表示战斗的开始。

在开战以前，战士们会进行一项特殊的仪式，那就是抽烟。这不是单纯为了享受，而是为了让他们进入一种着魔般的疯狂状态。这种状态可以让战士们变得更加勇敢无畏，同时也让战斗变得更加残酷激烈。在战斗中，士兵们承受着巨大的痛苦和疲劳，而烟草则能够缓解这些不适。烟草是战士们的忠实伴侣，可以帮助他们暂时忘记痛苦，放松身心，重新获得力量。在战场上，每个战士都可能面临生命的威胁，负面情绪是无法避免的。烟草的作用就在于帮助他们克服这些负面情绪。士兵们通过吸烟可以暂时忘记恐惧和焦虑，专注于战斗。此外，吸烟需要点火，火光在战场上代表着光明和胜利，能够帮助战士们抵御恐惧和抑郁。

自从烟草传入欧亚大陆以来，人们已经普遍认识到抽烟具有暂时性的放松和麻醉效果，将其视为治疗战场心理创伤的有效方法。尼古丁这一烟草成分可以帮助人们缓解压力和焦虑。因此，从拿破仑战争时期到第二次世界大战，战地医院中的士兵特别是那些疑似患有心理疾病的伤兵，都被特许享有抽烟的权利。

烟草一直以来都被视为重要的战略物资。在 17 世纪，尽管法国国王路易十四本人不抽烟且讨厌烟草的味道，但他认识到烟草对士兵的重要性，因此法军的战略储备物资中有大量烟草。

在美国独立战争期间，美军总指挥乔治·华盛顿呼吁美国民众支持他的军队，他在动员演说中说道："公民们，如果你们无法给予金钱支持，那么就提供香烟吧。"

1799 年，拿破仑统率军队攻打位于土耳其的亚克城，土耳其士兵们的公共水烟筒被炸毁，而他们对烟草有着极强的依赖。城内的士兵们想出了一个办法：用点燃枪炮的火药纸将烟叶卷起来吸食。其他士兵纷纷效仿，从而诞生了卷烟的雏形，烟草开始以一种新的形式广泛传播。

1853 年，克里米亚战争爆发，英国和法国等国派兵援助奥斯曼帝国（土耳其）对抗俄罗斯。英国和法国士兵从土耳其士兵那里学到了用切割过的纸将烟叶卷起来吸食的方法，并将其带回了国内。卷烟在欧洲得到广泛传播，并逐渐风靡全球。

烟草有时甚至可以左右战局。在第一次世界大战中，几乎每个欧洲参战国的士兵都能得到红十字会提供的烟草。烟草在战争中几乎和粮食、弹药一样重要。正如美军指挥官潘兴将军所说："打赢这场战争最需要什么？我的答案是香烟，应该像

香烟担道义，苦茶著文章。

　　　　——佚名

子弹一样多！"据说当时向士兵分发香烟不仅是为了让他们消遣时间，香烟还具有止血的作用。因为尼古丁进入体内，会导致血管收缩，在紧急情况下，甚至可以通过将香烟直接按压在伤口上来止血。

美国的香烟制造商们还通过产品广告展现适度的爱国主义，让人们看到他们与前线的密切联系。1918 年，当国防部购买了达勒姆公牛烟草公司的全部产品时，该品牌采用了新口号："我们的小伙子一点烟，匈牙利人就熄火。"

在第一次世界大战期间，英军与土耳其军队在埃及的西奈半岛上进行了激烈的战斗。当双方势均力敌、陷入僵持阶段时，英军司令得到了一个消息：土耳其军队的物资供应异常困难，尤其是缺少香烟。于是，英军决定派遣飞机将含有大量鸦片的香烟空投至土耳其防线。土耳其士兵们看到这些从天而降的香烟后，迫不及待地点燃，沉浸在吞云吐雾的快感之中，完全放松了警惕。因此，英军轻而易举地突破了防线。

这种提供烟草供应以维持士气的传统延续到了二战期间的欧洲战场。在残酷的战争环境中，各国领导人为了保持士兵们的斗志来打赢战争，不得不想尽一切办法来确保烟草的供应。

在残酷的战争环境中，各国领导人为了保持士兵们的斗志来打赢战争，不得不想尽一切办法来确保烟草的供应。

烟草是士兵保持战斗力的关键

二战中，美国军队把香烟作为主要的调配物资。美国国防部按照战前市场份额的比例从各生产商那里采购香烟，其中主要产品包括雷诺兹公司的骆驼牌香烟和美国烟草公司的好彩牌香烟。当美国部队抵达前线时，士兵们常说"骆驼来了"，他们也喜欢将美国部队的绿军装称为"好彩绿"。

在这方面，丘吉尔领导下的英国可谓经历了巨大的困难。丘吉尔本人是一个超级雪茄迷，每天抽大约11支雪茄。他深知烟草对战争和士气的重要性，因此确保军队的香烟供应成为他对军需处的核心要求之一。

然而，英国本土的气候不适合烟草生长，因此大量的烟草需要依靠进口。英国的非洲和南亚殖民地在和平年代通过海路源源不断地向母国输送烟草，同时从美国进口的烟草也备受欢迎。然而，战争爆发后，尽管英国皇家海军牢牢控制着大西洋和北海的制海权，但德国潜艇的威胁始终无法消除。商船不断被击沉，导致英国国内物资供应日益紧张，而从远方的殖民地输入物资也变得成本高昂、风险极大。在当时，英国的海上通道实际上只限于与美国之间的联系。因此，英国不得不大量从美国进口烟草。美国具有丰富的烟草种植传统，世界三大烟草品种中的两种都源自美国。美国的弗吉尼亚州是烟草种植的核心产区之一，也是商业烟草的起源地。

在第二次世界大战中，烟草成了关键的战略物资，美国总统罗斯福宣布烟草种植者可以暂缓服兵役。美军司令约翰·潘兴将军在给国防部长的信中写道："你问我赢得战争需要什么，我告诉你，我们需要香烟，更多的香烟，甚至比食物更多！"骆驼、好彩成了美国士兵们的必需品，马合烟则成了苏联红军不可或缺的物资。

苏联在二战期间随时都保证红军的香烟供应。苏联红军对于饮食并不讲究，但对烟草非常重视。烟草成了鼓舞苏联红军士气的重要工具。由于烟草物资紧缺，苏联军队将苏麻草、干枫叶等可替代品全部用于烟草的制作，尽一切可能保证部队的烟草供应。在战争时期，很少会有士兵愿意用手中的烟草交换巧克力，因为在苏联红军战士看来，烟草比食品还重要。这充分展示了烟草在战争时期的重要性。

二战时期美国"骆驼"烟海报

在战争期间，香烟通常会被作为士兵的福利之一发放。这是因为抽烟可以缓解士兵的压力和焦虑，同时也可以提供一种精神上的慰藉。因此，烟草在士兵的日常生活中成为一种很普遍的存在。香烟能营造虚幻的安全和宁静，给人带来片刻的精神慰藉。在战争的残酷面前，吸烟有害的说法显得有些荒诞，因为战争本身比香烟更为有害。士兵吐出每一口烟雾都仿佛能够暂时逃脱现实的无情束缚和死亡的威胁，每吸入一口烟气都有可能成为最后一次呼吸自由和追逐梦想的机会。每一缕烟雾都是焦虑的释放，是短暂的冥想和沉思。对于炮火中的士兵来说，香烟也可以说是文明社会的一个安慰剂。

尽管香烟不能填饱肚子，不能治愈伤口，但它们却是所有战争物资中最宝贵的东西，相当于通用的交换货币，烟草被戏称为"金币"。

香烟在战争期间扮演了重要的角色，特别是在战争俘虏营中。一位盟军战俘回忆说，他们经常用香烟来交换生活必需品，而在交易完成后，他们还会给守卫递上一根香烟"交税"。香烟甚至成为战后盟军占领区黑市上唯一稳定的"货币"。一位英军翻译回忆说，任何物品都以香烟来计价，他甚至可以用香烟在纽伦堡购买火车票。据说在当时的黑市上，只需两根香烟就可以换一个德国少女一晚。香烟事实上被广泛认可为一种贵重的商品，这种现象带来了令人沮丧和无奈的悲剧感。

在当时，美军将香烟列为战时必需品。其他盟国的士兵每周可以领到5—7包香烟，美军则更多。相比之下，德军每天只能领到6支香烟，但这并非因为战争导致物资短缺，而是因

在战争的残酷面前，吸烟有害的说法显得有些荒诞，因为战争本身比香烟更为有害。

> *生命已尽，雪茄不熄。*
>
> ——丘吉尔

为希特勒领导的纳粹实行了严格的控烟制度。

战争带来的毁灭与恐惧使平民感到生活脆弱，而香烟的意义则显得无可替代。在供应短缺的战争时期，香烟常常成为公认的流通货币，甚至有时真正的货币竟然被用来点燃香烟。

3. 烟草与宗教

美洲原住民认为烟草拥有神圣的力量。吸烟最初其实是宗教仪式的一部分。当地的巫师在做法时经常利用烟雾，试图进入能与神灵沟通的冥想状态。由于烟草本身能让人兴奋和麻木，它就成了人与神灵之间神圣交流不可或缺的媒介。

在宗教仪式上，烟草常常作为祭品被焚烧、吸用，烟雾则被认为可以将祷告的声音传递给神灵。玛雅人对烟雾很着迷，他们认为这是神奇的云朵，能让人与神灵实现交流。因此，他们将神灵也带入了烟雾的世界，让神灵也开始吸烟。

在部落首领会议召开时，主持人也会进行"喷烟"仪式。他会点燃烟管中的烟草，然后向天空、大地和太阳吹喷烟雾，以此表达对天神、地神和永恒太阳神的感激之情。这种仪式被认为是与神灵建立联系的桥梁，可以传递祷告者的祈愿。

然而，随着欧洲殖民者的到来，烟草在印第安人宗教仪式中的地位开始发生变化。欧洲人将烟草引入新大陆，并开始了商业化的生产和消费。在殖民时期，烟草渐渐失去了它在宗教仪式上的意义，成了一种普通的消费品。尽管如此，烟草在一些印第安人的宗教仪式中仍然保持着特殊的地位和象征意义。

英国民俗学家泰勒曾指出："原始部落的人吸烟是为了完全陶醉，为了达到这个目的，他们会吞下烟雾。"例如，古代亚马孙地区部落的巫师们，在疯狂的"秘密节"中会通过吸烟让自己进入迷幻状态，以期见到神灵。

在原始社会后期，农牧业的兴起带来了新的生产方式。同时，人们开始进入天体崇拜的繁盛时期。特别是游牧民族，他们根据日月星辰来确定游牧的时间，逐渐减少了对其他自然物的崇拜，烟草因此成为天体崇拜的一种神圣祭品。

在美国路易安那州的纳切斯人中，烟草被视为特殊的礼物供奉给太阳神和其他伟大的神灵。他们在太阳升起的时候点燃烟草，让烟雾先向东方，然后向西方、北方和南方飘散，期望烟雾随着气流升腾到神灵所在的地方。

印第安人在宗教仪式中吸烟

在北美洲的一些部落中，太阳被视为最伟大的神的代表。加拿大哈得逊湾的印第安酋长们向初升的太阳致敬时会吸三次烟。克里克部落会点燃一种名为"卡留麦"的烟袋，同时向太阳奉献最好的野禽作为祭品。

这种原始人对自然和天体的崇拜构成了"万物有灵论"。基于这种信仰，烟草在人类生活中又扩展了其存在的空间。

在北美洲的温尼贝克印第安部落中，当妻子生病时，丈夫会带上小刀、烟草和一些小饰物来到河湖边，向水神祈祷，将这些物品投入水中，期望妻子能康复。印第安人认为动物也有灵性，因此在捕捉响尾蛇之前会恭敬地向其行礼，像对待朋友一样，在蛇头上撒上一小撮烟草作为礼物，然后迅速捕杀它，剥下蛇皮作为战利品。

有些基督徒认为，通过供品可以在耶稣基督与教徒之间建立联系。在欧洲，烟草曾与香料混合，放在教堂的香炉里点燃，伦敦大教堂就有这样的用法。

值得注意的是，尽管烟草作为宗教信仰的载体在全球广泛传播，但在某些地区却难以生根，这与这些地区特殊的宗教信仰有一定的关系。在亚洲的许多地方，人们对火有着独特的情感。在北海道的阿伊努人信仰中，火神是主神。突厥人和蒙古人的一些部落，在未向炉灶投食之前是不会用餐的。居住在印度的帕西人信奉拜火教，他们视火为至高无上的圣灵，为了谨防亵渎火神或者不小心熄灭火，他们排斥吸烟，以此来表达对圣火的顶礼膜拜。这种摒弃吸烟的行为也为伊斯兰教所采用，并被写进了相关的伊斯兰教义之中。所以，典型的穆斯林是从不吸烟的。

蒙古的喇嘛教徒信奉拜火教，他们找到了一种既不违背教义又能满足烟瘾的聪明方法。他们选择使用不需要点火的鼻烟作为替代品。蒙古族等游牧民族几乎一年四季都在马背上生活，不方便使用水烟和烟斗，也不能使用明火来点燃烟草，因此他们选择了携带方便且无需明火的鼻烟。直到现在，一些牧民还会用一根银链将鼻烟壶系在身上，烟壶通常由坚固的木材或金属制成。因此，地域差异也是导致吸烟方式不同的原因之一。

中国人可能早在伏羲时代就已经意识到烟火会散发香气，这比吸烟要早得多。人们在祭祀天地、祈祷神灵的仪式中燃烧薪柴，感受树木散发的香气。古代中国的香料主要通过燃烧产生烟雾来使用，例如室内的熏香等，人们早已开始呼吸这些香气了。人们不仅可以通过嗅觉享受这种香气，也可以利用其中一些具有药用价值的香料来提神醒脑。尽管文献中没有提及吸烟，但是存在着类似于"菸""蔫"的称呼（并不是指今天我们所吸食的烟草）。

中国人可能早在伏羲时代就已经意识到烟火会散发香气，这比吸烟要早得多。人们在祭祀天地、祈祷神灵的仪式中燃烧薪柴，感受树木散发的香气。

在东方文化中，焚香也是一种敬神方式。所有的愿望、祈求和祷告都伴随着细细的燃香飘向神明。对于东方人来说，这是一种富有象征意义的行为。云雾也给中国人带来了逍遥自在的心理感受，这是一种文化心理特征，尽管缺乏确切的科学依据。

第三章 控烟与禁烟

人类的控烟和禁烟行为可以追溯到古代的一些文明和宗教信仰。烟草燃烧的烟雾容易让信仰天主教的欧洲人联想到邪教的仪式，因此烟草本身也被视作为魔鬼的产物。古代印度的种姓制度对吸烟也有一定的影响。根据印度教的教义，吸烟被认为是不洁的行为，只有较低等级的人才会吸烟。在伊斯兰教中，吸烟同样被视为一种不洁的行为，烟草中的有害物质被认为是不符合伊斯兰教规的。

1. 最早的禁烟

历史上最早的禁烟是从英国开始的。1602 年，伦敦大主教去世。由于大主教生前喜欢吸烟，因此过量吸烟被认定为直接死因。1604 年，英国国王詹姆士一世用拉丁语撰写了《抨击烟草》一文，他将吸烟视为有害的不良习惯。文中说："你应该毫无羞惭地抛弃这污秽的玩意儿，接受它是不可饶恕的愚蠢，使用它是天大的过错。它是一种伤目、刺鼻、害脑、坏肺的恶习，和地狱无底烟坑一模一样。"英国因此颁布了法令，规定对销售烟草和吸烟的人进行处罚。该法案是世界上第一个旨在限制烟草使用的法律。与此同时，英国政府还通过财政和税收政策，将烟草关税提高了 40 倍。

从那时开始，英国王室带头，君王要求全国范围内禁止吸烟，许多贵族因吸烟而受到贬斥，甚至有一位名叫沃尔特·雷利的贵族因吸烟被判处死刑。然而，这项法案并没有取得很大的成功。

1635 年，奥斯曼帝国的首都伊斯坦布尔发生了一场大火。一些伊斯兰教的毛拉声称这场火灾是由吸烟引起的，于是苏丹下令处决所有吸烟者。在一天内，有 100 多人被杀害。在被处决前，这些吸烟者鼻子上悬挂着烟斗，在街上示众。奥斯曼帝国的禁烟政策持续了 4 年，导致近万人因吸烟而丧生。尽管如此，吸烟者并没有减少，于是苏丹别无选择，只能解除禁令。

1642 年 1 月 30 日，教皇乌尔班八世颁布了教旨《为了将来的回忆》，其中写道："令人不悦的烟草汁液玷污了神圣的教袍，刺鼻而呛人的烟味污染了神圣的殿宇，引起了虔诚的信徒们的极大愤慨。那些吸烟者已经忘却了对神明的敬畏，让许多善心人士感到十分不满。"乌尔班八世还发布了一道教令，将所有吸烟者从教会中驱逐出去。教令明确规定，无论个人还是团体，无论男女，无论是普通民众还是神职人员，任何人在教堂内通过嚼、吸或抽烟斗等任何形式吸食烟草，都将被逐出教会。

1660 年，烟草从英国传入俄罗斯。不久之后，沙皇发布了禁令，对吸烟者实施严厉的刑罚，初犯者进行鞭打，再犯者割鼻。然而，这些禁令在实际执行中并没有取得太大效果，也没能阻止吸烟在欧洲的流行。不久以后，各国纷纷解除了对烟草的禁令。政府和基督教会对于烟草的抵制行动以失败告终。

2. 控烟运动的兴起

16世纪，烟草刚开始流行的时候，许多欧洲的医生相信烟草具有多种医疗功效，例如保暖、消肿、促进组织收缩和调节情绪等作用。然而，随着烟草中尼古丁成分的发现，人们开始意识到烟草对人体健康有一定的危害。到了19世纪中叶，有关烟草毒性的研究和调查逐渐增多，对烟草的批评也日益加剧。随着卷烟的出现、大规模生产技术的投入使用以及广告宣传的大范围推广，全球烟草消费量在19世纪中后期到20世纪初迅速增长。一些禁酒倡导者、宗教领袖和健康改革者成为早期的反烟力量，并将吸烟定义为一种"罪恶的习惯"。

学术界的介入对控烟运动起到了重要的推动作用。1828年，德国化学家W.波塞尔特和L.莱曼首次从烟草中分离出了有害的活性物质尼古丁，这使得原本认为烟草无害的观点开始受到质疑。随后，19世纪中期的调查和实验进一步证实了吸烟的危害性，一些实验甚至发现吸烟可以导致动物和人死亡。"将一只小狗或小猫放入一个体积为300立方英寸的空间中，然后引入8克烟草燃烧产生的烟雾。15分钟后，动物开始出现中毒症状；30分钟或45分钟后，实验对象死亡。"著名法国生理学家克劳德·伯纳德深入研究了尼古丁对神经系统的影响，并明确指出其具有的毒性："几滴尼古丁提取液就足以致一条狗于死地，0.06克就足以致一人死亡。"

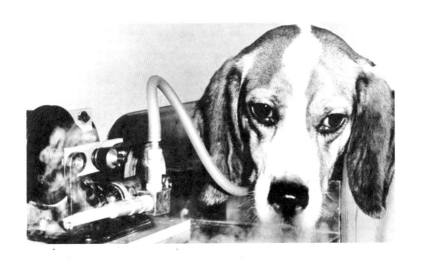

改变香烟历史进程的狗

针对烟草工厂的调查结果无疑证实了这个观点。1821年，法国人维克多·梅拉在《医学大辞典》中写道："烟厂工人普遍面黄肌瘦，常有哮喘、腹泻、便血、头晕头痛等症状。"

1868年7月11日，早期的反烟草组织"反对滥用烟草联盟"（AFCAT）在法国成立。《茶花女》的作者小仲马后来也加入了这个组织，据说主要原因是他对父亲大仲马嗜烟如命的厌恶。

大仲马将他对烟草的狂热带进了小说中，从而诞生了著名的烟草品牌——基督山雪茄。

在这一时期，除了法国，其他国家也开始采取相应的禁烟措施，如1853年伦敦成立的"英国反烟协会"，以及美国的一些州和加拿大的各个省份相继推出的禁烟法规。

关于尼古丁对神经系统的影响，科学家们也有了更加深入的研究。1889 年，英国科学家兰利和狄金森发表了一项关于尼古丁对神经中枢影响的研究成果，他们认为尼古丁是一种特殊的化学物质，可以干扰神经系统的工作。

1895 年，威廉·冯·伦琴在德国维尔茨堡发现了 X 射线，它使医生能够看到人体内部，了解骨骼和肺部的秘密。X 射线的发现也使得人们能够更加深入地了解吸烟对人体的影响。人们逐渐认识到吸烟对个体有什么影响，以及如何发现这些影响。植物遗传学先驱路德·伯班克对此表示了担忧："毫不夸张地说，吸烟是一种缓慢而有效的慢性自杀方式。"他指出，持续吸烟对人体明显有害："吸烟就像把沙子放进手表里一样。"

然而，禁烟运动的活跃并未持续太久，随后爆发的两次世界大战促使烟草消费大量增加。不论是士兵、政治家还是普通民众，面对战争带来的疲惫与苦楚，都需要烟草来缓解压力。

面对烟草危害研究的不断增多，烟草行业并没有束手待毙。早在 1880 年，尼古丁的危害被发现后不久，人们就开始研究香烟过滤器。1925 年，匈牙利学者鲍里斯·艾瓦斯开始尝试使用卷起来的纸片作为香烟过滤器。随后，日内瓦烟草公司采纳了艾瓦斯的技术，并将其应用于自己的产品中。到了 1937 年，法国国营烟草公司推出了名为"阿尼克"的"过滤香烟"，该品牌的含义是"去除尼古丁"。

20 世纪 50 年代，美国人掌握了更先进的香烟过滤器开发技术。1952 年，健牌香烟推出后，迅速占据了相当大的市场

1889 年，英国科学家兰利和狄金森发表了一项关于尼古丁对神经中枢影响的研究成果，他们认为尼古丁是一种特殊的化学物质，可以干扰神经系统的工作。

份额。健牌香烟的过滤嘴由纸片层和醋酸纤维条组成，多数还附带活性炭，以吸附可能刺激支气管的微粒和烟草燃烧生成的二氧化碳。

二战结束后，各国政府的介入推动了禁烟运动的发展。但由于烟草业能够为国家贡献大量税收，许多国家对禁烟并不抱支持态度。

最重要的是，现代人对烟草的态度与旧时代相比有着明显的差异——很少有人能够公开支持吸烟。即使是那些多年吸烟的老烟民，也像英国著名散文家查尔斯·兰姆所描述的那样，对待烟草持有这种的态度："吸一支还可以，吸两支更好，吸三支感到郁闷，吸四支已经讨厌，吸五支就变得不可忍受了。"

3. 全球控烟运动的进展

20 世纪初，随着科学研究的进展，人们逐渐认识到吸烟对健康的危害。从 20 世纪 30 年代开始，欧美国家的肺癌死亡率大幅上升，引起了科学家们对烟草危害的重视。美国科学家雷蒙德·珀尔、格雷厄姆、凯勒·哈蒙德以及英国科学家理查德·多尔、布拉福德·希尔通过临床观察、特定人口研究和实验室研究等，得出了相同的结论：吸烟与肺癌存在关联关系。此后，有关烟草的控制运动逐步兴起并快速发展起来。

1948 年，世界卫生组织（WHO）发布了第一份关于吸烟与健康的报告，指出吸烟与肺癌之间存在着明确的关联。这一报告引起了全球范围内的广泛关注，成为全球控烟运动的开端。

20 世纪 50 年代，法国罗德曼公司的研发部门承认了烟草的危害：统计数据表明，肺癌与无节制地吸烟存在一定的相关性。最为讽刺的是，该公司不久之后表示他们的过滤嘴香烟"黑猫"可以有效地避免吸烟对人体带来的危害。

随着时间的推移，越来越多的科学研究证明了吸烟与多种疾病的关联，包括心脏病、中风、呼吸系统疾病等。大量研究从不同角度提供了"吸烟危害健康"的证据，虽然还没有形成一个综合、科学、全面的观点。这些研究结果进一步加强了人们对吸烟危害的认识，并促使各国政府采取行动来控制吸烟。

1962 年，美国联邦卫生局成立了一个由 10 位专家组成的委员会，并聘请了155位专家顾问，组织了十几个工作小组，对过去几千份科研成果进行了综合分析和审查，并于1964年1月11日发表了一份重要的联邦政府报告，名为《美国卫生总监报告：吸烟与健康》。这个报告被认为是关于吸烟与健康的第一个政府级报告，对于推动烟草控制具有重要意义。这也标志着烟草产业步入降焦减害和控制发展的新阶段。

这个报告一经发布就引起了广泛的社会关注和反响。为了保护消费者免受虚假广告的误导，美国政府开始颁布一系列法规。其他国家也纷纷开始严格控制烟草制品的销售和广告。

1965年，美国通过了《美国联邦卷烟标签及广告法》（FCLAA），要求卷烟包装上必须印上"警示：吸烟有可能危害您的健康"字样。卷烟广告中不得出现标签，美国联邦贸易委员会（FTC）必须每年向国会提交关于卷烟标签、广告和促销活动效果的报告。卫生部也必须每年向国会提交关于吸烟影响的报告。与此同时，英国禁止在电视上播放烟草广告，丹麦、法国、意大利等欧洲国家也采取了严格的烟草广告限制措施。

1966年，美国联邦贸易委员会修改了广告准则，规定必须真实表述卷烟主流烟气中的焦油和尼古丁含量（以毫克为单位）。1967年，美国联邦通信委员会强制要求媒体在黄金时段播放反对吸烟的广告。1968年，美国吸烟与健康中心向那些不想戒烟但希望减少健康危害的吸烟者提出了"减小伤害五条建议"。1969年，美国通过了《公共健康与吸烟法案》，要求在烟草制品包装上添加警示语"警告：总医学官已证实吸烟对您的健康有害"，并禁止在包装上使用其他警示语。同时，该法案授权司法部全面禁止在广播电视上播放卷烟广告。

美国联邦政府和各州相继采取了一系列控烟措施。1973年，美国民用航空局规定国内航班必须设立非吸烟区。1974年，州际商务委员会规定跨州公共交通车辆内吸烟区域不得超过20%。1973年，亚利桑那州成为美国第一个通过公共场所禁烟法案的州。1974年，康涅狄格州宣布餐厅内禁止吸烟。1975年，明尼苏达州通过了《综合洁净室内空气法》，禁止在公共办公室、商店和银行吸烟。1977年，美国国会通过了美国国家癌症协会提出的"全美戒烟日"法案，成为世界上首个确立"全国戒烟日"的国家。1984年，美国通过了《全面烟草教育法案》，规定了现在仍用于美国卷烟包装和广告中的四条基本警语。同时，该法案要求卫生部每两年向国会提交一份吸烟与健康的现状报告；新设立了一个联邦机构间的吸烟与健康委员会；要求卷烟制造商提供美国生产和进口卷烟添加物质的保密成分列表。到1990年，美国已有43个州通过了不同形式的禁烟条例。

1986年，两份关注二手烟问题的重要报告问世。其中一份是《美国卫生总监报告：被动吸烟的健康后果》，另一份是来自美国国家科学院（NAS）的《环境烟草烟雾：风险测量及健康影响评估》。这两份报告同时指出："二手烟会导致非吸烟成年人患肺癌以及儿童患呼吸系统疾病。"这些报告的结论将二手烟的影响从一种担忧情绪转变为一个可以证实和量化的健康风险。

对于"无辜受害者"的界定，从根本上改变了公众对吸烟

燃灰白似雪，烟草卷如茄。

——徐志摩

"自担风险"权利的态度。因此，1986 年，美国国会通过了《综合预防吸烟教育法》，该法案要求在无烟烟草制品的包装和广告中轮换使用三条警语，同时禁止无烟烟草制品在电视和广播中进行广告投放，要求卫生部每两年向国会提交一份无烟烟草制品报告，FTC 向国会提交无烟烟草制品的销售、广告和市场报告，无烟烟草制品制造商提供产品尼古丁含量的保密清单和规范列表，卫生部进行无烟烟草制品危害性的公共信息宣传。

1992 年，美国环境保护局（EPA）宣布烟草烟雾为人类肺部一级致癌物，并在全国范围内的工作场所禁止吸烟。1994 年，美国通过《保护儿童法案》，要求所有联邦政府资助的儿童服务机构成为无烟机构。1996 年，联邦食品药品监督管理局（FDA）签署法规，禁止向 18 岁以下的公民出售卷烟。次年，国会授权 FDA 制定"安全和有效"的标准，并采用"对保护公共健康合适的手段"，对含有辅助香料的卷烟采取禁止措施。

1998 年，欧盟委员会颁布第 98/43 号指令，要求成员国禁止一切形式的烟草广告。2001 年，欧盟通过了《烟草制品管制指令》（2001/37/EC），该指令统一了各成员国卷烟制品焦油、尼古丁和一氧化碳的最高含量，并对烟草制品包装警语提出了明确要求。此外，该指令还对有关烟草制品生产、展示和销售的法律、法规和行政规定提出了一系列具体要求。

对于"无辜受害者"的界定，从根本上改变了公众对吸烟"自担风险"权利的态度。因此，1986 年，美国国会通过了《综合预防吸烟教育法》。

📖 延伸阅读："二手烟"的由来

"二手烟"是希特勒提出的概念。希特勒年轻时烟瘾很大，但后来因为身体不适并患有多种疾病而戒烟，并认为吸烟是一种堕落的行为。他认为吸烟对"优等民族"有害，会污染德意志人的基因。为了使日耳曼民族成为没有疾病和缺陷的"优等民族"，必须让公众远离烟草。他不仅反对吸烟，还积极支持科学家们对吸烟危害进行研究，并下令在全国范围内禁止吸烟。

纳粹德国成为世界上首个证实肺癌与吸烟有关的国家。1939年，德国科学家弗兰茨·穆勒提出了烟草与癌症之间的关联，指出吸烟者患肺癌的比例较高。

为了推动禁烟运动，希特勒监督和参与了相关法规的制定和实施，并在1939年设立了反烟酒危害局，在1941年成立了"反对烟草学院"，研究烟草对人体的危害。该学院由党卫军高级军官卡尔·埃斯特尔担任院长，由第三帝国财政部提供经费，希特勒个人也提供了部分研究经费。反对烟草学院不仅承担科研任务，而且印刷介绍烟草危害的小册子，推广反烟草电影和社论，积极向公众进行宣传。当局推动强制禁烟，禁止在公共场所吸烟，禁止警察、公务人员等有制服的人员吸烟。女性被特别保护，限制购买香烟。有些地方甚至声称将开除在公共场所吸烟的女性纳粹党员。同年，德国政府颁布法令，将烟草税提升至香烟零售价的90%，以增加税收并维持战争机器的运行。

德国在1930、1940年代开展了全球影响最大的禁烟运动。吸烟在产房、福利院、街道、列车和公交车上都被禁止。即便是在前线拼命的德军士兵，每人每天也只有6根香烟的配给供应。

4.《烟草控制框架公约》的形成

2003 年，在第 56 届世界卫生大会上，世界卫生组织成员国一致通过了第一个全球性的控制烟草的公约——《烟草控制框架公约》，为全球范围内控制烟草危害、共同维护人类健康提供了法律框架。该公约于 2005 年生效，界定了减少烟草需求与供给所需采取的税收、烟草成分管制、烟草包装标签管制、烟草广告、促销和赞助限制、烟草烟雾暴露预防等原则性规定，成为当今世界最重要的控烟工具之一。该公约的签署标志着全球范围内对控烟达成共识，烟草产业的生存和发展环境更趋严峻。

2009 年 6 月 22 日，美国总统奥巴马签署了名为《家庭吸烟预防和烟草控制法》的法案。该法案明确指出，科学界和医学界一致认为烟草制品具有内在的危险性，会导致癌症、心脏病和其他严重的健康问题。这项法律赋予了美国食品和药物管理局（FDA）对烟草制品的生产、销售和分销进行监管的权力，并允许其制定国家标准，控制烟草制品的生产和监管，披露烟草产品的成分和公共信息。此外，该法案还禁止在卷烟中添加糖、水果和香料味道，要求包装上不得出现"柔和型""清淡型"等字样，还禁止烟草公司使用产品商标赞助体育活动等。

2011 年，英国颁布了名为《烟草控制规划》的法案，该法案从阻止烟草促销、使烟草昂贵以致人们负担不起、有效监管烟草制品、帮助吸烟者戒烟、减少二手烟暴露和加强烟草控制的有效传播等六个方面推动了全面的烟草控制。

2014 年，欧盟更新了《烟草制品管制指令》（2014/40/EC），该指令加强了对烟草制品成分的控制，并加强了卷烟包装上的警示标识。此外，新型烟草制品也被纳入法律监管范围。

2016 年 8 月，美国食品和药物管理局发布了新的规定，将监管范围从卷烟、烟丝、手卷烟、无烟烟草制品扩大至雪茄烟、烟斗、电子烟、水烟、可溶解烟草制品以及所有未来符合烟草定义的产品。

从 1964 年开始，烟草产业在欧美等经济发达国家逐步发生方向性转变。首先，烟草发展的社会环境发生了重大转变。人们对烟草危害性的研究和认识不断深化，反烟控烟呼声不断增大，对卷烟广告宣传、包装警示、制品成分、吸烟场所等方面的限制与控制措施也越来越多、越来越严格，反烟控烟的社会文化逐渐形成。其次，为了满足消费者对健康的需求，烟草产业迅速转向低焦油发展方向，大力研发降焦减害技术，不断降低卷烟焦油含量。欧美卷烟平均焦油含量从 60 年代的 40 多毫克迅速下降到 70 年代的 30 多毫克、80 年代的 10 多毫克。低焦油卷烟成为全球烟草产业的发展方向。再次，欧美卷烟市场开始出现下降趋势。五六十年代，欧美成年人吸烟率一直维持在 44%—47% 的高位。但随着各种报告的发布，每年都有数百万吸烟者尝试戒烟，成年人吸烟率开始下降。70 年代的吸烟率约为 40%，80 年代降至 30% 以上，90 年代下降到 20% 以上，平均每两年下降一个百分点。

由于总人口增加和低焦油等因素，欧美卷烟消费总量经历了一段小幅增长，但从 80 年代初开始持续下降。日本、亚洲四小龙等新兴工业化国家和地区的卷烟消费总量从 90 年代开始也持续下降。反烟、控烟经过几十年的推动和发展，从地区到国家、从区域到国际、从发达国家到发展中国家，逐渐形成了全球性运动。《公约》的签署是全球反烟、控烟运动发展的一个里程碑，标志着控烟进入了全球共识、全球控制、全球联动的新阶段。《公约》生效后，全球控烟运动不断加速向前推进，烟草产业的生存和发展环境日趋严峻，人们的消费行为和社会文化已经或正在发生根本性变化。

在过去的几十年里，全球卷烟的产销总量大致保持在 1.2 亿箱左右。发达国家和地区的卷烟消费量已连续下降了二三十年。例如，美国的卷烟消费量从 1981 年高峰期的 1309 万箱下降到 2020 年的 407 万箱，减少了 69%；日本的卷烟消费量从 1992 年高峰期的 680 万箱下降到 2020 年的不足 200 万箱，减少了 70%。新兴经济体如中国、俄罗斯、巴西、印尼等国家的市场也已经饱和或逐渐下降。虽然一些发展中国家或经济相对落后地区，如印度、非洲，仍具有增长潜力，但其规模相对较小，整体上增长的空间已经有限。

此外，降低焦油含量的潜力已经不大。经过半个多世纪的努力，全球卷烟的焦油含量已经降低到平均每支 10 毫克以下。再进一步大幅降焦，不是技术上不行，而是卷烟的焦油量过低、烟味太淡，就失去了提供一定尼古丁以满足吸食者生理、心理需要的基本功能，市场不能接受。目前，发达国家主流消费的卷烟焦油量基本稳定在 6—8 毫克 / 支，全球因降焦而带来销量增加的空间有限。

《公约》的签署是全球反烟、控烟运动发展的一个里程碑，标志着控烟进入了全球共识、全球控制、全球联动的新阶段。

《资本论》的稿费甚至将不够付我写它时所吸的雪茄烟钱。

——马克思

近年来，由于控烟禁烟影响，一些传统产品如嚼烟、鼻烟、雪茄烟以及口含烟在欧美市场出现了一定的恢复性增长。但这些产品已不太可能重新成为消费主流。在大多数卷烟市场已经饱和或萎缩的情况下，全球传统烟草产业的市场规模可能已经到顶，即将进入不可逆转的下行发展阶段。

进入新世纪以来，一系列新型烟草制品迅速崛起，展现出强劲的增长势头。由于控烟形势日益严峻，烟草产业被迫寻求变革和发展机会。2004 年，全球首款电子烟问世，引发了烟草和非烟草企业的广泛涉足。随着电子烟和加热不燃烧烟草产品技术的不断进步和创新，全球市场尤其是欧美市场迅速扩大。统计数据显示，2005 年全球新型烟草制品销售额为 5000 万美元，到了 2010 年增长至 10 亿美元，2022 年的销售额已经达到约 570 亿美元。

2014 年，菲莫国际公司推出了加热不燃烧烟草制品 IQOS，并在日本、意大利、瑞士、葡萄牙、俄罗斯等国家投放，取得了良好的市场反响。近年来，菲莫国际、英美烟草公司、日本烟草国际公司、帝国品牌公司等国际烟草巨头纷纷在新型烟草制品领域投入巨资进行研发、收购和市场拓展。新型烟草制品已成为跨国烟草公司发展的重要战略方向。

目前来看，全球电子烟和加热不燃烧烟草制品的研发进展迅速，不断涌现出新的技术，一些新产品已经取得重大突破。在强烈的社会需求和现代科技的支持下，有可能研发出一种既低危害甚至无害，又能够基本模拟传统卷烟的吸食体验和感受的新型烟草产品。如果这种产品的研发最终获得成功，在消费者对尼古丁的依赖和现代网络经济的推动下，新型烟草制品有可能迅速被大众接受，进而取代传统烟草产品。这对传统烟草产业将产生颠覆性的影响，带来一个全新的未来。

📖 延伸阅读：吸烟为什么会成瘾

人们发现烟草不久之后就意识到吸烟会成瘾。当尼古丁与神经细胞突触上的尼古丁乙酰胆碱受体结合时，它会激活神经系统，引发多巴胺的大量释放，使人感到愉悦和满足。但是这种感觉只能持续几分钟，为了保持快感，人们就会频繁吸烟。

长期吸入尼古丁会导致神经细胞突触上的受体增加，需要更多的尼古丁来刺激神经系统释放多巴胺，一旦停止吸烟就会感到焦虑。这迫使吸烟者不断增加吸烟量，最终导致成瘾。尼古丁之所以具有如此强大的成瘾效果，是因为它激活了大脑的奖励回路，提高了多巴胺的水平，而多巴胺又加强了奖励行为的效果。

根据匹兹堡大学医学院的研究，尼古丁不仅刺激多巴胺的释放，使大脑兴奋，还具有另一个能力：增强并延长从其他活动和药物中获得的愉悦感。研究还发现，尼古丁能够增强视觉和音乐刺激带来的愉悦感。这些研究结果似乎为那些电影中大佬抽雪茄的桥段提供了科学依据。

换句话说，吸烟不仅使人在吸烟过程中得到愉悦，还可以增强并延长吸烟者从其他活动中得到的乐趣。这一发现或许可以解释为何尼古丁会如此令人上瘾，以及为何戒烟如此困难。

研究人员还发现，尼古丁可以降低吸烟者对视觉刺激的疲劳速度。即使通过电子香烟摄入尼古丁，这种效果仍然存在。

吸入烟气后，烟中的尼古丁能够迅速穿过肺泡细胞膜，进入相邻的血管，只需 7.5 秒钟就可到达大脑的中枢神经系统。尼古丁在脑内与相关区域结合，刺激神经系统释放多巴胺以及其他物质，如 5- 羟色胺、乙酰胆碱、γ - 氨基丁酸、去甲肾上腺素、内啡肽等。当吸烟时间足够长，血液中的尼古丁达到一定浓度时，它将持续刺激大脑，最终改变相应受体的数量、活性和结构，使吸烟者产生愉悦感。久而久之，就会形成烟瘾。如果停止吸烟，会暂时出现烦躁、失眠、厌食等戒断效应。

第四章 全球烟草概览

1. 主要烟叶产区

世界上最好的烟草种植区的共同特点是，位于特定的纬度，具备相应的日照和气候条件。这些要素对烟叶品质具有决定性的作用。

1612 年，美国弗吉尼亚州的约翰·罗尔弗开启了商业烟草的种植。弗吉尼亚地区的气候条件非常适宜烟草生长，阳光充足，雨量充沛，温度适宜，而且土壤中富含各种微量元素，使其成为世界顶级的烟叶产区。其他国家和地区在选择烟草种植地时，也会参考这样的生态条件。

也就是说，一个优质的烟叶产区必须具备温度、日照、水分、土壤这四大充分条件。当今世界上精品烟叶产区的生态条件都极其相近。

首先是温度。烟草偏好温暖的气候环境，最适宜的生长温度范围是 8—38℃。烟草对温度的反应非常敏感，不同的温度条件会对烟草的品质和产量产生重大影响。烟草在不同生长阶段对温度有不同的要求，就成熟期而言，日均温度在 24℃左右是最理想的。这样的温度持续一个月，有利于产生优质的烟叶。

一个优质的烟叶产区必须具备温度、日照、水分、土壤这四大充分条件。当今世界上精品烟叶产区的生态条件都极其相近。

其次是日照。烟叶生长需要充足的阳光照射，充足的日照是生产优质烟叶的必要条件。因此，烟草种植地的纬度通常较低，以确保充足的日照时间。同时，阳光充足还有助于烟叶中尼古丁的积累。

再次，水分也是必不可少的。烟草对水分的需求很高，生长初期需要充足的水分，中期需要最多的水分，而后期又需要减少水分供给。

最后是土壤。烟草可以在多种类型的土壤中生长，但优质烟叶对土壤的要求比较严格。红土是最理想的土壤类型，其次是红黄土和沙土。

目前约有 120 个国家和地区从事烟草种植，分布在世界各大洲。烟草在许多国家是主要的经济作物之一。

全球主要的烟叶产区如下：

中国：中国是全球最大的烟叶生产国，主要产区包括云南、贵州、四川、河南、湖南等地区。

美国：美国是全球第二大烟叶生产国，主要产区包括北卡罗来纳、肯塔基、弗吉尼亚等地。

巴西：巴西是南美洲最大的烟叶生产国，主要产区位于南部的巴拉那州。

印度：印度是全球第三大烟叶生产国，主要产区包括安得拉邦、卡纳塔克邦等地。

俄罗斯：俄罗斯是欧洲最大的烟叶生产国，主要产区包括黑海沿岸的克拉斯诺达尔边疆区等地。

印度尼西亚：印度尼西亚是亚洲重要的烟叶生产国，主要产区位于爪哇岛、巴厘岛等地。

菲律宾：菲律宾是亚洲的烟叶生产国，主要产区位于吕宋岛等地。

津巴布韦：津巴布韦是非洲最大的烟叶生产国，主要产区位于北部的马尼卡兰德等地。

土耳其：土耳其是欧洲重要的烟叶生产国，主要产区包括爱琴海地区等地。

中国是全球烤烟产量最高的国家，约占全球总产量的50%左右。其他重要的烤烟生产国包括美国（约占9.3%）、巴西（约占7.9%）、津巴布韦（约占5.4%）、印度（约占4.0%）以及阿根廷、加拿大、印尼、巴基斯坦和意大利等国家。津巴布韦和巴西等国的烤烟质量优异，成熟度高，油分丰富，颜色艳丽，组织疏松，化学成分均衡，香气浓郁。

至于白肋烟，则主要在美国种植。美国是全球白肋烟产量最大的国家，约占全球总产量的31%。其他主要的白肋烟生产国包括马拉维（约占12.1%）、中国（约占10.1%）、巴西（约占9.1%），以及意大利、泰国、墨西哥、阿根廷、日本和韩国等国家。美国和马拉维的白肋烟质量相对上乘。

由于气候条件的限制，香料烟的种植范围有限，主要分布在东欧和中东地区。土耳其是全球最大的香料烟生产国，年产量超过25万吨，约占全球香料烟产量的40%。其他国家分别是：希腊（约占13.3%）、保加利亚（约占5.1%）、北马其顿（约占4.7%），以及摩尔多瓦、乌兹别克斯坦、中国、巴基斯坦和伊朗等国家。土耳其和希腊生产的香料烟在国际上享有盛誉，以叶片小、烟筋细、香味浓郁的特点而著称。

晒烟的种植地区相对较广，全球约有50多个国家生产晒烟。印度、中国和印度尼西亚是晒烟的主要生产国家。其中，印度的年产量超过40万吨，约占全球晒烟产量的42%；中国约占15.0%；印度尼西亚约占12.6%。此外，年产量超过1万吨的国家还包括缅甸、巴西（约占3.6%）、多米尼加、孟加拉国、朝鲜、意大利和哥伦比亚。

另外，全球大约有十几个国家生产深色晾烟。其中，古巴是最大的生产国，年产量超过3万吨，接近全球总产量的40%。年产量在5千吨以上的国家包括印度尼西亚（约占18.5%）、菲律宾（约占12.9%）和美国（约占9.8%）。

至于浅色晾烟生产，分布在全球20多个国家。年产量在5千吨以上的国家包括印度（约占全球浅色晾烟产量的27.6%）、巴基斯坦（约占20.2%）、尼日利亚（约占17.4%）、墨西哥（约占10.3%）和美国（约占7.0%）。

深色烤烟生产集中在少数国家，如美国、坦桑尼亚、肯尼亚、意大利、马拉维和波兰。其中，美国约占35%的份额，坦桑尼亚约占14%，肯尼亚约占13.6%。

除中国以外（中国烟叶产区将在第七章进行介绍），目前世界上主要有三大烤烟产区，分别是加利福尼亚产区、巴西大河州产区、津巴布韦产区。

加利福尼亚产区

加利福尼亚州位于美国西海岸，紧邻太平洋。加州独特的地理位置使得其成为一个重要的农作物产区，尤其是位于海岸山脉和内华达山脉之间的中央谷地。这里的气候和土壤条件非常适合农作物的生长，包括烟叶。加州的烟叶具有高度的成熟度、鲜艳的色泽、丰富的油分，并且叶片结构疏松，化学成分协调。这样的特点使得加州烟叶成为世界上备受赞誉的优质卷烟原料之一。其烟叶烟质纯正，吸味干净，深受烟草制造商和消费者的喜爱。加州的烟叶产业在全球烟草市场上占据着重要的地位，并为该地区带来了丰厚的经济效益。

巴西大河州产区

巴西最南部地区属于亚热带气候区，夏季平均气温超过22℃，非常适宜烟草的生长。这里生产的烟叶品质优良，烟叶色泽鲜艳，油分充足，叶片的组织结构疏松，烟气浓郁且质感良好。在烟草收获季节结束后，农场主通常会利用烟草种植园来种植玉米作物。

津巴布韦产区

津巴布韦地处热带草原气候区，年均气温为 22℃，非常适合烟叶的生长。这里生产的烟叶呈橘黄色，色泽良好，成熟度高，叶片组织疏松，化学成分比例均衡。这些特点使得津巴布韦的烟叶在香气和口感上都表现出出色的协调性。因此，津巴布韦的烟叶被视为高品质中式卷烟不可或缺的优质原料。

2. 烟草的种类

烤烟。又称火管烤烟或弗吉尼亚型烟草，是烟草中最常见的品种，起源于美国的弗吉尼亚州，具有独特的形态特征。烤烟是在特设的烤房中烤干的烟叶，颜色金黄，弹性较大。烤烟是中国和世界上种植面积最大的烟草类型，是卷烟工业的主要原料。

烤烟最早源于一次偶然事件。1839 年，北卡罗来纳州卡斯韦尔县阿比斯亚·斯拉德农场的一个年轻雇工在明火烤烟房内使用木炭取代湿木头进行烟叶烤制，意外使得烤出的烟叶比当时的正常烟叶更加黄亮。此后，木炭烤烟开始引起广泛关注和推广。在推广的过程中，人们也逐步研究出其他可以达到类似效果的方法。1867—1868 年，人们开始在烤房内利用不产生烟雾的火源进行加热。1872 年，北卡罗来纳州开始广泛采用暖气管进行烘烤。当时的暖气管并不完善，经过多次改进后，实验于 1893 年取得成功，并在全球范围内广泛推广。

烤烟的叶片较大，长度一般超过 40 厘米，颜色常为柠檬黄或橘黄，色泽鲜艳，厚薄适中，中部烟叶质量最佳。烤烟具有较高的含糖量，总氮和蛋白质含量较低，烟碱含量居中。烤烟在吸食时，呈现典型的烤烟香气，味道温和，烟力适中。在制造工艺上，烤烟主要分为火管烤烟和明火烤烟两种，前者利用火管对烤房进行加热来完成制作,后者则直接燃烧木材来加热烤房。

烤烟，又称火管烤烟或弗吉尼亚型烟草，是烟草中最常见的品种，起源于美国的弗吉尼亚州，具有独特的形态特征。

烤烟源于美国的北卡罗来纳州

我国拥有全球最大的烤烟种植面积和总产量，主要的烤烟产区包括云南、贵州、四川、河南、山东、湖南、湖北、福建、陕西和安徽等省份。

晾烟。晾制可能是最早的一种烟叶调制方法，晾烟是一些采用晾制方法进行调制的烟叶品种，包括白肋烟和马里兰烟。

晾烟一般在阴凉的环境条件下完成调制过程。晾烟的叶片尺寸与烤烟相似，颜色多为红棕色或浅红棕色，也有红黄色的变种。叶片厚度一般居中，但也有稍薄或稍厚的变种。晾烟的糖分含量很低，而蛋白质和其他含氮化合物的含量较高。晾烟烟碱含量较高，因此具有独特的香气和浓郁的烟味，劲头较大。

雪茄烟所使用的原料全部为晾烟。国外晾烟的重点产区包括古巴、多米尼加、洪都拉斯、尼加拉瓜、印度尼西亚、墨西

传统遮阴雪茄茄衣烟叶种植

哥和美国等地，国内的主要晾烟产区有四川、海南、云南和湖北等省份。目前，我国生产的晾烟大多用于制作雪茄、烟斗丝或供烟农自用，只有少量被用作混合型卷烟的原料。

晒烟。晒烟烟叶是利用阳光进行调制的，主要分为晒红烟和晒黄烟。这也是最早的烟叶调制方式之一。

晒黄烟的外观特征和化学成分与烤烟相似，而晒红烟与烤烟有较大区别。晒烟叶片通常长度大于 35 厘米，颜色从柠檬黄到橘黄、红黄和浅红棕等。晒红烟的叶片数量较少，叶肉较厚，可以分次采收或一次采收，晒制后呈深褐色或褐色，上部叶片质量最佳。烟叶通常含糖量较低，蛋白质和烟碱含量较高，具有浓烈的烟味和强烈的刺激性。

晒烟主要用于斗烟、水烟和卷烟的制作，也可作为雪茄的茄芯、茄套以及鼻烟和嚼烟的制作原料。此外，一些晒烟经过加工还可以作为杀虫剂。目前，中国和印度是世界上主要的晒烟生产国家。虽然我国各省都有晒烟种植，但分布比较零散，其中四川、广东、贵州、湖南、湖北、云南、吉林、山东和陕西等省份产区较为集中。

马里兰烟。马里兰烟是一种浅色晾烟，叶片较大、较薄，具有抗病性出色和适应性广的特点。它还展现出良好的阴燃性能和令人愉悦的芳香口感。因此，当与其他类型的烟叶混合时，马里兰烟能够改善卷烟的阴燃性能，同时不影响其香气和口感。

与烤烟相比，马里兰烟的焦油和烟碱含量较低，但具有较强的填充性能。因此，在混合型卷烟中加入马里兰烟不仅可以降低香料烟的比例，还能保持烤烟和白肋烟的比例。美国是世界上主要的马里兰烟生产国，种植区域集中在马里兰州。在中国，随着混合型卷烟的发展，近年来已经引进并试种了马里兰烟，湖北等地也开始有少量的生产。

白肋烟。白肋烟是一种由马里兰深色晒烟品种突变而来的变种。1864 年，在美国俄亥俄州布朗县的一个农场，人们首次在马里兰阔叶烟苗床中发现了一种奶黄色的突变烟株。经过专门种植，证明它具有特殊的用途和价值，因此成了烟草的一种新类型。现如今，它已成为混合型卷烟的重要原料之一。

白肋烟的茎和叶脉呈乳白色，与其他烟草明显不同。它的栽培方法与烤烟类似，但中下部的叶片更大、更薄，适宜在肥沃的土壤中种植，且对氮素的营养需求较高。白肋烟的生长速度快，成熟期较集中，可分次采收或整株采收。它的处理方法是挂在晾棚或晾房内晾干。白肋烟的烟碱和总氮含量较烤烟高，含糖量较低，叶片较薄，具有较强的弹性和填充力，容易吸收加工过程中的添加物。

世界上白肋烟的主要生产国包括美国、意大利、西班牙、韩国、墨西哥、马拉维和菲律宾等。在我国，白肋烟是在新中国成立后引进并发展起来的，湖北和四川等省份种植面积较大。

香料烟。又称土耳其型烟或东方型烟，具有株型小、叶片小、芳香浓郁、口感出色、燃烧性好以及填充力强的特点。它是晒烟香型和混合型卷烟的重要原料，也常用于制作烟斗丝。

香料烟的芳香主要来自其叶片腺毛分泌物或渗出物，而这种芳香与土壤、气候和栽培方法密切相关。香料烟适宜在有机质含量较低、肥力不高、土层较薄的山坡砂质土地上种植。香料烟的叶片要小而厚，因此种植密度较大，施肥量一般较少，特别要控制氮肥的使用，适当施用磷肥和钾肥，并避免打顶。烟叶的品质以顶叶最佳，采收时由下而上逐层次进行。调制方法是先将烟叶晾至凋萎变黄，然后进行曝晒。香料烟的烟碱含量较低，其他化学成分含量介于烤烟和晒红烟之间。

香料烟的主要产区位于地中海东部沿海地带。在我国，香料烟引进于 20 世纪 50 年代，主要产地包括浙江、湖北、河南、新疆、云南、贵州、广东和海南等地。

黄花烟。黄花烟与上述几种类型的烟草在植物分类学上属于不同的种类，其生物学性状存在较大差异。一般黄花烟的植株高度为50—100厘米，叶片数量为10—15片，叶片较小，呈卵圆形或心脏形，具有叶柄；花的颜色为绿黄色，种子也相对较大。黄花烟的生长周期较短，具有耐寒性，通常种植于高纬度、高海拔和无霜期较短的地区。一般黄花烟的总烟碱、总氮和蛋白质含量较高，而糖分含量较低，因此具有浓烈的烟味。

黄花烟

根据考证，黄花烟在哥伦布发现新大陆之前就已经在墨西哥进行栽培，其起源地是位于玻利维亚、秘鲁和厄瓜多尔的高原地区，目前在亚洲西部广泛种植。苏联种植黄花烟的规模最大，苏联人将其称为莫合烟。我国也有较长时间的黄花烟种植

如果天堂没有雪茄，那我就不去了。

——马克·吐温

历史，黄花烟在我国分布区域较广，主要产区位于新疆、甘肃和黑龙江等地。其中，兰州水烟、关东莫合烟和伊犁莫合烟是最有名的产品。虽然一些国家如美国也种植黄花烟，但并不用于抽吸，而是用于硫酸尼古丁的生产。

熏烟。也被称为明火烤烟，是美洲一种古老的烟叶处理方法。该方法是在烤房内点燃煤火或柴火，烟叶挂在烤房内与火直接接触，因此得名熏烟。烟叶直接暴露于火苗中，处理后呈深暗色，具有特殊的浓郁杂酚油等香味。

熏烟一般选用深色晒烟品种，有时也使用烤烟品种。在栽培过程中，适宜选择较黏重的土壤，行距和株距较大，同时打顶程度较低，叶片数量保持在 12—16 片。熏烟的化学成分主要是氮物质，尤其是烟碱含量较高，而含糖量较低。熏烟常被作为卷烟的配合原料之一，同时也用于制作嚼烟、鼻烟和雪茄烟等。

📖 延伸阅读：烟草的化学成分

　　科学家们经过长期研究，发现香烟烟雾中含有 4000 多种化学成分，其中大约有 40 种被认定为致癌物。根据《烟业通讯》（*Tobacco Reporter*）杂志 1988 年的报道，烟气中已经鉴定出的化学成分达到了 5068 种，其中 1172 种是烟草本身所含有的，另外 3896 种是燃烧后才产生的。

　　烟草的化学成分可以分为两大类：有机化合物和无机化合物。有机化合物包括糖、淀粉、糊精、纤维素、色素、有机酸、蛋白质、烟碱等，无机化合物是指氯、钾、磷、钙、镁、硫等无机盐。

　　首先是碳水化合物。烟草中的碳水化合物包括可溶性糖和不溶性多糖。可溶性糖主要有单糖和双糖，如葡萄糖、果糖、蔗糖和麦芽糖。单糖含量的高低是衡量烟草质量的因素。不溶性多糖包括淀粉、纤维素和果胶等，其中淀粉在成熟的烟草中的含量约为 10%—30%；纤维素是构成烟草细胞组织和骨架的主要成分，一般含量约为 11%；果胶含量约为 12%，它会影响烟草的弹性和韧性。

　　其次是含氮化合物，主要有蛋白质、烟碱和游离碱。烟草中蛋白质含量在 5%—15% 之间，燃烧时会产生一种臭鸡蛋味。检测蛋白质含量通常通过测定氮元素来换算。烟草中含有烟碱，它使烟草与其他植物有所不同。烟碱能与酸进行化学反应，如与草酸、柠檬酸反应会生成草酸盐和柠檬酸盐，与硅钨酸反应会生成白色沉淀。另外，烟草中还含有少量游离碱。虽然含量较低，但游离碱对卷烟质量有重要影响。游离碱在燃烧时挥发进入烟气，给人一种辛辣刺激感。

此外，烟草中还含有200多种有机酸，其中以柠檬酸、苹果酸、草酸和琥珀酸含量最多。这些有机酸可以中和游离碱，降低烟气的刺激性，使其变得甜润舒适。

最后是无机化合物。烟草中含有多种无机化合物，一般含量在10%左右。烟草中钾元素含量较高时可以增强烟草的燃烧性能和阴燃持火力，并使产生的烟灰质量也较好。而烟草中的氯离子含量直接影响着烟草的燃烧性能，如果氯离子含量低于1%，则可使烟草更柔软，减少破碎的可能性。

3. 烟草制品的类型

根据烟叶原料和抽吸方式的不同，全球的烟草制品可以分为以下几种类型：

（1）卷　烟

卷烟又被称为纸烟、香烟、烟卷，是烟草制品中最常见和最主要的一种类型。它是以经过加工的烟叶为原料，用卷烟纸将烟丝卷制成条状的烟草制品。卷烟一般分为滤嘴卷烟和无嘴卷烟，此外还有淡味和浓味的区别。最初，香烟在土耳其一带流行，当地人习惯将烟丝卷在报纸中抽吸。1843 年 6 月 25 日，法国开始生产第一批面向市场销售的香烟，香烟从而逐渐在世界范围内流行起来。

卷烟的类型包括烤烟型、混合型、香料型、晒烟型、雪茄型、外香型和新混合型等。

烤烟型卷烟（中国流行）

烤烟型卷烟，烟叶经过烘烤加工，既可延长保存期又可提高烟的香味，还可减低焦油含量。烤烟型卷烟起源于英国，过去又称为英式卷烟，英美公司的"555"香烟是典型的烤烟。

烤烟型卷烟的配方全部或接近全部使用烤烟型烟叶，也可少量使用具有类似烤烟香气的晒烟作为填充料，如广东南雄、

中国卷烟的现象级产品——宽窄

江西信丰和云都、福建沙县和平和等地的晒烟。烤烟型卷烟的香气特征以烤烟香味为主，烤烟香气突出、浓郁或清雅，吸味醇和，劲头适中；颜色以金黄、橘黄为佳。

我国的烤烟型卷烟可分为四类：清香型、浓香型、醇香型、复合香型。

清香型：以清香型原料为主，卷烟香气以清雅为主要香型、口味特征，代表产品如云南、福建的一些产品。

浓香型：以浓香型原料为主，卷烟香气以浓馥为主要香型、口味特征，代表产品如湖南、河南的一些产品。

醇香型：以相对柔和的原料为主，卷烟香气以醇和为主要香型、口味特征，代表产品如江苏、浙江的一些产品。

复合香型：原料选择比较广泛，卷烟香气以丰富为主要香型、口味特征，代表产品如上海、广东的一些产品。

混合型卷烟（世界流行）

混合型卷烟起源于美国。20 世纪初，美国以国内烟叶和香料烟相结合，创造了早期混合型卷烟。雷诺兹公司在 1913 年推出骆驼牌卷烟，这是世界上第一款混合型卷烟，使用了烤烟、土耳其烟（香料烟）和白肋烟的混合配方。1916 年，他们又成功地在配方中添加了马里兰烟。到 1918 年，骆驼牌卷烟已占据美国卷烟市场总销量的 40%。1916 年，美国烟草公

雷诺兹公司在 1913 年推出骆驼牌卷烟，这是世界上第一款混合型卷烟，使用了烤烟、土耳其烟（香料烟）和白肋烟的混合配方。

司推出了好彩牌混合型卷烟，从 1926 年开始，该品牌的销量迅速增加，到 1930 年超过了骆驼牌。此后，在美国的影响下，世界上几乎所有的国家都开始仿造这种类型的混合型卷烟产品，并且通常使用当地生产的烟叶。

世界上第一款混合型卷烟——骆驼

第二次世界大战后不久，美国生产的混合型卷烟迅速在许多国家畅销，特别是以万宝路、云丝顿和健牌为代表的混合型卷烟品牌在全世界广受消费者喜爱。

混合型卷烟一般使用几种不同类型的烟叶原料（烤烟、白肋烟、香料烟和其他地方性晒烟），以适当比例配制而成，具有烤烟和晾晒烟的混合香味，香气浓郁、协调、醇和，劲头充足。

雪茄型卷烟

雪茄型卷烟的配方特点是全部使用雪茄型晒烟烟叶或掺用少量的上部烤烟烟叶；香气特征是抽吸时产生类似檀香木的优美雪茄烟香气，香气浓郁、细腻而飘逸，劲头较强。

新混合型卷烟

新混合型卷烟的设计思路是向卷烟中加入中草药，使其有效成分随主流烟气吸入呼吸系统，用于抵抗烟气中的有害成分，或对某些疾病起到缓解症状及辅助治疗的作用。

新混合型卷烟的配方既可以是混合型，也可以是烤烟型。一般是将中草药浸膏或酊剂与其他香料混合，制成料液喷洒在烟丝上，或将中草药直接混合在烟丝中，卷制成卷烟。

对新混合型卷烟香气和吸味的要求是：烟香气充足，不能有明显的草药气息，烟香与药香协调，吸味醇和，劲头适中。

外香型卷烟

外香型卷烟的主要香气特征是突出某种外加香的香气，但要与烟香协调；以卷烟本身的香气为主，同时赋予卷烟独特新颖的外加香香气。外加香香气风格的选择取决于销售地消费者的口味和习惯，奶油香、可可香、玫瑰香、茉莉香、辛香、豆香等通常使用较多。叶组配方可以是烤烟型，也可以是混合型。

薄荷型卷烟是外香型卷烟中比较独特的一种，抽吸时能给人一种清凉的感觉，尤其畅销于热带、亚热带地区和盛夏时节。如菲律宾生产的卷烟有 60% 是薄荷型卷烟，美国和欧洲的薄荷型卷烟消费量也较大。

薄荷型卷烟可以采用烤烟型、混合型或雪茄型配方，其中混合型和雪茄型配方的烟香更易与薄荷味协调。薄荷型卷烟具有烟香与薄荷味并存的香气特征，薄荷味持续均匀地挥发出来，余味舒适，有清凉感。

香料型卷烟

香料型卷烟的配方全部使用香料烟，或加入适量上部烤烟以增强卷烟劲头。香料型卷烟突出香料烟叶的特殊风味，具有香气芬芳馥郁、烟味柔和优美的香气特征；烟丝色泽一般为棕褐色。

晒烟型卷烟

晒烟型卷烟的配方以经过特殊发酵处理的深色晒烟为主，一般占85%左右，香料烟占10%，白肋烟和烤烟各占2%左右。晒烟型卷烟具有香味浓烈的特征，刺激性大，烟丝一般为深褐色，主要消费国是法国。

（2）雪茄烟

雪茄是一种供人们燃吸的、采用经过干燥和发酵的烟叶卷制而成的柱状物，抽吸时把其中一端点燃，在另一端用口吸入烟雾然后吐出。雪茄的主要生产国是古巴、多米尼加、洪都拉斯、巴西、喀麦隆、印度尼西亚、墨西哥、尼加拉瓜、美国以及中国。

雪茄的主要生产国是古巴、多米尼加、洪都拉斯、巴西、喀麦隆、印度尼西亚、墨西哥、尼加拉瓜、美国以及中国。

手工雪茄

给我一支雪茄，除此之外，我别无他求！

——拜伦

雪茄多以深色晾烟为原料。雪茄的大小通常是以长度描述的，以英寸为测量单位；直径以"环"或"环径"为测量单位，1 环等于 1 英寸的 1/64。一般来说，雪茄烟越长越粗，烟的味道就越丰富顺滑。雪茄的型号比较多，就环径而言，从 20 环到上百环的都有，最小的和最大的差距可达上百环。当然，量产的常款雪茄型号中绝少出现上百环的雪茄。

雪茄按照制作方法分类可分为三种：

手工雪茄：手工雪茄是完全经由人手卷制的，整支雪茄包括茄芯、茄套、茄衣三个部分，一般会用到五种以上不同的烟叶，没有任何添加，价格相对比较昂贵。

半机卷雪茄（手卷雪茄）：由机器用捆绑叶卷实填料叶制造烟芯，然后人工卷上茄衣制成。

机制雪茄：机制雪茄是用烟叶的碎料制成的，整支雪茄由内到外全部由机器制造，味道相对较淡，适合于雪茄初学者。

皇冠（CORONA）：这是个基准型号，其他型号都以它为基础。标准型号是 5.5 英寸，环径 42；传统型号长 5—6 英寸，环径 42—44。例如：帕特加斯妙丽、罗密欧妙丽、好友皇冠铝管、潘趣皇冠铝管、罗密欧三号等等。

小皇冠（PETIT CORONA）：小号的皇冠，通常长度是 4—5 英寸，环径 38—42。例如：蒙特四号。

胖皇冠（CORONA GORDA）：亦称超级罗布图、公牛（TORO）。该型号雪茄在市场上很流行，一般是 5.6 英寸、46 环径。6 英寸、50 环径的也开始流行起来。例如：潘趣 46、乌普曼玛瑙 46。

双皇冠（DOUBLE CORONA）：常规的长度是 7.5—8.5 英寸，48—54 环径。例如：好友双皇冠、帕特加斯超级皇冠等等。

罗布图（ROBUSTO）：短胖型雪茄，现在已经成为全球市场上最流行的雪茄。一般长度是 4.5—5.5 英寸，48—52 环径。例如：高希霸罗布图、帕特加斯 D4、好友贵族二号、罗密欧短丘、雷蒙·阿龙特选、胡安·洛佩兹精选二号。

金字塔型（PYRAMID）：尾部敞开、顶部是锥形的雪茄，一般长度为 6—7 英寸，顶部的环径为 40，尾部的环径为 52—54。这种型号雪茄很值得珍藏，因为顶部锥形区的口感很丰富。例如：蒙特二号、乌普曼二号、帕特加斯 P2 等等。

双鱼雷型（PERFECTO）：也叫完美型，此类雪茄尾部是封闭的，中间部分比较凸出，顶部是圆的。双鱼雷型雪茄的尺寸跨度很大，长度4.5—9英寸不等，环径38—48不等。例如：帕特加斯总统，以及库阿巴的全线雪茄。

雪茄长度和环径的关系影响到其味道和品味特点。不同于香烟，典型的雪茄通常有发酵过的烟草和其他一些味道。一些比较常见的口味如下：皮革、香料、可可、巧克力、咖啡、坚果、苹果、香草、蜂蜜、桃等。

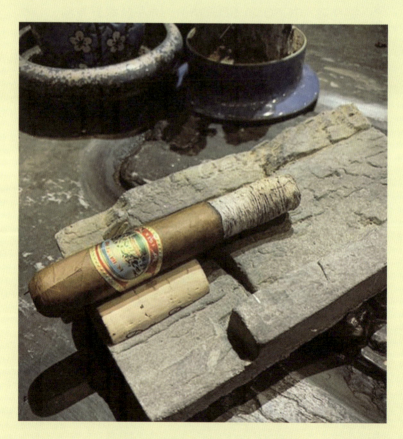

中国雪茄领军品牌——长城雪茄

（3）斗　烟

斗烟是专供烟斗吸用的烟草制品，其原料主要是晒烟、晾烟及烤烟，可分成两大类：芳香调味烟草和非调味烟草（或称"天然烟草"）。一般来说，新手通常从调味烟草抽起；而原本抽香烟和雪茄，转到抽烟斗的，通常会选择非调味烟草。

中国首款烟斗丝——长城"道"系列

调味烟草：在烟草中加入各种天然或人工香料，如香草、樱桃、朗姆酒、威士忌等，使之更好入口。高级的调味烟草，是以优质的烟草为原料，稍稍加入纯天然的香料融合制成，香味比较纯正。至于市面上主流的"美式调味烟"，则多数属于"药房烟"的范畴，主要添加糖浆、人工香精、芳香油以及保湿剂等成分，所以烟草会很"湿"。这类烟草要用专门的烟斗来抽，以免其强烈的气味影响品尝其他柔顺的天然烟草。

非调味烟草：泛指所有不加香料调味的天然烟草。事实上，优质的非调味烟草，不含任何添加物，只会加入少许蒸馏水，用来调整湿度。

（4）嚼　烟

嚼烟是一种直接放在口腔内用口嚼的烟草制品，主要包括扁塞烟、水兵烟、烟草卷、细切烟、屑烟等。嚼烟的生产原料主要是去梗的深色烟、白肋烟、火管烤烟和明火烤烟。

从 1815 年开始，嚼烟逐渐取代斗烟，成为美国独特的烟草制品。在美国西部，嚼烟是最受欢迎的烟草产品，因为它价格低廉、便于携带、使用方便，只要打开锡箔纸小包，拿出一两片放进嘴里大口咀嚼就好了，淘金者和牛仔们都很喜欢。嚼烟很快成为美国西部的象征，在那里的沙龙会所，作为这种转变的标志，痰盂成了生活必备品。

在 19 世纪末期，美国发生了两件事，更加有力地推动了嚼烟的普及，一件是棒球的发明，另一件是西部大开发。嚼烟的便携性与棒球运动紧密联系起来，那个时候，几乎所有的棒球运动员和观众都食用嚼烟。1860 年弗吉尼亚州和北卡罗来纳州的人口普查数据显示，在348家烟草制造厂中，有335家专门生产嚼烟，6家则是利用副产品来生产嚼烟。

　　第一次世界大战后，嚼烟的消费者数量迅速下降。尽管如此，嚼烟仍在一些地区、一些特定群体中保持一定的流行度，特别是在乡村地区。随着时代的进步和消费者健康意识的提高，嚼烟的健康风险逐渐被认识到，人们开始转向更健康的替代品。然而，作为西部文化和体育文化的一部分，嚼烟在美国历史上留下了深刻的印记。

美国 SKOAL 嚼烟

　　扁塞烟：经压制的长方形淡色烟草块，稍带或完全不带甜味。

　　水兵烟：扁长方形浓味大麦色烟草块，因为添加甘草、糖蜜酒、桂皮、肉豆蔻、糖、蜂蜜等香料或甜味剂而具浓味。

烟草卷：卷后搓成索状的深色硬烟。

细切烟：去梗切细的烟叶丝，不加压，掺高级调味品。

屑烟：雪茄生产的副产品，用烟叶碎末制成。

（5）鼻　烟

明清时期的鼻烟壶

鼻烟又称闻烟，通过鼻孔吸入。它是一种粉末状的烟草制品，制作原料主要包括明火烤烟和深色晾烟，经过发酵、烘干、粉碎、过筛等工艺制成。最早有关鼻烟香料配方的文献记载出现在 17 世纪的意大利，采用了麝香、龙涎香和海狸香三种珍贵动物香料，从此开启了西方的香氛调配历史。后来，鼻烟广泛采用各种香料，植物的根、茎、叶、花、果实，一些动物香料，以及食品类的酒、咖啡、乳酪、蜂蜜、油脂等，都可能被用于鼻烟的调配。

根据是否含有烟草成分的区别，可以将鼻烟分为黑鼻烟（含烟草成分）和白鼻烟（无烟草成分）。前者用于嗅吸入鼻，后者则既可以嗅吸，也可以放在嘴里。如今，世界上有 1000 多种鼻烟产品，主要风味包括烟草、薄荷、干果、麝香、龙涎香等。中国清代将鼻烟的风味总结为酸、膻、豆、糊、甜五种。

（6）水　烟

水烟起源于印度，在中东和北非地区广泛流行。水烟是一种经过特殊加工的晾晒烟草制品，使用专用的水烟壶（水烟袋）抽吸。水烟壶包括一个装有水的底座、一个放置烟炭的炭盒、一个烟碗和一个连接炭盒和底座的烟柱。抽吸水烟时，烟草放置在烟碗中，上方覆盖一层铝箔，然后将木炭点燃。木炭燃烧的热量使烟草产生烟雾，烟雾通过一根软管进入底座中的水里，经过水的过滤，通过吸管进行吸食。

水烟使用的特殊烟草混合有蜂蜜或不同水果，有苹果、橙子、菠萝、草莓甚至咖啡、口香糖和可乐等多种口味。

阿拉伯水烟起源于 13 世纪的印度，从 16 世纪开始在中东地区流行。在中东地区，特别是在古代的土耳其和伊朗，水烟

阿拉伯水烟壶

曾被视为"舞蹈的公主和蛇"，后来逐渐传播到阿拉伯国家，
成为一种通行的民间烟草消费方式。

据说，诺贝尔文
学奖获得者、埃
及作家纳吉布·马
哈富兹的很多创
作灵感就来自他
经常光顾的咖啡
馆和水烟馆。

　　水烟在很多古代艺术作品中都有所体现。据说，诺贝尔文
学奖获得者、埃及作家纳吉布·马哈富兹的很多创作灵感就来
自他经常光顾的咖啡馆和水烟馆。西方有媒体评论称，阿拉伯知
识分子的思想就装在他们的水烟壶里，这显示了水烟在阿拉伯
世界中的重要地位和流行程度。水烟壶的精美造型也使其可以

作为家中的漂亮工艺品。阿拉伯水烟如同美酒和香茶，令人难以
抗拒。

（7）新型烟草制品

新型烟草制品是相对传统烟草制品而言的，指含有烟草或
能产生烟雾、味道，能带给人抽吸的快感，满足生理上的需求，
但又不属于诸如卷烟、自卷烟、斗烟、水烟、雪茄、小雪茄、
嚼烟以及鼻烟的其他类别的烟草制品。新型烟草制品主要分为
四个大类：电子烟、加热不燃烧烟草制品、口含烟和其他烟草
制品（鼻吸、贴片等）。其中电子烟和加热不燃烧烟草制品最
为常见。这些新型烟草制品有三个共同特征：不用燃烧、提供
尼古丁、基本无焦油。

电子烟

电子烟是一种小型电子设备，用于模拟或替代卷烟的吸烟
体验。它通过加热或超声技术将含有尼古丁和香精成分的甘油
或丙二醇溶液转化成烟雾，供人们吸入。与传统卷烟相比，电
子烟不需要燃烧烟草，因此不会产生焦油和其他有害物质。电
子烟的研发对传统卷烟燃烧原理进行了创新，大大减少了焦油
和有害成分的释放量。

大多数电子烟的外观和抽吸方式类似于卷烟。由于无需点
火，电子烟的操作更加方便，使用场所更广泛，并且对周围人
群的影响也较小。

雾化电子烟

最早的电子烟相关专利可以追溯到 1963 年，美国人赫伯特·吉尔伯特在他的专利中提到了通过加热尼古丁溶液产生蒸汽供人吸入的方法。2003 年，电子烟发明人韩力发明了第一个电子烟产品，原理是以丙二醇稀释尼古丁，用超声波装置把液体雾化，产生水雾效果。在电子烟的早期发展阶段，由于雾化技术和烟油配方存在较大的质量问题，市场接受度一般，因此在 2007 年一度销声匿迹。但到了 2010 年，随着产品的不断成熟和全球控烟力度的增大，国外电子烟品牌逐渐进入美国等消费市场，电子烟重新引起了大众的关注，并受到越来越多消费者的欢迎。

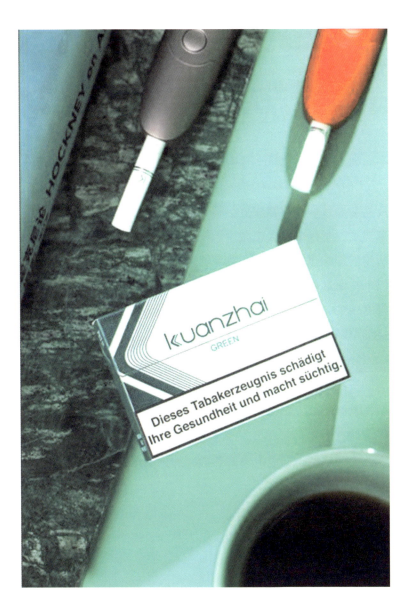

中国首款加热不燃烧卷烟——功夫

加热不燃烧烟草制品

也称新型卷烟或者低温卷烟，主要特点是利用外部热源加热烟草而不是点燃烟草以产生烟草风味气体。

研究表明，烟叶中的尼古丁和大多数香味成分在300—600℃时即可从烟草中释放出来并转移到烟气中，过高的温度反而会导致烟草香味成分热解转化为有害成分。因此，降低卷烟温度，不仅可以大幅减少烟气有害成分，而且多种香味成分所受的影响也相对较小。如果把卷烟的加热温度控制在600℃以下，使烟草受热但不燃烧，烟气中的多种有害成分将有望大幅度减少，这为低危害卷烟的研发提供了理论依据，加热不燃烧烟草制品应运而生。

按照加热源的不同，加热不燃烧烟草制品可分为三种类型：电加热型、燃料加热型和理化反应加热型。

电加热型，即以电力为热源，加热烟草物质，产生含有尼古丁的烟雾。

燃料加热型，即以外加燃料为热源，加热烟草物质，产生含有尼古丁的烟雾。

理化反应加热型，即利用理化反应产生的热量为热源，加热烟草物质，产生含有尼古丁的烟雾。

不燃烧烟草制品的加热温度远低于燃烧温度，因此能有效减少烟草高温燃烧裂解产生的有害成分，使主流烟气的化学组分释放量大大降低。与常规卷烟阴燃的方式不同，它在抽吸间歇时烟丝处于不加热状态，因此侧流烟气和环境烟气也大幅度降低。而其吸食方式与传统卷烟基本类似，消费的核心原料仍然是烟草，能最大程度保持烟草风味。

口含烟

口含烟是目前世界上较为主流的无烟烟草制品，它的制作方法是将烟草、碳酸钠和水混合研磨成粉状，添加香料成分，然后高温灭菌，制成湿或者半湿的粉末。小型包装在 20 世纪

瑞典口含烟

做人不可无书，读书不可无烟。

——林语堂

70年后开始流行，它将口含烟装在类似小茶包的袋中，大小比条状口香糖大一些。小包装相较于散装更加干净卫生。许多研究表明，口含烟的危害性比卷烟相对较低。

口含烟的吸食方法是放在嘴唇后面与牙龈之间，尼古丁通过口腔黏膜释放到血液中，可放半个至一个小时。使用者通常会有一种镇定、舒适和愉悦的感受，有些品种甚至会产生强烈的刺激感。口含烟最主要的市场是美国和瑞典。瑞典20世纪60年代开始逐渐减少卷烟消费，转而食用口含烟。在控烟政策的影响下，口含烟逐渐成为瑞典的主流烟草产品。

口含烟在1992年被欧盟禁止销售，但在足球界却越来越流行。据《每日邮报》调查，英超联赛中超过半数的球队有球员食用口含烟，包括顶级联赛和低级联赛的球员，有些球员甚至在比赛中公开食用口含烟。

📖 延伸阅读：加热不燃烧卷烟会替代传统卷烟吗？

目前看来，加热不燃烧烟草制品的存在主要是作为传统卷烟的补充形式，在短期内不会全面取代传统卷烟。加热不燃烧烟草制品的危害更小，且能最大程度保持香烟风味，如果能发挥自身的特色，在技术上取得有效突破，将会得到越来越多消费者的认可，成为全球烟草市场新的增长点。

在控烟政策和消费者健康意识不断增强的影响下，传统卷烟销量下滑或许会成为不可逆的确定趋势，这是所有烟草企业都要面临的严峻挑战。2016年起，菲莫国际就将公司愿景确定为"创造无烟未来"，并预测许多国家将在10—15年内彻底停止卷烟销售。富国银行分析师邦妮·赫佐格对加热卷烟的前景持乐观态度："估计到2025年，菲莫国际的IQOS电子烟可能会取代发达市场30%的传统卷烟业务。"

在世界范围内，各大烟草巨头掀起一拥而上做加热卷烟的热潮。未来加热卷烟可能促使烟草制品结构发生重大调整和革命性变化。因此，研究并开发能够满足当前消费者需求、降低吸烟率以及减少二手烟危害的加热卷烟已经成为烟草行业发展的重要任务，对全球烟草企业也具有划时代的重要意义。

目前，全球较多的国家已经将加热卷烟视为烟草产品并进行严格监管，作为卷烟替代品的加热卷烟在税收、监管等方面的优势正在逐渐减弱。考虑到加热卷烟产品更低的健康风险，仍有部分国家将加热卷烟视为新型烟草制品，作为降低国家吸烟率的有力手段，支持加热卷烟的发展。

4. 世界主要烟草生产商

奥驰亚集团公司

奥驰亚集团公司原名菲利普·莫瑞斯公司，是当前全球规模最大的烟草公司，也是全球第二大食品制造商。奥驰亚集团公司的经营范围包括烟草、食品、啤酒和金融服务等，业务覆盖全球 180 多个国家和地区，在全球拥有 15.6 万名员工，并拥有约 245 家制造和加工企业。该公司于 2003 年 1 月 27 日正式更名为奥驰亚集团公司，这个名字取自拉丁词汇"Altus"，意为"高的"或"步步高升"，体现了该公司不断追求更高经营目标的愿景，同时展示了承担更大社会责任的决心。奥驰亚集团公司是一家享有国际声誉的跨国公司，旗下主要经营子公司包括菲利普·莫瑞斯美国公司、菲利普·莫瑞斯国际公司、卡夫食品公司和菲利普·莫瑞斯资本公司等。

奥驰亚集团公司在 20 世纪 80 年代成为全球第一大烟草制造商。公司创始人菲利普·莫瑞斯先生最初是英国一名小烟草商人，1847 年在伦敦的班德街开设了一家商店，1854 年又建立了自己的手工卷烟加工作坊，开始制造和销售手工卷烟。

20 世纪初，随着菲莫公司进军美国市场，新型机制卷烟逐渐取代了传统烟草制品在市场上的主导地位，成为美国烟草市场的主角。到了 1927 年，卷烟已经在美国烟草市场上占据了 30% 的份额。

自 20 世纪 50 年代开始，菲莫公司进入快速发展阶段，并在 80 年代初成为美国最大的烟草制造商，超过了雷诺兹公司，同时也超过了英美烟草公司，成为全球最大的烟草公司，并一直保持至今。菲莫公司的成功与其旗下品牌"万宝路"息息相关，可以说是"万宝路"造就了菲莫公司的辉煌。

英美烟草公司

英美烟草公司（旧称英美烟公司）成立于 1902 年，是全球第二大烟草生产商。该公司的产品遍布 180 多个国家和地区，在 50 多个国家和地区占据卷烟市场主要份额。作为烟草企业的国际性领导者，英美烟草公司旗下拥有 200 多个品牌，共有 80 多家工厂，每年生产约 7000 亿支卷烟。其中，4 个工厂和两家独立工厂专门生产雪茄、手卷烟和烟斗烟草，另有一家工厂专门生产无烟型烟草产品。此外，英美烟草还拥有 24 个烟叶种植项目和 21 家烟叶复烤厂，在 50 多个市场处于领先地位。目前，英美烟草公司及其子公司和控股公司共有超过 9 万名员工。

英美烟草公司是 1902 年帝国烟草公司和美国烟草公司联合出资成立的。当时，这两家公司在市场上争夺激烈，为了避免相互竞争的损失，它们决定合作成立英美烟草有限公司，统一管理双方在国际市场的品牌和海外业务。该公司于 2000 年收购了加拿大帝国烟草公司，并于 2001 年在土耳其、韩国、越南和埃及等国市场进行了大量投资。2003 年，英美烟草收购了意大利烟草公司，并与旗下的布朗·威廉姆逊烟草公司合并，共同成立了雷诺兹美国公司，其中英美烟草公司持有 42% 的股份。

英美烟草公司的主营产品包括烟草、香烟和其他尼古丁产品。该公司拥有多个领先国际品牌，如555、健牌、金边臣、希尔顿、总督、卡碧及时运等，各品牌在不同市场上有不同的销售策略。在与乐富门合并后，英美烟草的品牌组合还新增了卡地亚、乐富门、登喜路、威豪、黑猫和皇庄等品牌。其中，555是一个百年经典的香烟品牌，自1895年起就在全球范围内销售，以其纯正的品质、独特的口味和营销手段深受欧洲和亚洲上流社会的喜爱。健牌是英美烟草公司的主力品牌之一，于1952年在美国上市，现在已在70多个国家销售。2010年，健牌全年销量达到610亿支，在俄罗斯、日本、哈萨克斯坦和罗马尼亚等十个主要市场中的份额都有所增长。

此外，英美烟草公司还赞助了伦敦交响乐团和板球世界杯，并与英国著名的赛车研发制造公司迈凯伦签订了多年合作协议，成为该汽车制造商的一级方程式主要合作伙伴。

日本烟草公司

日本烟草公司成立于1985年4月1日，注册资金为1000亿日元，是全球第三大跨国烟草公司，也是日本唯一的卷烟制造商。该公司的海外业务以骆驼、云斯顿、沙龙、柔和七星等为旗舰品牌，通过开发高质量的新品牌来满足全球客户的需求，从而增强其业务基础。日本烟草公司在全球拥有26家卷烟厂，年销量超过860万箱，业务遍及约120个国家和地区。2002年，日本烟草公司与雷诺兹国际业务进行重组，扩大了海外市场份额，成为一家国际化的烟草公司。除了烟草业务，日本烟草公司还经营制药、食品、农业、不动产和工程技术等多元化业务。

日本烟草公司建立了较为完善的组织机构，通过这一机构控制着全国的烟草种植、烟叶收购与加工、原材料的分配调度、卷烟生产、烟草制品的销售和科学研究以及进出口等工作。

日本烟草公司的主要产品是烟草制品，占日本市场份额约80%，主要品牌包括七星、卡斯特、佳宾、和平骆驼、云斯顿和沙龙等。七星牌香烟是其"扛鼎之作"，在全球烟草界与"555""万宝路"等名牌并称，在消费者中享有较高的地位和殊荣。

帝国品牌公司

帝国品牌公司原名帝国烟草公司，2016年2月改为现名，是全球第四大烟草制造商，也是世界上历史最悠久的烟草公司之一。帝国品牌公司拥有21家卷烟厂、7家雪茄烟厂（含手卷烟厂）和4家卷烟纸厂，产品涉及卷烟、手卷烟丝、烟纸、雪茄和烟斗丝等，市场遍及130多个国家和地区，每年销售卷烟约350万箱、手卷烟2.67万吨，共有员工1.5万名左右。

帝国品牌公司成立于1901年，是在英国的一些家族企业的基础上建立起来的。为了应对美国烟草公司的威胁，英国许多烟草公司决定联合起来抗争。13家规模较大的家族企业走到一起，在伯明翰的皇后酒店召开会议，随即在1901年12月正式成立了帝国烟草公司。

20世纪的前20年是帝国烟草公司巩固基础的时期，第一次世界大战结束后，帝国烟草公司才迎来了发展的新纪元。但在 20 世纪的大部分时间里，公司主要业务在英国，到 20 世纪 90 年代晚期才开始向海外拓展，并逐渐成为一个典型的跨国企业。从 20 世纪 60 年代开始，帝国烟草公司实施多元化战略，通过收购，先后进入食品、塑料制品、仪器、印刷、酿酒、宾馆等领域。

1985 年，汉森集团成功收购帝国集团，并于次年 4 月完全接管帝国业务。在汉森集团控制时期，帝国的烟草业务通过进一步调整，产能提高了 3 倍，品牌数量缩减了 6 成，经营效率得到提升，同时市场份额也提高了。1990 年，公司确立成为欧洲最具效率的烟草制造商的战略，积极准备拓展国际市场。

1996 年，帝国烟草从汉森集团分离出来，成为独立的烟草制造商，并在伦敦证券交易所上市。此时，帝国烟草公司已成为英国最大的烟草生产商，每年卷烟销量达 2000 亿支。

1996 年以后，帝国烟草公司开始拓展国际市场，主要通过收购来实现其国际化战略，先后在澳大利亚、新西兰、非洲、比利时等国家和地区完成了一系列收购活动。其中，最为重大的是 2002 年对利是美烟草公司的收购，此次收购大大扩大了企业的经营规模，特别是公司在海外烟草市场上的规模和影响，也使其成为仅次于奥驰亚、英美烟草和日本烟草公司之后的世界第四大烟草公司。

帝国烟草公司的产品涉及烟草的所有领域：卷烟、手卷烟丝、烟纸、雪茄和烟斗丝等。2006 年，帝国烟草收购了大卫

口含烟斗者是最合我意的人，这种人都较为和蔼，较为坦白，

又大都善于谈天。我总觉得我和这般人必能彼此结交相亲。

——林语堂

杜夫的香烟商标。大卫杜夫在五大洲的 100 多个国家和地区有销售，在中国台湾、沙特阿拉伯以及中欧和南欧的主要市场占有重要地位。它也是全球吸烟者中最受欢迎的品牌之一，在全球免税渠道中表现强劲。

West（威斯）是帝国烟草公司品牌，自 1980 年在德国首次推出后，现已成为全球十大卷烟品牌之一，畅销于全球 100 多个国家。

📖 延伸阅读：世界最知名的卷烟品牌——万宝路

　　万宝路，是菲利普·莫瑞斯公司的经典之作，也是全球最畅销的香烟品牌之一。全球每分钟消费的万宝路香烟数量高达 100 万支以上。

　　万宝路这个品牌名字，源自莫瑞斯公司在伦敦时附近的街道 Marlborough。在早期发展阶段，万宝路主要面向女士市场，但销售表现平平。女性消费者抱怨白色烟嘴会染上口红，不雅观。为此，莫瑞斯公司将烟嘴改为红色，但并未改变万宝路女士香烟的命运。1940 年代初，莫瑞斯公司停止了万宝路的生产。二战后，美国吸烟人数增加，万宝路重新定位，将最新的过滤嘴香烟定位为女性香烟，并推出三个系列，包括简装香烟、带有白色和红色过滤嘴的香烟，以及口号为"与你的嘴唇和指尖相配"的香烟。然而，万宝路的销售表现仍不佳，很少有人选择。

　　为了改变这一局面，菲利普·莫瑞斯公司决定重塑万宝路的形象。他们聘请了利奥·伯内特广告公司来制定广告策略，希望提高万宝路的知名度和销售量。广告公司创始人对于这个困境下的请求者说："让我们忘记那个妖娆的女士香烟，重新创造一个具有阳刚气概的举世闻名的'万宝路'香烟！"于是，一个大胆的计划诞生了，该计划旨在彻底改造万宝路的形象。产品质量保持不变，包装采用了当时创新的平开式盒盖技术，并将品牌名称（MARLBORO）的字体倾斜，使其更具男性气概，外盒的主要颜色也采用了红色。

　　万宝路的成功不仅得益于其滤嘴和独特的包装，也得益于精心制定的市场营销策略。为了使广告更具真实感，万宝路的广告和海报中使用的人物都是真正的美国西部牛仔，而非专业模特。这些广告以代表自由和粗犷的男性牛仔为主角，并配以令人印象深刻的音乐，广告词"哪里有男士，哪里就有万宝路"令人难以忘怀。

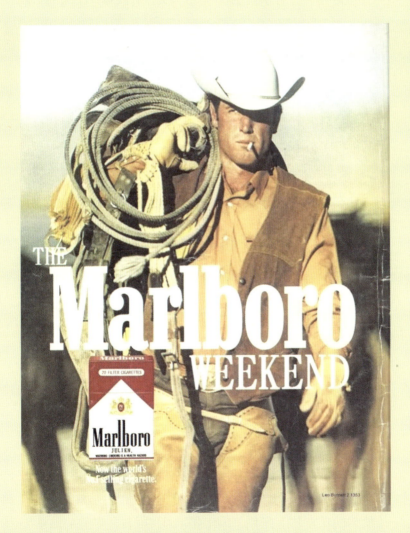

万宝路的早期牛仔形象广告

5. 国外名人与烟草

丘吉尔与雪茄

1895 年，丘吉尔在 21 岁生日当天，首次抽起了雪茄，地点在独立战争时期的古巴。当时，丘吉尔是英国第四骠骑兵团的中尉。他利用假期前往古巴游历，亲身体验了西班牙和古巴当地人民的战争。在热带雨林中，他与哈瓦那雪茄建立了深厚的情感。丘吉尔习惯用食指和中指夹着一支雪茄。在第二次世界大战的炮火中，当他在世界地图上勾画历史的重要时刻时，他的手指间总是燃烧着一支哈瓦那雪茄。

在 1940 年夏天的北非前线，丘吉尔与得力助手蒙哥马利将军在一家餐馆共享晚餐。丘吉尔问蒙哥马利想喝什么，蒙哥马利回答说："水。我不喝酒，不抽烟，保持充足睡眠，这就是我保持百分百状态并取得连胜的原因。"丘吉尔立即回应："我嗜酒如命，很少睡觉，酷爱雪茄，这就是我保持百分之二百的状态且指挥你获胜的原因！"

丘吉尔对雪茄的痴迷令人难以置信。在第二次世界大战期间，为了在高空也能享用雪茄，他让人特制了一种飞行氧气面罩，面罩上开了一个洞，以便乘坐飞机时仍能大抽雪茄。

在人们能看到的大部分照片中，丘吉尔要么手指夹着一支雪茄，要么嘴里叼着一支雪茄。只有一张例外，那就是著名的《愤怒的丘吉尔》照片。1941 年 12 月 30 日，年轻的加拿大摄影师卡什在给丘吉尔拍照时，觉得丘吉尔叼着雪茄的样子显得比较轻松，不符合"战时首相"的形象。于是卡什趁丘吉尔不注意时，冷不丁把他嘴边的雪茄拔走了。丘吉尔因为这突如其来的冒犯举动而非常生气，怒目圆睁。就在那一瞬间，卡什按下了快门，创作出了世界闻名的照片——《愤怒的丘吉尔》。

愤怒的丘吉尔

丘吉尔有自己喜欢的抽雪茄方式，他喜欢把雪茄头轻轻地放在威士忌酒里蘸一下，然后再点燃，深深地吸一口，露出满意的微笑。

丘吉尔一生钟情于味道浓烈、品质上乘的哈瓦那雪茄，每天至少抽十支以上。为了向这位忠实的雪茄爱好者致敬，哈瓦那雪茄中一种著名的型号被命名为"丘吉尔"，据说这是特别为丘吉尔设计的大号雪茄，长7英寸、环径47。就像英国的"丘吉尔型"步兵坦克、美国的"丘吉尔号"宙斯盾驱逐舰一样，"丘吉尔"雪茄也是对永垂不朽的丘吉尔首相的一种崇高纪念。

古巴每年为他提供大约5000支雪茄，并派专人秘密运往英国，而且避免用战舰运输，唯恐会被德军炸毁。1941年，德军大举轰炸伦敦，炸毁了存放雪茄的烟草店。当警报解除后，店主于凌晨两点第一时间通知丘吉尔："首相先生，您的雪茄丝毫无损。"

1955年4月5日，81岁的丘吉尔向白金汉宫递交了辞呈。当天下午4时30分，当他挂着拐杖、步履蹒跚地走出唐宁街10号时，他的嘴里还是牢牢地咬着一支大号哈瓦那雪茄。

在他长达91年的人生中，估计每天最少抽11支雪茄，终其一生大约抽了25万支，总长度为46千米，总重量约3000千克。

1965年，丘吉尔以91岁的高龄逝世。逝世时他手上还夹着一支雪茄，雪茄相伴他走完了漫长的人生之路。在他长达91年的人生中，估计每天最少抽11支雪茄，终其一生大约抽了25万支，总长度为46千米，总重量约3000千克。

毕加索的救命雪茄

　　毕加索是著名的西班牙艺术家，雪茄是他的标志之一。毕加索经常被描绘为戴着黑色帽子、穿着斗篷和抽着雪茄的形象。雪茄对毕加索来说似乎具有特殊的象征意义，它成了他的艺术和个人风格的一部分。

毕加索：《吸烟者》（1968 年）

雪茄经常出现在毕加索的画作中，他通过雪茄来展现自己的个性和风格。雪茄也被认为是他创造力和思考的一种象征，代表着他的艺术灵感和深思熟虑的创作过程。

关于毕加索的诞生，有一个传奇的故事。1881年10月25日，毕加索在西班牙南部港口城市马拉加诞生了。然而，这个婴儿坠地后没有呼吸，接生婆尝试了一系列方法，包括抖动和拍打婴儿的屁股，都没有效果。接生婆向孩子的父亲堂·何塞·路兹和家庭成员们宣布："我认为他在胎内就已经死了。"随后将婴儿放在桌子上，转身去照看产妇。

堂·何塞的弟弟堂·萨尔瓦多是一名备受尊敬的医生，他手持一支点燃的长雪茄，尽管由于紧张而忘记吸烟，此时雪茄已经熄灭。他重新点燃雪茄，走到桌边，俯身观察着婴儿。然后，他深深吸了一口雪茄，将烟气吹向婴儿的小鼻孔。这时发生了奇迹，婴儿的手和脚同时蠕动起来，发出了一声哭声。这位被誉为"20世纪最杰出、最令人信服、最具独创性、最变幻无常、最富有诱惑力和最神圣的艺术家"的毕加索就这样活了下来。有人说："毕加索是上帝一时失手的伟大奇迹，因为他不是依靠呼吸空气而是吸雪茄的烟活过来的。"

毕加索是上帝一时失手的伟大奇迹，因为他不是依靠呼吸空气而是吸雪茄的烟活过来的。

雪茄捍卫者切·格瓦拉

切·格瓦拉是一位出生在阿根廷的革命家和军事领袖，他在古巴革命中扮演了重要角色。切·格瓦拉戴着贝雷帽、穿着军装、抽着雪茄的形象广为人知。他在古巴革命期间经常被拍摄到抽雪茄的照片，雪茄成了他形象的一部分，成了他作为革命领导者的象征之一。

　　雪茄在切·格瓦拉的形象中具有多重含义。雪茄象征着他作为革命家的坚定和决心。他抽雪茄的姿态显示出他对反抗和革命的热情以及他的非传统形象和个性。切·格瓦拉的形象也被广泛传播和模仿，许多人通过戴贝雷帽、穿军装和抽雪茄来模仿他。这种形象不仅代表了切·格瓦拉本人，也代表了反抗和革命的精神。

　　切·格瓦拉除了被称为游击队长之外，还有一个响亮的名号——"雪茄捍卫者"。正是他让雪茄成为世界青年眼中的时尚与文化符号，而雪茄也使他成为超越时代的艺术化偶像。

雪茄捍卫者切·格瓦拉

"孤独时刻，雪茄是游击队员最好的朋友。"这句话犹如长河落日般苍凉悲壮。然而，令各大雪茄厂商钟爱的却是另一句："雪茄是我生命中的一部分，它代表着枪支和道德，某些时候它帮助我战胜自己。"这简短的一句话勾勒出了一个有故事的游击队员形象，堪称最经典的广告词。

在他如烟火般绚烂的一生中，雪茄几乎从未离开他的指尖。无论是硝烟弥漫的战场，还是丛林山谷之间、营地里，甚至办公室中⋯⋯直到1964年的联合国大会，切·格瓦拉仍然身穿橄榄绿军装，嘴里咬着粗粗的哈瓦那雪茄。在西装革履的领导人中，他是如此独树一帜！

1963年，摄影师罗伯托·萨拉斯拍摄了一张"切·格瓦拉抽雪茄"的照片，不久后，这张照片便闻名天下。

肯尼迪与雪茄

美国第35任总统肯尼迪痴迷于哈瓦那雪茄。在1960年的美国总统选举辩论中，肯尼迪和尼克松进行了一场历史性的电视辩论。据说，肯尼迪在辩论前抽了一支雪茄来缓解紧张情绪，而这个场景被广泛报道和讨论。这个故事使得雪茄成了肯尼迪政治形象的一部分，被认为代表着他的自信和冷静。

肯尼迪上任不久，美国当局便准备对古巴实行经济封锁，严禁古巴所有商品包括雪茄进口到美国。然而，在签署这一文件之前，肯尼迪陷入了痛苦的抉择中：一旦签署这项法令，就意味着很长一段时间内他将无法享受古巴哈瓦那雪茄。

"雪茄是我生命中的一部分，它代表着枪支和道德，某些时候它帮助我战胜自己。"

于是，肯尼迪把新闻秘书皮埃尔叫到椭圆形办公室，说道："我需要大约 1000 支雪茄。明天早上，打电话给你所有有雪茄的朋友，尽可能多弄些雪茄来。"皮埃尔急忙出去执行任务，第二天早上，他带着 700 支雪茄回到了肯尼迪的办公室。

肯尼迪拿到这些雪茄后，打开一个抽屉，取出一份禁止所有古巴产品进口到美国的法令。他这样说："太好了！既然我有了足够多的雪茄，可以维持一段时间，我就可以签署这项法令了。"由此可见，肯尼迪可以抵制古巴，但无法抵制雪茄的诱惑。

肯尼迪可以抵制古巴，但无法抵制雪茄的诱惑。

肯尼迪痴迷于哈瓦那雪茄

马克·吐温与雪茄

马克·吐温是一个典型的雪茄迷。他经常在写作和演讲时抽雪茄，认为这有助于思考和创作。据说，在写作的时候他甚至不把雪茄从嘴里取下来。雪茄成了他写作的伴侣和灵感来源。

有一次，马克·吐温在纽约的一家俱乐部里抽雪茄，被一个女士指责破坏了室内环境。马克·吐温的回应非常幽默，他说："亲爱的女士，我抽雪茄是为了把烟味变成香味。"

马克·吐温的小说中的角色经常抽雪茄，这象征着他们的社会地位、个性特征，或者作为幽默元素。雪茄因此成了马克·吐温作品中的一个重要符号。

1870 年，马克·吐温与奥莉维亚结婚，婚后曾试图戒掉雪茄。然而，他很快发现，一旦不再抽雪茄，他的写作灵感也难以迸发，在一个星期内只写了两章内容。于是，他做出决定：放弃戒烟。结果，仅仅三个月的时间，他就完成了《艰苦岁月》这部作品的剩余部分。

1883 年，马克·吐温写了一篇散文，其中一句话表达了他的亲身感悟："雪茄带来写作灵感。"而在其他一些文章中，他也不时地流露出对雪茄的喜爱。他曾说过一句名言："如果天堂没有雪茄，那我就不去了。"

马克·吐温抽雪茄

雪茄成了马克·吐温创作灵感的源泉，激发了他的创作能量，成了他创作生涯的一部分。抽雪茄给予他一种安宁与享受，让他能够集中精神，更好地将自己的想法转化为文字和故事。

麦克阿瑟与他的玉米芯烟斗

道格拉斯·麦克阿瑟是美国陆军五星上将，第二次世界大战期间曾任西南太平洋战区盟军总司令，他还曾是美国西点军校的校长。麦克阿瑟无论在任何场合，都能展现出令人瞩目的风采。

麦克阿瑟身着整齐的哔叽布军服，头戴一顶战斗软帽，佩戴一副黑色墨镜，嘴里总是叼着一支长长的玉米芯烟斗。他的整个形象都流露出骄横不羁的气质。

玉米芯烟斗是麦克阿瑟将军的一大标志。它由世界最大的玉米芯烟斗生产商密苏里海泡石公司专门定制，烟筒深、烟管长，能给人留下深刻印象。麦克阿瑟几乎在所有公众场合都会叼着这支烟斗，但从来没有点燃过它，它的功能主要是提升他的形象和气场。

二战期间，著名的《华盛顿邮报》战地记者约翰森曾在"密苏里号"巡洋舰上采访麦克阿瑟。约翰森问他为什么经常叼着玉米芯烟斗。麦克阿瑟从口袋里掏出一张照片，看着照片，他深情地说道："我感到父亲正在天堂里注视着我，好像在对我说，孩子，叼着玉米芯烟斗，这才是真正的男子汉！"约翰森看到了那张照片，上面是穿着军装、在前线指挥作战的老麦克阿瑟，嘴里抽着玉米芯烟斗。这一刻，记者彻底明白了，他的眼睛也湿润了。

二战结束后，为了纪念这位以小石城人身份崛起的将军，阿肯色州小石城军事博物馆展出了麦克阿瑟将军使用过的物品，其中包括一支玉米芯烟斗。

麦克阿瑟和他的玉米芯烟斗

福尔摩斯与烟斗

福尔摩斯曾经说过："在表和鞋带之外，没有什么比烟斗更能展现一个人的个性了。"在侦探小说大师柯南道尔的笔下或影视作品中，福尔摩斯的经典形象永远是：头戴猎鹿帽，身披方格呢风衣，手握石楠根烟斗。他或出没于迷雾笼罩的庄园古堡，或静坐在炭火摇曳的壁炉旁，在烟雾缭绕中沉思。

福尔摩斯不仅自己热衷于抽烟斗，而且会通过烟斗的使用

烟斗从哲学家的口袋引出智慧，也封闭愚拙者的口，使他缄默，

它能产生一种沉思，富有意思的、仁慈的和无虚饰的谈天风格。

——林语堂

习惯、烟丝的种类以及残留的灰烬来分析人物的性格、身份甚至外貌。在《黄面人》中，福尔摩斯从案发现场拾起一支烟斗，并做出如下推测："烟斗的主人显然身强力壮，惯用左手，牙齿整齐，粗心大意，经济富裕。"

对于福尔摩斯来说，烟斗就像放大镜、化学试管和《脚印与演绎推理实证》一样，是他的侦探工具之一。他喜欢在烟雾缭绕中分析和推理复杂的案情。因此，福尔摩斯有时候会以抽烟斗作为计算时间的方式，比如在接手红发会案时，他曾这样对华生医生说："这是需要抽足三斗烟才能解决的问题……"

对于福尔摩斯来说，烟斗就像放大镜、化学试管和《脚印与演绎推理实证》一样，是他的侦探工具之一。

福尔摩斯与烟斗

斯大林热衷于烟斗

斯大林雪茄、烟斗和卷烟都抽，他的上衣口袋里常常装着烟斗和火柴，他喜欢把香烟揉碎后放入烟斗中抽吸。他的烟斗里总是装满了烟丝，据说其冲劲是普通香烟的十倍以上。斯大林最喜欢用烟斗，有人说烟斗是他政治生涯中唯一不被猜疑的伴侣。斯大林给人印象最深的形象是他含着烟斗沉思、微笑或者在交谈中点头抽烟。他透过这种充满胜利信心的姿态，展现出安详而坚定的气质，在艰难的战争年代里增强了苏联人民的信心和力量。

斯大林与烟斗

斯大林一直热衷于抽烟斗，当与他人进行对话或参加小型会议研究工作时，他经常口含烟斗，在房间里来回踱步，一边交谈一边吸烟，仿佛除他之外没有其他人存在。二战期间，斯大林一直握着烟斗，或明或灭、或吸或停，随着烟雾喷出，他制定了扭转战局、左右世界的重大决策。

据说，1943 年 11 月，在斯大林与美国总统罗斯福的首次会面中，他没有携带烟斗，而是特意准备了烟盒来招待美国客人。这让罗斯福感到奇怪，问道："斯大林元帅，你那赫赫有名的烟斗哪里去了？"还有一幅绘画，上面写着"斯大林的烟斗，喷倒了人民的敌人！"这一说法虽然夸张，但这位苏联重要人物在处理公务时常常含着烟斗是确凿无疑的。

凡·高与烟斗

文森特·威廉·凡·高是后印象派代表画家。他出生在荷兰乡村的一个新教牧师家庭，年轻时曾从事过职员和商行经纪人的工作，还在矿区担任过传教士。凡·高充满了幻想和热情，但生活中屡遭挫折和失败。最终，他投身于绘画，下定决心要在绘画中与自己进行斗争。他的早期画风偏向写实，受到荷兰传统绘画以及法国写实主义画派的影响。

关于凡·高是天才还是疯子的问题，至今仍有人争论不休。然而，毋庸置疑的是，凡·高是一个彻头彻尾的烟斗爱好者。在短暂的人生中，他失去了许多至亲、朋友和爱人，一直陪伴着他的就是他的烟斗。1890 年 7 月 27 日，凡·高以穷愁潦倒、身患疾病的状态，用一把左轮手枪结束了自己的生命，终年仅 37 岁。在他临终前的 36 个小时，他躺在床上彻夜未眠，一言不发。他的嘴边咬着一支烟斗，在袅袅升腾的烟雾中，凡·高或许在思考着如何结束自己的生命。

凡·高抽烟斗的自画像（1886 年）

古巴雪茄品牌高希霸创立于 1966 年，一直以来都被誉为优质古巴雪茄的代表。哈伯纳斯将其定位为全球旗舰品牌，以占据高端市场份额和高价位而闻名。

在菲德尔·卡斯特罗的 30 岁生日宴会上，他偶然发现自己的贴身保镖抽着一种独特而温和的雪茄。保镖告诉他这只是一个朋友制作的普通雪茄，于是卡斯特罗决定去拜访这位朋友。

保镖的这位朋友正是爱德华·里贝拉，当时他还没有成名。爱德华向卡斯特罗介绍了这款雪茄的制作过程。随后，埃尔·拉吉托雪茄工厂建立了，在工厂里，爱德华先后为卡斯特罗生产了 No.1、No.2、No.3 三种样品，卡斯特罗选择了 No.2 调制雪茄。同时，为了给妇女提供就业机会，爱德华开始培训她们卷制雪茄。在生产高希霸的工厂中，女性卷制工人一直占据着主导地位。

高希霸创立之后，成为古巴元首外交礼品中不可或缺的一部分，非常珍贵。"高希霸"（COHIBA）在加勒比岛原住民的语言中是烟草的意思，它代表了古巴雪茄的起源和传统。这个名字是由卡斯特罗的助手西莉亚·桑切斯选择的，并且得到了所有参与品牌创建的人的支持。

阿韦利诺·拉腊在 1968 年接管了高希霸品牌。作为四位顶级雪茄卷烟师中的年长者，他制定了三项原则，使得高希霸雪茄成为世界顶级的雪茄之一。首先，他提出了"精选再精选"的原则。在他的建议下，高希霸在布埃尔塔·阿瓦霍地区建立了 10 个顶级烟草园，每年他挑出 5 个最好的烟草园种植茄衣、茄套和茄芯所用的烟叶。其次，他采用了独特的三段式发酵方法，这在哈瓦那所有品牌的雪茄中是独一无二的。这种方法只用于浅叶和干叶这两种类型的烟叶，通过加湿和木桶发酵去除烟叶的粗粝味道。第三，卷制高希霸雪茄的卷烟工人必须具备高超的卷烟技艺。在埃尔·拉吉托工厂，所有的卷烟工人都是素质优良的女性。

1982 年，高希霸宣布重新定位市场，更加关注大众消费者，减少供应给西班牙王室和贵族的份额。7 年后，高希霸推出了三款新雪茄：辉煌（Espléndido，丘吉尔型号）、罗布图和精致（Exquisito）。其中，"精致"的型号非常独特，长 5 英寸，环径为 36。这三款雪茄中，只有"精致"是在埃尔·拉吉托烟厂生产的，其他两款则由乌普曼烟厂或帕塔加斯烟厂生产。

1992 年，为了庆祝哥伦布在古巴发现雪茄 500 周年，高希霸推出了领雅 1492（Linea 1492）系列，包括 5 种型号，之前的 6 种型号则改名为领雅经典（Linea Clasica）。领雅 1492 系列于 1992 年 11 月在一次庆典上亮相，并于一年后在伦敦克拉里奇饭店的盛宴上公开发行。这些型号被命名为 Siglo Ⅰ、Ⅱ、Ⅲ、Ⅳ、Ⅴ，其中 Siglo 的意思是世纪，借此纪念哥伦布发现新大陆已有五个世纪。这些雪茄与一些已经停产的大卫杜夫雪茄非常相似。

目前高希霸雪茄有四个系列：经典系列；世纪系列，即领

雅 1492；马杜罗系列；贝伊可（Behike，BHK）系列。BHK
系列是高希霸产品线中的顶级，每年的产量很小，很难购买到。
高希霸一直是昂贵雪茄的代名词，受到众多雪茄爱好者的追捧。
高希霸雪茄具有丰富而顺畅的口感，在哈瓦那雪茄中，它被认
为是中等到浓郁口感的雪茄；世纪系列则采用了一些新的成分，
口感更加圆融。

高希霸 55 周年 2021 全球限量版

宽窄说

烟草之书

简明
烟草手册

四川中烟工业有限责任公司

五章　烟草在中国

1. 烟草进入中国的路线图

我国种植的烟草主要是通过"海上丝绸之路"由菲律宾引入福建，再向内地扩散的，因此，在很长一段时间内，烟草被称作"洋烟"。根据考证，在 16 世纪下半叶到 17 世纪初的明朝万历年间，烟草通过三条主要的路线传入中国。

最早的路线是通过菲律宾传入中国东南沿海地区。从 16 世纪 20 年代开始，葡萄牙人频繁往来于中国南部沿海的岛屿，并向中国商人展示如何使用烟斗来吸烟。在这期间，日本长崎的居民也从葡萄牙商人那里学会了吸烟，并将烟草介绍给了在日本居住的福建商人。还有一种可能是，16 世纪 80 年代中期，方济各会修士从西班牙的美洲殖民地经过太平洋到达马尼拉，并将他们了解到的烟草药用知识传授给了所认识的中国人。

早在 1567 年，福建的商人受到解除海禁的鼓舞，被菲律宾的商业机会吸引，用他们的货物交换了一些烟草种子，随后将其带回福建南部。与此同时，一些中国人还可能通过与广东南部沿海的葡萄牙人交往养成了吸烟的习惯。

张介宾（1563—1640）在《景岳全书》（成书于 1624 年）中介绍了万历年间烟草在福建、广东、江苏、湖北等地的种植情况。他指出，明朝以前，人们对烟草一无所知，直到万历年间，烟草才开始在福建、广东地区种植，并逐渐扩散到江苏、湖北等地区。

我国种植的烟草主要是通过"海上丝绸之路"由菲律宾引入福建，再向内地扩散的，因此，在很长一段时间内，烟草被称作"洋烟"。

　　张介宾认为，中国人使用烟草可以追溯到"征滇之役"的时候。在那次战役中，明朝军队深入瘴疠之地，许多士兵都染上了疾病，唯独一支部队安然无恙。当人们询问原因时，他们说大家都服用烟草，因此能够御寒驱湿，免受疾病侵扰。这也就是烟草在当地开始广泛传播的契机。

時惟吸一口或二口若多吸之令人醉倒久而後甦

味辛氣温性微熱升也陽也燒烟吸之大能醉人用

烟　又七七

灰加輕粉麝香為末摻之

良若治喉痺宜燒燈草灰吹之若治下疳瘡亦用燒

火除水腫止血通陰氣散腫止渴但用敗蓆煮服更

味淡性平能通水道澼結癃開治五淋瀉肺熱降心

燈心草　七七

欽定四庫全書

景岳全書

卷四十八

四库全书版《景岳全书·山草部》

到 17 世纪初，烟草已经作为一种商业作物在福建沿海和广东的一些地区广泛种植。17 世纪 40 年代，福建莆田的烟草消费量相当大。烟草的种植在福建南部的其他地区也很普遍，特别是沿海的漳州府和泉州府。实际上，漳州各县，尤其是石码、长泰、平和成为福建"石码烟"的主要产地，这种烟在整个 17 世纪被普遍认为是中国最好的烟草之一。

到了明朝末期，广东沿海地区也开始种植烟草。18 世纪，烟草已经成为广东省的主要经济作物。福建烟草最重要的市场是江苏和浙江两省的城市和乡镇。

在江南地区，最初只有流动商贩、士兵、土匪等底层人员才抽烟袋，但随着时间的推移，这种习俗逐渐在士大夫和乡绅中流行起来。

叶梦珠（1623—1690？）是明末清初的上海人，所著《阅世编》讲述了关于烟草的见闻，记载了从 1620 年至 1644 年的几十年间，烟草从福建南部传播到长江下游的情况。他提到："烟叶，其初亦出闽中。予幼闻诸先大父云：福建有烟，吸之可以醉人，号曰干酒，然而此地绝无也。崇祯之季（1628—1644），邑城（县城）有彭姓者，不知其从何所得种，种之于本地，采其叶，阴干之，遂有工其事者，细切为丝，为远客贩去，土人犹未敢尝也。"

烟草在 17 世纪 30 年代的北京非常流行。与江南地区一样，北京对烟草的需求不断增加。1640 年左右，由于烟草种植有利可图，当地农民开始在郊区种植烟草。在相对平坦的华北平原，烟草种植技术迅速传播。同一时期，烟草已经被广泛种植于东部沿海地区并进行商业化生产，通过连接华北和江南中心城市与海外世界的跨区域贸易网络进行传播。

明朝末期，南方的粮食用船只运往首都和北方边防地区，这些船只被允许免税携带一定重量的非官方货物，包括来自福建的烟草。据文献记载，山东省最早种植烟草是在 1647 年，但实际上，在清朝入关之前，农民们很可能就在济宁等地种植烟草了。

清朝初年，黄河两大支流渭河和汾河的冲积平原上兴起了烟草种植业。17 世纪早期或中期，山西曲沃县的农民开始在汾河流域下游种植烟草。到了 1673 年，西安附近的美原镇种植的烟草因其优良品质而享誉全国。烟草从福建和江南地区，通过大运河，传播到华北平原及临近地区，主要得益于明朝末期外贸和内部商业的繁荣。

烟草在南部沿海种植区扩展开后，商人和其他旅居者就开始将其向北方运输。上海的商人意识到烟草这种新商品的潜力，不久便开始在当地种植。其他地区精明的商人也开始烟草的种植和制作加工，然后出售给远方的客商。这个过程在明朝衰落的几十年间一再重复。

第二条路线，烟草由日本到达朝鲜，再转辽东半岛。东北地区与朝鲜、中国关内地区、蒙古草原和西伯利亚接壤，从 16 世纪 80 年代开始，它成为北方重要的政治、外交和军事活动地区。16 世纪末、17 世纪初，辽东地区成为烟草进入东亚大陆的第二条渠道。

在 16 世纪末期，烟草首次在东北亚海域出现时，整个辽河流域下游以及辽东半岛属明朝管辖，归山东布政司管理。然而，这种状况很快发生了变化。1618 年，明朝与女真各部首领努尔哈赤之间一直存在的紧张局势升级为公开战争。到 1621 年，努尔哈赤吞并了辽东的大部分地区，他的军队控制了包括沈阳在内的所有大城镇。

与中国东南部的情况类似，烟草最初可能通过日本、朝鲜，或者从明朝的山东或辽东地区进入东北。作为来自东亚海域的商品，烟草最初并未引起人们的关注，因此无法确定最早的传入时间。16 世纪，烟草从南洋被带到日本，日本人将它称作"南草"。这个"南草"随后传到了朝鲜半岛、辽东等地，朝鲜人又叫它"南蛮草"。

朝鲜人从 17 世纪 20 年代初开始种植和销售烟草。烟草具有可与人参相媲美的药用属性，在朝鲜广受欢迎。很可能因为同样的原因，朝鲜人很快在辽东地区找到了一个潜力巨大的烟草市场。根据《李朝仁祖实录》，1637 年，朝鲜向建州官员赠送了三百多斤的南草作为礼物。

朝鲜人从 17 世纪 20 年代初开始种植和销售烟草。烟草具有可与人参相媲美的药用属性，在朝鲜广受欢迎。

在努尔哈赤吞并辽东之前，中国商人可能就已经在东北边境市场上进行烟草交易。东北地区盛产宝贵的特产，包括貂皮、珍珠和人参等，这些都是朝鲜和明朝贸易伙伴渴望得到的物品。

　　1618 年，努尔哈赤占领了当时最大且最重要的边境市场——抚顺。在此之前，明朝专门指定了五个合法边境贸易地点，用于进行建州女真和汉人之间的贸易活动。每天都有市集开张，女真人用来自北方森林的物产交换食品、纺织品、铁器、耕牛和农具。当努尔哈赤的军队进入抚顺时，来自关内各省份的商人也在那里居住。其中一些商人可能来自南方城市，他们早就已经将烟草样品带到了北方边境。

　　努尔哈赤的第八子皇太极在 1626 年继位为可汗，并于十年后宣布自己是新王朝——清朝的皇帝。经过皇太极多年的军事骚扰和连续的边境袭击，明朝北部的防线最终在 1644 年彻底崩溃，清军迅速攻占了北京，随后统治了整个中国。在这一时期，烟草开始在清朝统治的区域得到推广。这些本地种植的烟草主要供普通阶层消费。较富裕的阶层更倾向于消费进口的烟草产品。

　　烟草也有可能通过蒙古东部进入满洲地区。从 1631 年起，蒙古首领和皇太极就将烟草作为外交礼物进行交换。蒙古人从多个渠道获得烟草，其中包括来自中亚的贸易商。来自布哈拉的乌兹别克商人通过走私或沿着欧亚大陆中部商路将烟草销售到西伯利亚南部的定居点。

　　17 世纪 30 年代，布哈拉人还将中国的烟草与茶叶、大黄和纺织品一起运往西伯利亚的俄国人定居点。他们沿着中国与西伯利亚前哨托博尔斯克之间的几条路线穿越蒙古草原，与各个蒙古部落进行烟草交易。

1633 年初，满洲将领杨方兴向皇太极递交了一份有关东北烟草的请愿书。他指出，尽管烟草无益且散发出难闻的气味，但是朝廷和民众都对其痴迷。1638 年，吸烟在沈阳已经变得非常流行，尽管有禁令，但人们仍大量使用烟草。

在统治中国之前，清朝的开国精英们就对吸烟产生了浓厚兴趣，不分地位高低，男女都一样。17 世纪 30 年代末，许多辽东居民为皇太极的禁烟令所困扰，尤以妇女居多。不过禁令很快被解除，东北地区的烟草种植没有受到影响，并催生了"关东烟"的出现。东北地区吸烟的人渐渐增多起来，一些显赫的皇族成员如摄政王多尔衮也开始公开吸烟。新征服地区的文人经常评论清朝士兵和官员中流行的这一社会习俗，当时在中国的欧洲观察家也有类似的记录。

根据《傅氏宗谱》纂修傅义迁的记载，在四川地区，烟草对满蒙八旗弁兵来说是不可或缺的物品，人们相信它能保护他们免受西南地区的疟疾侵害。傅义迁将田地改种烟草，提供给新来的人。清军入关后，旗人推动了烟草在中国其他地区的广泛传播。

清军入驻北京也促进了华北地区的烟草贸易。大运河沿岸的山东地区，特别是济宁和兖州的农民，开始重新种植烟草，以供应京城的需求。到 1647 年，兖州府到处都是烟农。正如一位方志编纂者所观察到的，"至今遍地栽焉，每岁京客来贩者不绝，各处因添设烟行"。同样，清军入关后，北京郊区的农民也增加了烟草的种植量。

在山西和陕西边界从事贸易的商人可能在清朝建立之前就向蒙古人提供内地种植的烟草，尽管确切的起始时间尚不清楚。

榆林位于鄂尔多斯地区以南，是陕西北部长城沿线的一个要塞。长期以来，它一直是鄂尔多斯南部蒙古人与汉人之间茶马贸易的中心。然而，在1673年之前的多年间，由于市场竞争激烈，经营烟草的商号陷入困境。山西和陕西烟草商人在1663年之前已经走向了衰败，这表明蒙古边境烟草贸易的历史更为久远。

第三条路径是从中国西部边疆，包括新疆和云南传入，形式是水烟。通过云南可以到达东南亚，通过甘肃可以到达欧亚大陆中部，这两个中国西部省份成为交汇中心，许多明朝和清朝的臣民最初就是在这里学会了使用水烟筒吸食烟草。

水烟最初起源于印度，从16世纪开始在中东地区流行。最早的水烟装置以掏空的椰子壳为容器，以较大直径的芦苇竹为烟管，主要用来吸食老式黑烟草。

在16世纪和17世纪，中国的对外贸易往来不仅延伸至中日海域和东南亚海域，还横跨欧亚大陆。吸水烟最初是亚洲西部和非洲一些地区独特的消费习俗。各种类型的水烟装置，如印度水烟、阿拉伯水烟和波斯水烟，通过前往麦加朝圣者、印度商人以及非洲、波斯、阿拉伯或中亚的贸易商进行传播，在印度、伊朗、奥斯曼帝国、马达加斯加、东非和东南亚的许多地区广泛使用，也在中国的西南地区流行。

中国最早的水烟袋可以追溯至 18 世纪，它们具有整体式的容器和细长的烟管，更接近最初的印度水烟壶形设计。居住在中国沿海的人们可能通过印度贸易商接触到了以水过滤烟气的习俗，尽管他们对实际操作的方式还不清楚。还有一种可能是，这种南亚的吸烟方式是沿着已有的丝绸之路传播到中国西部的，这些线路将云南和甘肃与亚洲其他地区新出现的烟草种植区联系了起来。

民国初期抽水烟的女人

🕮 延伸阅读：诸葛亮与烟草起源的传说

相传，诸葛亮在平定南中叛乱期间多次捉住孟获，但每次都放他走，最终使他彻底投降。在擒获孟获的过程中，他发现了一种名叫"薤叶芸香"的植物，这种植物可以避免瘴气的侵袭。从那时起，烟草就与芸香草有了关联。陕西洛川一带流传的一首喜歌中有这样的歌词："刘备吃烟一辈子，娶了孙权他妹子；关公抽了一口烟，斩了六将出五关。"当然，民间传说和民谣并不能直接作为历史依据。

1948年出版的《烟草》一书记载了水烟的起源和发展：在汉丞相诸葛亮兴兵征蛮的过程中，士兵们受到瘴气的困扰。诸葛亮通过询问土人得知了一种名为薤叶芸香草的植物，它具有芬芳的气味，可以避疫消瘴。诸葛亮采集这种植物并分发给士兵，他们将其点燃后吸烟，结果瘴气消失了。随后，这种草被移植到甘肃皋兰一带，农人开始大量种植，商人也纷纷贩运水烟，水烟行业因此兴起。

在如今的湘西土家族、苗族地区仍有《烟源歌》流传："要说烟源三国起，征讨南蛮战火生。孔明亲自把兵督，沅澧两岸扎重兵。孟获战败无处躲，银坑洞内把身存。只因孔明计策好，又打又拉攻不停。团团转转都围往，还用百草辣子熏。其中有种黄金叶，胜过其他几十分。眼看熏得命难保，孟获无奈现原形。"有人认为，这里说的"黄金叶"可能就是烟草。

在中国古代诗词中，的确出现过"烟草""烟叶""野烟""茶烟"等词语，比如李白的诗中就有这样的句子："青松来风吹古道，绿萝飞花覆烟草。"陆游也有类似的表述："小园烟草接邻家，桑柘阴阴一径斜。"白居易还提到了"烟叶"："风条摇两带，烟叶贴双眉。"晏几道在《浪淘沙》中写道："多少雨条烟叶恨，红泪离筵。"不过这些词语的含义与现代"烟草"一词存在较大差异。关于野烟，清代的《滇南本草》中也有记载，说是有一种野生的烟草植物，虽然植株很小，但在云南、四川和湖南等地都有分布。然而，很少有人将其作为可供吸食的烟草的替代品。

中国古代文献典籍众多，可以说浩如烟海。然而，在明朝以前的本草、方书、药谱和其他历史著述中，都没有提到过现今常见的烟草。明代的张介宾在《景岳全书》中有这样的记载："此物自古未闻也，近自我明万历时始出于闽广之间。"也就是说，在明朝之前，烟草不见于中国，直到它从美洲传入后，才有了烟草种植活动和吸烟这种嗜好。而烟草在我国真正流传和兴盛起来，则是明朝之后的事了。

广西合浦出土的明代烟斗

2. 历代名人与烟草

康熙与烟草

康熙皇帝从小就养成了吸烟的习惯，且烟瘾相当大。然而，有一次批阅奏折时，康熙不慎将烟灰掉落到奏折上，差点引发了一场火灾。自此以后，康熙决定彻底戒烟。他在《庭训格言》中警示子孙说："如朕为人上者，欲法令之行，惟身先之，而人自从。即如吃烟一节，虽不甚关系，然火烛之起多由此，故朕时时禁止。然朕非不会吃烟，幼时在养母家，颇善于吃烟。今禁人而己用之，将何以服之？因而永不用也。"

在徐珂的《清稗类钞》中有这样的记载："圣祖不饮酒，尤恶吃烟。溧阳史文靖、海宁陈文简两公，酷嗜淡巴菰，不能释手。圣祖南巡，驻跸德州，闻二人之嗜也，特赐水晶烟管以讽之。偶呼吸，火焰上升，爆及唇际，二公惧而不敢用。遂传旨禁天下吃烟。"在李调元的《淡墨录》中也有类似记载："康熙到德州，传旨：朕生平不好酒，最可恶是用烟。每见诸臣私在巡抚账房中吃烟，真可厌恶。不惟朕不用，列圣俱不用也。故朕厌恶吃烟者。"

康熙反对吸烟的原因主要有两个：一是吸烟容易引起火灾，二是吸烟对身体健康有害。康熙反对吸烟带有一种道德教诲和劝诫的味道，他已经无法依靠法律制裁来解决问题了。作为最高统治者，康熙还意识到吸烟风气的流行会导致农田大量用于烟草种植，并因此主张限制甚至禁止种植烟草。

康熙皇帝画像

　　康熙虽然自己戒了烟，但对鼻烟抱有很高的兴趣。康熙是一位非常注重学习西方科学技术的统治者，他极为重视来自欧洲的传教士，并让他们在宫中担任职务。康熙喜好吸闻鼻烟，很可能与这种交流有关。

　　1684年，康熙首次南巡到达南京时，接见了来自欧洲的传教士。当他们赠送礼物时，康熙委婉地谢绝了其他的礼品，只留下了鼻烟。康熙非常喜爱法国产的珐琅器皿，并通过传教士邀请法国珐琅匠师来宫廷造办处传授制作技艺，生产绘制珐琅鼻烟壶。

康熙时期，宫廷造办处的规模逐渐扩大，其中包括玉作坊、珐琅作坊、牙作坊、漆作坊、玻璃作坊等 14 个作坊，这些作坊都是制作皇家御用品的综合手工艺作坊，也成为皇室鼻烟壶的制作中心。大臣和外国使节经常向康熙皇帝进贡鼻烟和鼻烟壶，而康熙皇帝则把御制鼻烟壶赏赐给他最亲近的大臣和外国使节。康熙对鼻烟壶的热爱极大地促进了中国鼻烟壶艺术的发展。

纪晓岚与烟草

纪晓岚被称为"纪大烟袋"，他的烟瘾很大，是个典型的瘾君子。为了满足自己的烟瘾，他定做了一个容量特别大的烟锅，装一锅烟丝，足够吸两个小时。从他的府邸到圆明园，烟锅里的烟丝都吸不尽。黄钧宰在《金壶七墨》中说道："烟草……自国初通行以来，烟量之宏，烟具之大，以纪河间（纪晓岚为河北河间府人，故称纪河间）为第一。"

有一次，纪晓岚不慎丢了烟锅。他淡定地说道："不用担心，明天去卖东西的市场寻找，一定可以找到。"第二天果然找到，买了回来。原来他的烟锅容量太大，一般人消受不起。

纪晓岚处理公务的时候，烟袋也总是不离手。有一天，纪晓岚在等候乾隆召见时吸烟，正吸得起劲，突然听到太监传旨入见。因为乾隆不喜欢烟味，纪晓岚急忙把烟袋插入靴子里，赶快上殿。然而，他匆忙之中未把烟袋中的火熄灭，里面装了

康熙对鼻烟壶的热爱极大地促进了中国鼻烟壶艺术的发展。

很多烟丝，导致烟丝继续燃烧，把靴子烧坏了。他痛得几乎无法忍受，只能一边与乾隆对话，一边极为痛苦地忍受脚上的灼烤，以至于泪流不止。乾隆非常惊讶，连忙询问原因，纪晓岚只得如实告："臣靴内走水（失火）！"乾隆立刻叫他退出。等他下殿脱去靴子时，脚上的皮肤已被烧坏，跛了好久才复原。

纪晓岚画像

纪晓岚向来走路很快，被同僚称作"神行太保"；这次意外的"火灾"，让他数日走不了路，同僚嘲讽他为"李铁拐"。但是，这并没有减轻他的烟瘾，烟杆子和笔杆子陪伴了他一生。

李鸿章与烟草

李鸿章是清朝最早觉醒的人之一，他深知只有走出国门，学习国外的先进技术，经济才能进步，闭关锁国是行不通的。李鸿章也是清朝第一位环球访问的大臣，在洋务运动中扮演了重要角色，同时也是中国早期雪茄文化的倡导者之一。

1896 年，李鸿章远赴法国进行访问，并与法国官员交流学习。在一次聊天时，法国官员向李鸿章赠送了一支雪茄。李鸿章接过雪茄，但不知道该如何抽吸。法国官员将雪茄放进嘴里，并用火点燃。李鸿章效仿其动作，却无法点燃烟草，原来他不知道要剪掉雪茄顶端的茄帽。李鸿章察觉到法国官员故意让他难堪，于是让人取来中国水烟。他接过水烟后熟练地吸着，法国官员表示很好奇，随从们也为法国官员取来了水烟。然而，法国人并不熟悉水烟的使用方法，一吸之后满嘴烟水，既想吐又不敢吐，相当尴尬，李鸿章则在一旁暗自得意。

在下榻柏林豪华的恺撒大旅馆时，李鸿章得到了德意志帝国政府的热情接待，甚至连他钟爱的画眉鸟都被装在鸟笼里，在庭院的长廊上挂着。在为李鸿章准备的房间里，墙上悬挂着两张大幅照片，左边是李鸿章的照片，右边则是德国前首相俾斯麦的照片，茶几上还摆放着李鸿章喜欢的雪茄。

李鸿章

  在访问英国时，李鸿章还收到了一盒定制的 25 支装雪茄，茄标上印有他的朝服图像，烟盒上还印有一行金字："中英邦交，从此永固。"

林语堂与烟草

林语堂是现代著名作家，手中经常拿着一支烟。他的一句广告式的妙语"饭后一支烟，赛过活神仙"广为流传，成为烟民们的口头禅，至今仍有人津津乐道，令人忍俊不禁。

林语堂是何时开始吸烟的呢？从他所写的《我所欲》中可以看出一些端倪："我要一间好书房，几支好雪茄，以及一个能理解我、让我自由做我的事情的女人。"

1919年秋天，他和新婚妻子廖翠凤一同前往美国哈佛大学留学。廖翠凤是一位贤良淑德的妻子和母亲，对丈夫的吸烟习惯从不限制，任由他自由地抽，只有觉得丈夫的牙齿被烟熏黑，影响形象时，才提醒他用牙膏多刷刷。林语堂烟瘾深重，书房里写字台上的烟灰缸里总是满满的烟灰，而且常有一些与他一样爱烟的朋来家中闲聊谈事，一起吞云吐雾，导致室内弥漫着浓烈的烟雾。林语堂曾经对他的秘书黄肇珩说，她应该让她的丈夫学会吸烟，因为用烟斗来堵住他的嘴，可以避免他发脾气。

与其他烟民相比，林语堂在吸烟方面有所不同。作为文化教育界的知名人物，他很少吸普通的香烟，而是常常叼着弯垂的烟斗，专注地在书房里写作。他的女儿们知道不可以打扰他，他的妻子也能静静地为他倒茶递水。有时突然有了灵感，他会慌乱地大声喊叫："我的烟斗在哪里？"然而他却没有意识到，那根烟斗就叼在嘴里。只要有烟斗在，他就感到安心。除了满足他的烟瘾，烟斗还有另一个用途，就是用来揉擦冒油的鼻子，

我要一间好书房，几支好雪茄，以及一个能理解我、让我自由做我的事情的女人。

保持鼻部的健康。这成了林语堂的习惯动作，以至于他的鼻子擦得红红亮亮。

林语堂曾经说过，做人不能没有书籍，读书不能没有烟。他感叹道："试问读稼轩之词、摩诘之诗而不吸烟，可乎？不可乎？"他将吸烟视为一种清脑提神、捕捉灵感的方法。"读书亦必有会神会意，胸中了无窒碍，神游其间，方算是读，此种心境，不吸烟岂可办到？"

抽烟斗的林语堂

林语堂曾因吸烟过多，戒了一段时间，然而这次戒烟并没有带来好处，反而让他更加感觉吸烟的必要。在《我的戒烟》中，他这样写道："我有一次也走入歧途，忽然高兴戒烟起来。经过三星期之久，才受良心责备，悔悟前非。我赌咒着，再不颓唐，再不失检，要老老实实做吸烟的信徒，一直到老耄为止……无端戒烟断绝我们的灵魂的清福，这是一种亏负自己而无益于人的不道德行为。"然后，林语堂自然而然地又开始吸烟了。

林语堂的书桌左端有一个烧焦的痕迹，那是放烟的地方。因为吸烟次数太多，痕迹越来越深，最终变成了一道醒目的疤痕，林语堂称之为"惜阴池"，寓意珍惜宝贵的时间。

毛泽东与烟草

毛泽东是一个重度吸烟者，至少抽了六十年的烟。他常常把烟、茶当作"神经缓冲剂"，经常一边抽烟，一边喝茶，同时思考问题，许多重要思想和战略决策都是在抽烟喝茶时产生的。毛泽东抽烟还有一个特点，就是不挑烟，只要是烟，他拿到手就能抽。

可能在长沙创立"新民学会"时，毛泽东已经对吸烟产生了依赖；到了井冈山，他的烟瘾已经相当严重。在中央苏区时，毛泽东经常深入群众做调查研究，他主要吸农民自己种植和晾晒的"生烟"。他将烟叶晒黄、切碎，然后用纸卷成锥形，抽这种"生烟"非常令人陶醉和提神。毛泽东与群众一起吸这种烟，是一种接近群众、沟通感情的好方法。

美国学者特里尔在《毛泽东传》中写道："只要有香烟，即使在最艰难的日子里，毛泽东也能重新振奋起来……毛泽东抽掉的卷烟数量超过了世界上任何国家的领导人。"毛泽东评价自己的烟瘾时曾说："烟，我吸进去的并不多，大半是在手中燃烧掉的。没有香烟在手上，或吸上几口，在思考问题时，总觉得缺少点什么。有了香烟在手，就好像补充了这个不足。"

然而，嗜烟的毛泽东也能够控制自己一口不抽。1945年重庆谈判时，毛泽东听闻蒋介石对香烟味道敏感，在与蒋介石会谈期间甚至一根烟都没有吸。对一个老烟民来说，这是极其困难的。会谈结束后，蒋介石悄悄对身边的人说："毛泽东此人不可轻视。他嗜烟如命，据说每天要抽一听（50支）。但他知道我不吸烟后，在同我谈话期间绝不抽一支烟，对他的决心和精神不可小视啊！"

1957年苏联元帅伏罗希洛夫访问中国时对毛泽东说："苏联的医学专家认为，如果斯大林遵照医嘱戒烟的话，他不可能会那么早逝世。"这番劝告使毛泽东开始考虑戒烟。他成功戒烟十个月，但在十个月后又重新开始吸烟，他无奈地说："我们工作太辛苦，不能不抽。"

只要有香烟，即使在最艰难的日子里，毛泽东也能重新振奋起来……毛泽东抽掉的卷烟数量超过了世界上任何国家的领导人。

在许多照片中，我们都可以看到毛泽东手拿着香烟。他的私人医生在回忆录中写道，当他责备毛主席吸烟过多时，毛主席的回答是："吸烟也是一种深呼吸运动，你不觉得吗？"

毛泽东对吸烟十分痴迷，有时一天要吸三包，每月花费几十元。然而，他从来不摸钱，而是由工作人员代为购买，然后从他的工资中"报销"。他经常一根接一根地抽，尤其是在室内看文件或写作时，常常一连抽上几根。更令人感叹的是，他游泳时用脚踩水，嘴里还含着烟卷，游了一段时间后，转为仰泳，四肢伸直，平躺在水面上，直到抽完。

毛泽东点燃香烟从来不使用打火机，而是习惯用火柴；也不让别人帮他点火，而是自己动手。为了节省火柴盒的磷皮，他先在磷皮的两侧擦火柴，这样，当一盒火柴用完时，磷皮的中间部分仍然是新的。他保留了许多空的火柴盒，不舍得扔掉。工作人员觉得保留空盒没有意义，想要扔掉，但毛泽东说："火柴盒是木材做的，丢掉它就是丢掉木材，我们国家还很穷，浪费不起啊！"后来，工作人员打听到可以去北京火柴厂专门购买火柴棍，就去买了装入火柴盒中继续使用。

在南征北战的过程中，毛泽东除了吸"生烟"外，还吸国民党军队所"献"的战利品烟。这些香烟品牌各异，五花八门，毛泽东都一一尝试过。他曾对人说："我是吃百家饭，抽百家烟。"新中国成立后，毛泽东的工作更加繁重，他需要通过吸烟来调整精神状态，提高工作效率。因此，他开始抽"555"牌铁罐装香烟，这种烟不会刺激喉咙。后来，他改抽两种著名的国产香烟，即"熊猫牌"和"中华牌"，再也不抽外国烟了。

据说，1964年夏天，毛泽东患重感冒，头痛咳嗽。尽管卧床养病，他仍然渴望抽烟，但每次抽烟都会引发咳嗽。他苦笑着说："人病了，烟都没味。"恰逢李先念和贺龙探访，他们建议毛泽东试试一种四川什邡特制的雪茄烟，声称它可以满足他的烟瘾而不引发咳嗽。毛泽东对此有些怀疑，于是让他的

在春光明媚的早晨，坐在花园里，嘴里叼着烟斗，

让太阳晒着脊背，再也没有比这种情况下读书更舒服的了。

——恩格斯

机要秘书徐业夫试抽一下，徐秘书果然没有咳嗽。毛泽东也试抽了几天，发现真的没有咳嗽，才相信了李先念和贺龙的话，他说："不试不知道，一试才知道，这种烟适合我抽。"从那以后，毛泽东一直都吸这种四川什邡特制的雪茄烟。

毛泽东生前最爱抽的 2 号雪茄

邓小平与烟草

邓小平吸烟的历史很长，工作繁重时平均每天大概要吸50支。他的吸烟习惯和逸闻常常成为人们谈论的话题。邓小平在与外宾会晤时经常从抽烟开始，话题也常以此为开端。

1972年以后，随着中美外交关系的缓和，两国外交人员往来增加。每当有美国官员来访时，邓小平都会尽力参加，并以香烟作为打开外交对话的重要工具。1974年夏天，美国议员杰克逊访问中国，邓小平等人热情接待了他。当大家入席落座时，邓小平风趣地指着桌上的烟盒说："我这个人吸烟都吸出了名，外国记者常常以这个为由编发消息，我如果不吸烟，就对不起他们。"这番幽默的发言让会谈气氛立刻活跃起来。邓小平随后问美方众人是否吸烟，杰克逊等人连连摇头说："卫生部主张禁烟，而财政部则鼓励卖烟，结果，总是财政部得胜。"邓小平笑着说："这两个部还会一直争论下去，争一百年恐怕也解决不了。"

同年冬天，美国议员曼斯菲尔德也访问了中国。不同于杰克逊，曼斯菲尔德是个彻头彻尾的烟民，一见到邓小平就掏出烟斗，抱怨道："我们的卫生部不让抽烟，我只能学习斯大林抽烟斗了。"邓小平幽默地调侃道："卫生部越禁烟，烟的销路就越广。"

卫生部主张禁烟，而财政部则鼓励卖烟，结果，总是财政部得胜。

1979年，邓小平访问美国，与卡特总统进行会谈。他问卡特："美国国会有没有通过一条会谈中禁烟的法律？"卡特回答："没有。只要我担任总统，就不会通过这样的法律。你应该知道，我的家乡种植了大量的烟草。"邓小平听后笑了笑，然后点燃了一支熊猫牌香烟。卡特表示欣赏邓小平的坦率。

1980年，邓小平会见了美国共和党副总统候选人乔治·布什，布什转达了对邓小平夫人卓琳的问候。邓小平说："谢谢，她的身体不如我好。"布什愣了一下，问道："她也像你一样抽那么多烟吗？"邓小平幽默地回答："她根本不抽烟，所以，她身体不好。"在场的人纷纷大笑起来，邓小平的"香烟外交"给中国的外交史留下了独特的印记。

1986年3月29日的新闻报道中写道，邓小平在与新西兰总理隆依举行会谈时，一边抽烟一边讨论健康问题。邓小平递给隆依一支烟，但隆依婉言谢绝，表示已经戒烟了。邓小平说："你过去常抽烟，现在不抽了，那么你现在是个好人。"他接着表示，吸烟是否真的有害，存在不同的看法。隆依对邓小平说："如果你抽的是熊猫牌香烟，要戒掉是不难的。"邓小平听后笑了笑，还说："有一位中国学者最近发表了一篇关于抽烟的文章，指出了抽烟的坏处，不过也提到了抽烟的好处。"

尽管邓小平有很大的烟瘾，但在关键时刻他也能放下香烟。

尽管邓小平有很大的烟瘾，但在关键时刻他也能放下香烟。1986年10月，英国女王就香港问题访问中国，与邓小平进行了四五个小时的谈话。在这期间，邓小平平时必抽的香烟一根也没有碰。值得一提的是，邓小平的吸烟习惯是举世闻名的，外国媒体曾大肆报道过。邓小平在会谈中没有吸一根烟的行为也为我国赢得了外方的尊重。会谈结束以后，英国女王给邓小平写了一封信，信中特意写道："但愿没吸烟不会使您太难过。实际上，我们都不会介意，但仍感谢您的好意。"

邓小平爱抽熊猫烟

　　1988年4月7日是第一个"世界无烟日"，第二天下午，第七届全国人大第一次会议选举国家领导人。邓小平在投完票后回到座位，习惯性地点燃一支香烟。此时，主席台上的人大代表、著名粤剧演员红线女注意到了这一情况，便对旁边的代表说："世界无烟日刚刚过去，全中国全世界都在宣传吸烟对健康的危害，小平同志为什么烟瘾这么大，开大会还吸烟呢？"她决定向邓小平提出意见。很快，一张字条传到了主持大会宋平的手里："请交给小平同志！"宋平立即将字条递给邓小平，他打开一看，上面写着："请小平同志在主席台上不要吸烟。"邓小平立即将正在吸的烟掐灭。此后，主席台上再也没有人吸烟。第二年，邓小平辞去了中央军委主席的职务。为了保持健康和长寿，他下定决心戒烟。对于一个吸烟多年的老烟民来说，这是一项艰巨的任务，但邓小平毅然决然地戒了烟。起初，他戒烟时会感到心里焦虑，又似乎若有所失。为了坚决地戒烟，他开始吃鱼皮花生，以分散注意力。经过两个月的坚持，邓小平终于成功地戒掉了几十年来吸烟的习惯！

📖 延伸阅读：香烟为什么没有保质期？

目前，无论是中国还是国外，卷烟产品都没有明确要求必须标注保质期。然而，中国的香烟在某些环节已经标注了生产日期。例如，在出厂时，大箱上会有生产日期，包装上的喷码也可以读取生产日期。只是普通消费者通常对此并不了解。

尽管没有明确的规定，但香烟仍然有最佳抽吸时间，只是判断标准相当复杂。除了卷烟产品的包装材料，存储环境也是影响保质期的重要因素。香烟对外界温度和湿度非常敏感，因此存放环境的温湿度不同会导致保质期有很大的差异。

在适宜的温湿度条件下，香烟可以保存两三年而不会变质。然而，如果温湿度过高或过低，卷烟产品的原始质量可能无法保持一年，很快会变得干燥或发生霉变。在寒冷地区存储香烟或将其放置在冰箱中可以延长保质期。由于卷烟存储的环境条件决定了保质期的长短，因此统一标注保质期并无必要。

此外，香烟出厂后，产品本身的化学成分仍然在不断发生变化。在适宜的温湿度条件下，产品在存放过程中会继续自然醇化，使内在品质达到最佳状态。

从专业的角度来看，香烟质量的最佳上升期是4—6个月。超过了上升的顶点期，卷烟的内在品质就会缓慢降低，出现香气消减、颜色变暗、吸味不足的情况。通常来讲，工厂生产的香烟产品，一般在半年之内就能销售完，不会有长时间积压产品的情况出现。消费者也不会一次性储存大量的香烟，所以一般不会有人抽到过期的香烟。

在不标注保质期的情况下，为了保证消费者能够随时随地购买到优良品质的卷烟产品，香烟生产企业都在努力按照市场需求生产适销对路的产品，减少库存积压。

不仅如此，烟草公司也注重优化商品存储条件，防霉、防虫、防串味，加快周转。

3. 历代与"烟草"有关的诗歌

从古至今，中国有很多与"烟草"有关的诗句，尽管当中的"烟草"并不是现代意义上的烟草。

"烟草"开头的诗句

欲鞭刘豫骨，烟草暗荒丘。——南宋·文天祥《来平馆》

关河空杳霭，烟草转纵横。——清·王夫之《杂诗》

小桃无主自开花，烟草茫茫带晚鸦。——宋·戴复古《淮村兵后》

雨泥看放鸭，烟草听呼牛。——南宋·陆游《雨中宿石帆山下民家》

春江渺渺抱樯流，烟草茸茸一片愁。——宋·方惟深《谒荆公不遇》

霜禾连岛赤，烟草倚桥枯。——唐·贯休《秋晚野居》

露蛩令我喜，烟草为谁愁。——南宋·文天祥《早起偶成》

露花羞别泪，烟草让归袍。——唐·许浑《广陵送剡县薛明府赴任》

驱羸多自感，烟草远郊平。——唐·刘沧《秋日旅途即事》

烽尘迷玉垒，烟草没云台。——元·王冕《有感》其二

桂花风畔落，烟草蝶双飞。——唐·姚合《友人南游不回因寄》

唯馀埋璧地，烟草近丹墀。——唐·温庭筠《唐庄恪太子挽歌词二首》

雨花湿地人归晚，烟草迷川马去遥。——元·艾性夫《送客至灵谷》

风篁清却暑，烟草绿无时。——唐·黄滔《和王舍人、崔补阙题天王寺》

龙争虎斗不肯止，烟草漫漫青万里。——南宋·文天祥《望邳州》

不见咸阳道，烟草茂陵荒。——宋·刘一止《水调歌头》

酒旗三家市，烟草十里陂。——南宋·陆游《社鼓》

绣衫遮笑靥，烟草黏飞蝶。——唐·温庭筠《菩萨蛮》

烟草凄迷八月秋，荒村络纬戒衣裘。——南宋·陆游《悲秋》

烟草凝衰屿，星汉泛归流。——唐·韦应物《陪王卿郎中游南池》

烟草茸茸匝岸齐，晴天凫浴喜清溪。——宋·方岳《春思》

烟草近沟湿，风花临路香。——唐·许浑《春日题韦曲野老村舍二首》

烟草连天枫树齐，岳阳归路子规啼。——唐·李益《送人归岳阳》

"烟草"结尾的诗句

寒骨枕荒沙，幽魂泣烟草。——隋·佚名《挽舟者歌》

家临长信往来道，乳燕双双拂烟草。——唐·温庭筠《春晓曲》

相思若烟草，历乱无冬春。——唐·李白《送韩准、裴政、孔巢父还山》

春来定解飞雪花，雨后还应庇烟草。——唐·崔珏《门前柳》

青松来风吹古道，绿萝飞花覆烟草。——唐·李白《鸣皋歌奉饯从翁清归五崖山居》

"烟草"在中间的诗句

一自耕云人去后，几番烟草凝秋色。——元·周权《满江红·次韵邵本初登富春山》

三国兴亡成梦事，一川烟草断人肠。——宋·白玉蟾《武昌怀古十咏·吴王宫》

湘皋烟草碧纷纷，泪洒东风忆细君。——元·傅若金《忆内》

柴门风雨小庭寒，无奈池塘烟草碧。——宋·郑刚中《寒食》

鼎湖一日失弓剑，桥山烟草俄霏霏。——唐·郑嵎《津阳门诗》

孤村烟草暮凄迷，笠子蓑衣自架犁。——南宋·陆游《穷居有感》

无赖秋风斗觉寒，万条烟草一时干。——唐·李山甫《柳十首》

雁足无书古塞幽。一程烟草一程愁。——史达祖《鹧鸪天·卫县道中有怀其人》

荆棘苍苍汉水湄，将坛烟草覆馀基。——唐·胡曾《咏史诗·汉中》

傍水风林莺语语，满原烟草蝶飞飞。——南宋·陆游《初夏行平水道中》

故园烟草色，仍近五门青。——唐·李商隐《细雨》

近来一事还惆怅，故里春荒烟草平。——唐·吴融《李周弹筝歌》

遂从棹萍客，静啸烟草湄。——唐·温庭筠《和沈参军招友生观芙蓉池》

骨长毛衣重，烧残烟草薄。——唐·苏拯《猎犬行》

独倚阑干凝望远。一川烟草平如剪。——宋·谢逸《蝶恋花》

牧竖远当烟草立，饥禽闲傍渚田飞。——唐·韦庄《途中望雨怀归》

沅湘春色还，风暖烟草绿。——唐·李白《春滞沅湘有怀山中》

连天烟草迷归梦，动地风波历畏途。——南宋·陆游《书感》

为客早悲烟草绿，移家晚失岳峰青。——唐·黄滔《送二友游湘中》

柳映玉楼春日晚，雨细风轻烟草软。——五代·顾夐《玉楼春》

乱臣贼子归何处，茫茫烟草中原土。——宋·文天祥《平安》

城闲烟草遍，村暗雨云回。——唐·李商隐《晋昌晚归马上赠》

自笑家贫客到疏，满庭烟草不能锄。——唐·施肩吾《山中得刘秀才京书》

小园烟草接邻家，桑柘阴阴一径斜。——南宋·陆游《小园》

世事盛衰谁得知？惠陵烟草掩柴扉。——南宋·陆游《杂咏》

记取放翁扶杖处，渚蒲烟草湿黄昏。——南宋·陆游《散步至三家村》

流水桃花世已非，石林烟草尚芳菲。——宋·王十朋《桃川》

万里风霜休更恨，满川烟草且须疑。——唐·黄滔《雁》

千里烟草绿，连山雨新足。——宋·陈与义《题牧牛图》

紫骝蹀躞金衔嘶，堤上扬鞭烟草迷。——唐·温庭筠《春洲曲》

我相信抽烟斗可以使我们对人世间的事情

有某种比较冷静而客观的判断。

——爱因斯坦

试问繁华何处有，雨苔烟草古城秋。——唐·李山甫《上元怀古二首》

唯有年光堪自惜，不胜烟草日萋萋。——唐·刘沧《对残春》

病马不收烟草暝，孤桐半落井床寒。——南宋·陆游《野堂》

赚得武皇心力尽，忍看烟草茂陵秋。——唐·吴融《王母庙》

抽水烟和旱烟的清代人

4. 现当代与烟草有关的散文

谈抽烟（朱自清）

有人说，"抽烟有什么好处？还不如吃点口香糖，甜甜的，倒不错。"不用说，你知道这准是外行。口香糖也许不错，可是喜欢的怕是女人孩子居多；男人很少赏识这种顽意儿的；除非在美国，那儿怕有些个例外。一块口香糖得咀嚼老半天，还是嚼不完，凭你怎么斯文，那朵颐的样子，总遮掩不住，总有点儿不雅相。这其实不像抽烟，倒像衔橄榄。你见过衔着橄榄的人？腮帮子上凸出一块，嘴里不时地滋儿滋儿的。抽烟可用不着这么费劲；烟卷儿尤其省事，随便一叼上，悠然的就吸起来，谁也不来注意你。抽烟说不上是什么味道；勉强说，也许有点儿苦罢。但抽烟的不稀罕那"苦"而稀罕那"有点儿"。他的嘴太闷了，或者太闲了，就要这么点儿来凑个热闹，让他觉得嘴还是他的。嚼一块口香糖可就太多，甜甜的，够多腻味；而且有了糖也许便忘记"我"。

抽烟其实是个玩意儿。就说抽卷烟罢，你打开匣子或罐子，抽出烟来，在桌上顿几下，衔上，擦洋火，点上。这其间每一个动作都带股劲儿，像做戏一般。自己也许不觉得，但到没有烟抽的时候，便觉得了。那时候你必然闲得无聊；特别是两只手，简直没放处。再说那吐出的烟，袅袅地缭绕着，也够你一回两回的捉摸；它可以领你走到顶远的地方去。——即便在百忙当中，也可以让你轻松一忽儿。所以老于抽烟的人，一叼上烟，真能悠然遐想。他霎时间是个自由自在的身子，无论他是靠在沙发上的绅士，还是蹲在台阶上的瓦匠。有时候他还能够叼着烟和人说闲话；自然有些含含糊糊的，但是可喜的是那满不在乎的神气。这些大概也算是游戏三昧吧。

好些人抽烟，为的有个伴儿。譬如说一个人单身住在北平，和朋友在一块儿，倒是有说有笑的，回家来，空屋子像水一样。这时候他可以摸出一支烟抽起来，借点儿暖气。黄昏来了，屋子里的东西只剩些轮廓，暂时懒得开灯，也可以点上一支烟，看烟头上的火一闪一闪的，像亲密的低语，只有自己听得出。要是生气，也不妨迁怒一下，使劲儿吸他十来口。客来了，若你倦了说不得话，或者找不出可说的，干坐着岂不着急？这时候最好拈起一支烟将嘴堵上等你对面的人。若是他也这么办，便尽时间在烟子里爬过去。各人抓着一个新伴儿，大可以盘桓一会的。

从前抽水烟旱烟，不过一种不伤大雅的嗜好，现在抽烟却成了派头。抽烟卷儿指头黄了，由它去。用烟嘴不独麻烦，也小气，又跟烟隔得那么老远的。今儿大褂上一个窟窿，明儿坎肩上一个，由它去。一支烟里的尼古丁可以毒死一个小麻雀，也由它去。总之，蹩蹩扭扭的，其实也还是个"满不在乎"罢了。烟有好有坏，味有浓有淡，能够辨味的是内行，不择烟而抽的是大方之家。

好些人抽烟，为的有个伴儿。

吸烟（梁实秋）

烟，也就是菸，译音曰淡巴菰。这种毒草，原产于中南美洲，遍传世界各地。到明朝，才传进中土。利马窦在明万历年间以鼻烟入贡，后来鼻烟就风靡了朝野。在欧洲，鼻烟是放在精美的小盒里，随身携带。吸时，以指端蘸鼻烟少许，向鼻孔一抹，猛吸之，怡然自得。我幼时常见我祖父辈的朋友不时的在鼻孔处抹鼻烟，抹得鼻孔和上唇都染上焦黄的颜色。据说能明目祛疾，谁知道？我祖父不吸鼻烟，可是备有"十三太保"，十二个小瓶环绕一个大瓶，瓶口紧包着一块黄褐色的布，各瓶品味不同，放在一个圆盘里，捧献在客人面前。我们中国人比欧人考究，随身携带鼻烟壶，玉的、翠的、玛瑙的、水晶的，精雕细镂，形状百出。有的山水图画是从透明的壶里面画的，真是鬼斧神工，不知是如何下笔。壶有盖，盖下有小勺匙，以勺匙取鼻烟置一小玉垫上，然后用指端蘸而吸之。我家藏有鼻烟壶数十，丧乱中只带出了一个翡翠盖的白玉壶，里面还存了小半壶鼻烟，百余年后，烈味未除，试嗅一小勺，立刻连打喷嚏不能止。

我祖父抽旱烟，一尺多长的烟管，翡翠的烟嘴，白铜的烟袋锅（烟袋锅子是塾师敲打学生脑壳的利器，有过经验的人不会忘记）。著名的关东烟的烟叶子贮在一个绣花的红缎子葫芦形的荷包里。有些旱烟管四五尺长，若要点燃烟袋锅子里的烟草，则人非长臂猿，相当吃力，一时无人伺候则只好自己画一根火柴插在烟袋锅里，然后急速掉过头来抽吸。普通的旱烟管不那样长，那样长的不容易清洗。烟袋锅子里积的烟油，常用以塞进壁虎的嘴巴置之于死。

我祖母抽水烟。水烟袋仿自阿拉伯人的水烟筒（hookah），不过我们中国制造的白铜水烟袋，形状乖巧得多。每天需要上下抖动的冲洗，呱嗒呱嗒的响。有一种特制的烟丝，兰州产，比较柔软。用表心纸揉纸媒儿，常是动员大人孩子一齐动手，成为一种乐事。经常保持一两只水烟袋作敬客之用。我记得每逢家里有病人，延请名医周立桐来看病，这位飘着胡须的老者总是昂首登堂直就后炕的上座，这时候送上盖碗茶和水烟袋，老人拿起水烟袋，装上烟草，突的一声吹燃了纸媒儿，呼噜呼噜抽上三两口，然后抽出烟袋管，把里面烧过的烟烬吹落在他自己的手心里，再投入面前的痰盂，而且投得准。这一套手法干净利落。抽过三五袋之后，呷一口茶，才开始说话："怎么？又是哪一位不舒服啦？"每次如此，活龙活现。

我父亲是饭后照例一支雪茄，随时补充纸烟，纸烟的铁罐打开来，嘶的一声响，先在里面的纸笺上写启用的日期，借以察考每日消耗数量不使过高。雪茄形似飞艇，尖端上打个洞，叼在嘴里真不雅观，可是气味芬芳。纸烟中高级者都是舶来品，中下级者如强盗牌在民初左右风行一时，稍后如白锡包、粉包、国产的联珠、前门等等，皆为一般人所乐用。就中以粉包为特受欢迎的一种，因其烟支之粗细松紧正合吸海洛因者打"高射烟"之用。儿童最喜欢收集纸烟包中附置的彩色画片，好像是前门牌吧，附置的画片是《水浒传》一百零八条好汉的画像，如有人能搜集全套，可得什么什么的奖品，一时儿童们趋之若鹜。可怜那些热心的集者，枉费心机，等了多久多久，那位及时雨宋公明就是不肯亮相！是否有人集得全套，只有天知道了。

常言道，"烟酒不分家"，抽烟的人总是桌上放一罐烟，客来则敬烟，这是最起码的礼貌。可是到了抗战时期，这情形稍有改变。在后方，物资艰难，只有特殊人物才能从怀里掏出"幸运"、"骆驼"、"三五"、"毛利斯"在侪辈面前炫耀一番，只有豪门仕女才能双指夹着一支细长的红嘴的"法蒂玛"忸怩作态。一般人吸的是"双喜"，等而下之的便要数"狗屁牌"（Cupid）香烟了。这亵渎爱神名义的纸烟，气味如何自不待言，奇的是卷烟纸上有涂抹不匀的硝，吸的时候会像儿童玩的烟火"滴滴金"，噼噼啪啪的作响、冒火星，令人吓一跳。饶是烟质不美，瘾君子还是不可一日无此君，而且通常是人各一包深藏在衣袋里面，不愿人知是何品牌，要吸时便伸手入袋，暗中摸索，然后突的抽出一支，点燃之后自得其乐。一听烟放在桌上任人取吸，那种场面不可复见。直到如今，大家元气稍复，敬烟之事已很寻常，但是开放式的一罐香烟经常放在桌上，仍不多见。

　　我吸纸烟始自留学时期，独身在外，无人禁制，而天涯羁旅，心绪如麻，看见别人吞云吐雾，自己也就效颦起来。此后若干年，由一日一包，而一日两包，而一日一听。约在二十年前，有一天心血来潮，我想试一试自己有多少克己的力量，不妨先从戒烟做起。马克·吐温说过："戒烟是很容易的事，我一年戒过好几十次了。"我没有选择黄道吉日，也没有谂访室人，闷声不响的把剩余的纸烟一古脑儿丢在垃圾堆里，留下烟嘴、烟斗、烟包、打火机，以后分别赠给别人，只是烟灰缸没有抛弃。"冷火鸡"的戒烟法不大好受，一时间手足失措，六神无主，但是工作实在太忙，要发烟瘾没得工夫，实在熬不过就吃一块巧克力。巧克力尚未吃完一盒，又实在腻胃，于是把巧克力也戒掉了。说来惭愧，我戒烟只此一遭，以后一直没有再戒过。

吸烟无益，可有很多人都说"不为无益之事何以遣有涯之生？"而且无益之事有很多是有甚于吸烟者，所以吸烟或不吸烟，应由各人自行权衡决定。有一个人吸烟，不知是为特技表演，还是为节省买烟钱，经常猛吸一口烟咽下肚，绝不污染体外的空气，过了几年此人染了肺癌。我吸了几十年烟，最后才改吸不花钱的新鲜空气。如果在公共场所遇到有人口里冒烟，甚或直向我的面前喷射毒雾，我便退避三舍，心里暗自诅咒："我过去就是这副讨人嫌恶的样子！"

烟（吴组缃）

自从物价高涨，最先受到威胁的，在我，是吸烟。每日三餐，孩子们捧起碗来，向桌上一瞪眼，就撅起了小嘴巴；没有肉吃。"爸爸每天吸一包烟，一包烟就是一斤多肉！"我分明听见那些乌溜溜的眼睛这样抱怨着。干脆把烟戒了吧；但已往我有过多少次经验的：十天半个月不吸，原很容易办到，可是易戒难守，要想从此戒绝，我觉得比旧时代妇女守节难得多。活到今天，还要吃这个苦？心里觉得不甘愿。

我开始吸劣等烟卷，就是像磁器口街头制造的那等货色，吸一口，喉管里一阵辣，不停的咳呛，口发涩，脸发红，鼻子里直冒火；有一等的一上嘴，卷纸就裂开了肚皮；有一等的叭他半天，不冒一丝烟星儿。我被折顿得心烦意躁，每天无缘无故要多发几次不小的脾气。

内人赶场回来，笑嘻嘻的对我说："我买了个好的东西赠你，你试试行不行。"她为我买来一把竹子做的水烟袋，还有一包上等的水烟丝，那叫作麻油烟。我是乡村里长大的，最初吸烟，并且吸上了所谓瘾，就正是这水烟。这是我的老朋友，它被我遗弃了大约二十年了。如今处此困境，看见它那副派头，不禁勾起我种种旧情，我不能不感觉欣喜。于是约略配备起来，布拉布拉吸着，并且看着那缭绕的青烟，凝着神，想。

并非出于"酸葡萄"的心理，我是认真以为，要谈浓厚的趣味，要谈佳妙的情调，当然是吸这个水烟。这完全是一种生活的艺术，这是我们民族文化的结晶。

最先，你得会上水，稍微多上了一点，会喝一口辣汤；上少了，不会发出那舒畅的声音,使你得着奇异的愉悦之感。其次，你得会装烟丝、掐这么一个小球球，不多不少，在拇指食指之间一团一揉，不轻不重；而后放入烟杯子，恰如其分的捺它一下——否则，你别想吸出烟来。接着，你要吹纸捻儿，"卜陀"一口，吹着了那点火星儿，百发百中，这比变戏法还要有趣。当然，这吹的工夫，和搓纸捻儿的艺术有着关系，那纸，必须裁得不宽不窄；搓时必须不紧不松。从这全部过程上，一个人可以发挥他的天才，并且从而表现他的个性和风格。有胡子的老伯伯，慢腾腾的掐着烟丝，团着揉着，用他的拇指轻轻按进杯子，而后迟迟地吹着纸捻，吸出舒和的声响：这就表现了一种神韵，淳厚，圆润，老拙，有点像刘石庵的书法。年轻美貌

要谈浓厚的趣味，要谈佳妙的情调，当然是吸这个水烟。这完全是一种生活的艺术，这是我们民族文化的结晶。

的婢子，拈起纸捻，微微掀开口，"甫得"，舌头轻轻探出牙齿，或是低头调整着纸捻的松紧，那手腕上的饰物颤动着：这风姿韵味自有一种秾纤柔媚之致，使你仿佛读到一章南唐词。风流儒雅的先生，漫不经意的装着烟丝，或是闲闲的顿着纸捻上灰烬，而两眼却看着别处：这飘逸淡远的境界，岂不是有些近乎倪云林的山水。

关于全套烟具的整顿，除非那吸烟的是个孤老，总不必自己劳力。这类事，普通都是婢妾之流的功课；寒素一点的人家，也是由儿女小辈操理。讲究的，烟袋里盛的白糖水，吸出的烟就有甜隽之味；或者是甘草薄荷水，可以解热清胃；其次则盛以米汤，简陋的才用白开水。烟袋必须每日一洗刷，三五日一次大打整。我所知道的，擦烟袋是用"瓦灰"。取两片瓦，磨出灰粉，再过一次小纱筛，提取极细的细末；这可以把白铜烟袋擦得晶莹雪亮，像一面哈哈镜，照出扁脸阔嘴巴来，而不致擦损那上面的精致镂刻。此外，冬夏须有托套。夏天用劈得至精至细的竹丝或龙须草编成，以防手汗；冬天则用绸缎制的，或丝线织的，以免冰手。这种托套上面，都织着或绣着各种图案：福字，寿字，长命富贵，吉祥如意，以及龙凤牡丹，卐字不断头之类。托上至颈头，还系有丝带，线绳，饰着田字结蝴蝶结和缨络。这些都是家中女流的手工。密切关联的一件事，就是搓纸捻儿，不但有粗细，松紧之不同，在尾端作结时，也有种种的办法。不讲究的随手扭它一下，只要不散便算。考究的，叠得整齐利落，例如"公子帽"；或折得玲珑美观，比如"方胜"。在这尾结上，往往染上颜色，有喜庆的人家染红，居丧在孝的人家染蓝。这搓纸捻的表心纸也有讲究。春三月间，庭园里的珠兰着花，每天早晨及时采集，匀整地铺在喷湿的薄棉纸里，一层层放到表心纸里熨着，使香味浸透纸质。这种表心纸搓成纸捻儿，一经点燃，随着袅袅的青烟散发极其淳雅淡素的幽香，拂入鼻官，留在齿颊，弥漫而又飘忽，使你想见凌波仙子，空谷佳人。其次用玉兰，茉莉。若用桂花，栀子花，那就显的雅得有点俗气。所有这一切配备料理的工作，是简陋还是繁缛，村俗还是高雅，丑恶还是优美，寒伧还是华贵，粗劣还是工致，草率还是谨严，笨拙还是玲巧，等等：最可表现吸烟者的身份和一个人家的家风。贾母史太君若是吸水烟，拿出来的派头一定和刘姥姥的不同；天长杜府杜少卿老爷家的烟袋也一定和南京鲍廷玺家的不同，这不须说的。一位老先生，手里托着一把整洁美致的烟袋，就说明他的婢仆不怠惰，他的儿女媳妇勤慎，聪明，孝顺，他是个有家教，有福气的人。又如到人家作客，递来一把烟袋，杯子里烟垢滞塞，托把上烟末狼藉，这总是败落的门户；一个人家拖出一个纸捻，粗壮如手指，松散如王妈妈裹脚布，这往往是懒惰不爱好没教养混日子的人家。

吸水烟，显然的，是一种闲中之趣，是一种闲逸生活的消遣与享受。它的真正效用，并不在于吸出烟来过瘾。终天辛苦的劳动者们忙里偷闲，急着抢着，脸红脖子粗的狼吞虎咽几口，匆匆丢开，这总是为过瘾。但这用的必是毛竹旱烟杆。水烟的妙用决不在此。比如上面说的那位老先生，他只须把他的那把洁净美观的烟袋托在手里，他就具体的显现了他的福气，因此他可以成天的拿着烟袋，而未必吸一二口烟，纸捻烧完一根，他叫他的小孩儿再为他点一根；趁这时候，他可以摩一摩这孩儿的头，拍拍孩儿的小下巴。在这当中，他享受到的该多么丰富，多么深厚！又比如一位有身家的先生，当他擎着烟袋，大

191

腿架着二腿，安静自在的坐着，慢条斯理的装着烟丝，从容舒徐的吸个一口半口，这也就把他的闲逸之乐着上了颜色，使他格外鲜明的意识到生之欢喜。

一个人要不是性情孤僻，或者有奇特的洁癖，他的烟袋总不会由他个人独用。哥哥和老弟对坐谈着家常，一把水烟袋递过来又递过去，他们的手足之情即因而愈见得深切。妯娌们避着公婆的眼，两三个人躲在一起大胆偷吸几袋，就仿佛同过患难，平日心中纵然有些芥蒂，也可化除得干干净净。亲戚朋友们聚谈，这个吸完，好好的再装一袋，而后谨慎的抹一抹嘴头，恭恭敬敬的递给另一人；这人客气的站起来，含笑接到手里。这样，一把烟袋从这个手递到那个手，从这个嘴传到那个嘴，于是益发显得大家庄敬而有礼貌，彼此的心益发密切无间，谈话的空气益发亲热而融和。同样的，在别种场合，比如商店伙计同事们当晚间收了店，大家聚集在后厅摆一会龙门阵，也必须有一把烟袋相与传递，才能使笑声格外响亮，兴致格外浓厚；再如江湖旅客们投店歇夜，饭后洗了脚，带着三分酒意，大家团坐着，夏天摇着扇子，冬天围着几块炭火，也因店老板一把水烟袋，而使得陌生的人们谈锋活泼，渐渐的肺腑相见，俨然成了最相知的老朋友。当然，在这些递传着吸烟的人们之中，免不得有患疮疥肺痨和花柳病的；在他们客气的用手或帕子抹一抹嘴头递过去时，那些手也许刚刚抠过脚丫，搔过癣疥，那帕子也许拭过汗擤过鼻涕：但是全不相干，谁也不会介意这些的，你知道我们中国讲的原是精神文明。

洋派的抽烟卷儿有这些妙用，有这些趣味与情致么？第一，它的制度过于简单了便，出不了什么花样。你最多到市上买个象牙烟嘴自来取灯儿什么的，但这多么枯索而没有意味；你从那些上面体味不到一点别人对于你的关切与用心，以及一点人情的温暖。第二，你燃着一支短小的烟卷在手，任你多大天才，也没手脚可做，最巧的也不过要点小聪明喷几个烟圈儿，试想比起托着水烟袋的那番韵味与风趣，何其幼稚可笑！第三，你只能独自个儿吸；要敬朋友烟，你只能打开烟盒，让他自己另取一支。若像某些中国人所做的，把一支烟吸过几口，又递给别人，或是从别人嘴上取过来，衔到自己嘴里，那叫旁人看着可真不顺眼。如此，你和朋友叙晤，你吸你的，他吸他的，彼此之间表示一种意思，是他嫌恶你，你也嫌恶他，显见出心的距离，精神的隔阂。你们纵是交谊很深，正谈着知心的话，也好像在接洽事务，交涉条件或谈判什么买卖，看来没有温厚亲贴的情感可言。

是的，精神文明，家长统治，家族本位制度，闲散的艺术化生活，是我们这个古老农业民族生活文化的特质；我们从吸水烟的这件事上，已经看了出来。这和以西洋工业文化为背景的烟卷儿——它所表现的特性是：物质文明，个人或社会本位制度，紧张的力，讲效率的科学化生活，是全然不同的。

我不禁大大悲哀起来。因为我想到目前内在与外在的生活，已不能与吸水烟相协调。我自己必须劳动，唯劳动给我喜悦。可是，上讲堂，伏案写字，外出散步，固然不能托着水烟袋，即在读书看报时，我也定会感觉很大的不便。而且，不幸我的脑子又不可抵拒地染上了一些西洋色彩，拿着水烟在手，我只意味到自己的丑，迂腐，老气横秋，我已不能领会玩味出什么韵调和情致。至于同别人递传着烟袋，不生嫌恶之心，而享受或欣赏其中的温情与风趣，那我更办不到。再说，我有的只是个简单的小家庭，既没妾，也不能有婢。我的孩子平日在学校读书；我的女人除为平价米去办公而外，还得操作家事。他们不但不会，没空，并且无心为我整备烟具，即在我自己，也不可能从这上面意识到感受到什么快乐幸福，像从前那些老爷太太们所能的。若叫我亲手来料理，我将不胜其忙而且烦。本是享乐的事，变成了苦役；那我倒宁愿把烟戒绝，不受这个罪！

客观形势已成过去，必要的条件也不再存在，而我还带着怀旧的欣喜之情，托着这把陋劣的、徒具形式的竹子烟袋吸着，我骤然发觉到：这简直是一个极大的讽嘲！我有点毛骨悚然，连忙丢开了烟袋。

"不行，不行，我不吸这个。"

"为什么？"

"为什么？因为，因为我要在世界上立足，我要活！"我乱七八糟的答。

"那是怎么讲，你？"她吃惊地望着我。

"总而言之，我还是得抽烟卷儿，而且不要磁器口的那等蹩脚货！"

吸烟（王蒙）

在某些社交场合，当朋友拿出一支"万宝路"或者"红塔山"向我让烟，我说我不会吸的时候，他们往往会表示惊愕：搞写作还不吸烟？

其实我也吸过烟，不搞写作的时候，不能搞写作的时候，"文化大革命"的时候。

我吸过的最差的烟是"航行"牌的，吸时不断灭火，不断爆响，吸完一支整个房间——连整个楼道又辣又臭又呛，没吸烟的人闻到这个味比吸入这样的烟还要觉得可怕。丙级烟里"绿叶"就很不错了。乙级烟吸过的就多了："青鸟"、"海河"、"烟斗"（"文革"中改为"战斗"）、"解放"、"古车"、"飞马"……介于甲乙级之间的有"前门"和"光荣"，特别是"光荣"，物美价廉，是抢手货。好烟嘛，"牡丹""凤凰""红山茶""彩蝶"，直到"中华""熊猫"，咱们也都享用过。我的一位朋友主张换着各种牌子吸，这样才能突出那些质地最好的香烟，才能在吸好烟时产生有所不同的感觉。如果天天吸你最喜爱的一种好烟，好与不好的界线也就没了。我的实践完全证实了他的经验哲学。

我在一部苏联小说里读到过这样的描写：约瑟夫·维萨里奥诺维奇·斯大林点烟时从不用打火机，他认为打火机的汽油味会破坏最香的第一口烟的享受。我本人的实践也证明了这位伟人的经验是正确的——如果小说的描写属实的话。所以，即使在我吸烟的全盛时期,我预备过烟斗、烟嘴、烟缸、莫合(俄语译为"马合")烟荷包、莫合烟的金属与塑料烟盒……却从未预备过打火机。

我还常考验自己的控制力,例如吸着吸着突然停吸一天,或一天只准吸一支,或两天吸一支。我给自己提的口号是:不做烟瘾的奴隶,也不做戒烟教条的奴隶!

确实一直没怎么让烟成瘾。为什么还要吸呢?给自己找点事干,给自己创造一个既不打搅别人也不需要别人的机会,给自己创造一个漫思遐想的气氛,给自己的感官与精神寻找一个对象——注意烟的色、香、味,分散一下种种的压抑、烦恼的虚空。

至于"促进文思",从来没有的事。我吸烟的效益是促进消除文思而不是促进文思。一吸烟就恍惚,一吸烟就犯困,一吸烟就用夹烟替换了执笔,用吞云吐雾替换了推敲词句,用一口一口吸烟的动作代替了一笔一画地写字,用自生自灭的思忖代替了文学构思。于是不再冲动,不再技痒,不再对文学恋恋依依,乃至不再对社会生活、对友情恋恋依依,也不再有什么疑难,有什么不平了。吸烟可真好啊!

给自己创造一个漫思遐想的气氛,给自己的感官与精神寻找一个对象——注意烟的色、香、味,分散一下种种的压抑、烦恼的虚空。

所以,到1978年6月又收到中国青年出版社约我去北戴河改稿子的信函以后,我说戒就把烟戒了。刚戒时也略有失落感,吃完饭手指头老想揉搓点什么,嘴唇也想叼住点什么。那时就找出一篇论述吸烟害处的科普文章看看,一看那些危言耸听的告诫,也就不想吸烟了。

　　一个人涉足政治，就得穿蓝色夹克衫，戴上红色领带，

　　为什么不多点创意，拿上一支上等的雪茄呢？

　　　　　　　　　　——施瓦辛格

　　我戒得很彻底，十余年了，再没吸过一支。有一次别人硬是递给我一支"555"，吸了一口，觉得不是味，扔了。不但自己不吸，而且很讨厌别人吸，呛人。（请吸烟的师友原谅！）

　　那次我说，我可能要恢复吸烟了，但毕竟没有恢复，也再不想恢复了。吸烟的历史，结束了。

5. 中国各地的吸烟习俗

中国是一个多民族国家，也是世界上最大的烟草消费国，吸烟在中国有着悠久的历史和多样的习俗。以下是中国各地的一些吸烟习俗：

火塘传烟。云南金平的哈尼族居民有着独特的婚烟习俗，烟草在他们的婚姻仪式中被视为必不可少的信物。当一个年轻男子对某个姑娘产生兴趣后，他的父母会开始为他物色媒人，并准备一只全新的饭箩，里面装满了毛烟和一对新的发梳。然后媒人会带着这个饭箩前往女方家。抵达后，媒人会将饭箩放在火塘的烤板上，然后每人拿起一支烟筒开始抽烟，并将烟筒依次传递给火塘旁的其他人。在烟筒传两圈后，媒人便会离开。第二天清晨，当鸡叫声传遍时，姑娘会悄悄地来到男方家，将媒人送来的饭箩放回原位。晚上，媒人再次将饭箩带到女方家。如果姑娘同意婚事，就不会再将饭箩送回，这表示他们已经订婚。然而，如果第三天一早，姑娘再次将饭箩送回男方家，那就表示姑娘没有对这位年轻男子产生兴趣。

对烟亲。云南的花腰彝族青年会采用对歌的方式寻找对象。对歌通常在男方的村寨进行。当男孩无法打败姑娘时，可以请长辈歌手帮忙，但姑娘必须凭借自己的真本事。无论哪一方输了，都需要买礼物送给对方。男方输了，就会买银器装饰品送给女方；女方输了，就会买香烟送给男方。当地就把这叫"对烟亲"。

面烟亲。在广西河口的瑶族人中，婚姻由父母包办。父母经常在暗地里为自己的儿子物色合适的对象。一旦发现中意的姑娘，父母就会去姑娘家见其父母。见面时，首先要递过一锅烟，然后才能提出结亲的事。如果没有递烟，女方的父母将不予理睬。他们管这叫"面烟亲"。

烟草路标。贵州东部的苗族青年情侣喜欢在树林中约会。为了防止他人干扰，他们会在周围的树枝上挂一个烟荷包，或在显眼的地方系上一个用烟叶扎成的简单几何图形，以提醒他人绕道或寻找其他地方约会。

烟筒等新郎。在瑶族举行婚礼时，男方必须由一个媒人和两个陪郎陪同前往女方家迎接新娘。新娘会在半路上用一张凳子架起烟筒和烟火，男方看到后立即停下来，等待女方派一个媒人和两个伴娘前来迎接，同时准备好在此与新娘进行对歌的仪式。

装烟点烟。佤族男青年相约到某家"串姑娘"时，通常是一边交谈一边抽烟。若对姑娘有爱意，男青年便唱起小调，让姑娘为其拿烟、点燃，以试探她是否有相同的感觉。如果姑娘视他为心动的对象，便找个借口为其拿烟点燃。

三道烟。广西的一些壮族同胞举办新婚庆典时以香烟为礼已渐成一种习俗。办婚礼通常要准备三份烟：首先，新郎、新娘在向亲朋好友发请柬时，在请柬信封中放入饼干、糖果、瓜子和两包香烟，以示礼仪；其次，当客人抵达宴会现场门口时，新郎、新娘先后与客人握手，随后递上一支烟并点燃，表示热烈欢迎贵宾的到来；最后，在宴席期间，由婚礼主持人和一位助手陪同新郎、新娘到各宴席上敬茶敬酒，向每位客人递上两支烟，以感谢他们的光临。

讨烟歌。广西三江的侗族姑娘在出嫁前，要设宴款待一位平时最亲近、情感最深但没有婚约的男性朋友来唱陪嫁歌。侗族同胞相信，姑娘出嫁时有人唱陪嫁歌是个好兆头，如果没有这首歌反而是件扫兴的事。宴席一般设在叔伯家，在男方到达之前，女方先关闭大门，男方在门外唱开门歌，须唱十二对，女方才会开门；开门后，男方还要唱进屋歌；进入客厅后，男方再唱索烟歌，女方就取烟款待；男方接过烟后再唱谢烟歌，并一边唱一边吸烟；吸完烟之后，再唱索茶歌、开碗歌、酒歌、劝歌、送歌等。一直到天亮男方离开后，女方才回自家出嫁。

以烟为礼。根据满族的传统习俗，子女成年之后，由父母为他们商议婚事。当男女双方家庭同意后，男方会派出一人去拜访女方，女方会为待聘的女子准备一袋烟。如果来客在女方家中用餐，则表示已经与女方定下婚约。在订婚时，女子要穿着盛装拜见男方的尊长，见面时敬烟以示尊重，这就是所谓的"装烟"。男方的尊长会给予一定的赏钱，称为"装烟钱"。结婚时，新娘完成拜天地的仪式后，换上新衣服，出来招待客人，并为每位客人装一次烟。按照礼数，客人会给予一定的钱作为贺礼，称为"拜钱"。因此有歌云："拨动金钗，头上佩戴钿花，亲手费心为来客敬烟。晚来填写婚册，清楚地记录着，有多少人前来祝贺并献上拜钱。"

6. 烟草在中国的别名

烟草在中国有着非常多的别名，每个别名背后都蕴含着独特的文化意义。这些别名体现了中国文化的多样性和丰富性，同时也反映了烟草在中国人的日常生活和文化传统中扮演着重要的角色。

在明清时期的烟草典籍和其他书籍中，我们可以找到的烟草别名多达数十个。这些别名的来源各不相同，有的是中外文化结合的结果，有的是时代文化的体现，有的则代表了地方文化或民族文化的特色。这些别名从一个侧面反映了烟草的历史和中国文化的博大精深。

烟草最早传入中国时，人们音译为"淡芭菰""淡芭姑""担不归""打姆巴古""淡肉果""担不归"等等。随后出现了一些比较好听的名字，如"金丝醺""芳草""烟酒""还魂草""仙草"等等，也有一些不好听的名字，如"妖草""臭草""野烟"等。根据史书记载，"烟草"和"烟丝"这两个词广泛使用，大约是在清代以后。

现代意义上的"烟草"一词，最早出现在方以智的《物理小识》中。他写道："淡巴姑，烟草，万历末有携到漳泉者，马氏造之，曰'淡肉果'……其本似春不老，而叶大于菜，暴干以火酒炒之，曰'金丝烟'，北人呼为'淡巴姑'或呼'担不归'。"如湖居士在《金丝录》序中提到："烟草之名……以余所闻，曰'打姆巴古'，曰'淡芭菰'，曰'淡芭姑'，

烟草在中国有着非常多的别名，每个别名背后都蕴含着独特的文化意义。

曰'大古'，曰'淡肉果'，曰'担不归''醺''金丝醺''芳草''烟酒''烟茶'，总名曰'烟'。烟吸后便会成瘾，时时想吸，故有名曰'相思草'。"

《粤志》中记载，广东地区有人称烟草为"仁草""八角草"。之所以称其为"仁草"，是因为烟有交际应酬、待人接物的功能，显出其"仁"之效。

民国以前，人们广泛将"烟"称呼为"菸"，或称之为"蔫"，二字可以互相借用。清代文学家全祖望在《淡巴菰赋》中考证了烟草的来历，指出"菸"字出自《说文》一书，"蔫"字出自《广韵》一书，但二者并非现今之烟草。清代学者陈琮在其辑录的《烟草谱》中赞道："天生烟草，见《庄严经》，曰菸曰蔫，异名同形。"

淡巴菰——明代学者姚旅在《露书》里说："吕宋国出一草，曰淡巴菰。"清代文学家阮葵生在《茶余客话》中说："烟，满文曰淡巴菰。"

淡芭姑——清代学者在《柳崖外编》中提到淡芭姑这个称呼。

淡肉果——清代学者汪师韩在《金丝录》中说烟草又名淡肉果，也有人叫作芬草。

丹白桂——1639 年，清政府在关外发布禁烟告示，禁止官民种植、吸食或贩卖丹白桂。专家认为，丹白桂是淡芭姑的满文音译。

担不归——明末清初思想家方以智在《物理小识》中说："北人呼为'淡巴姑'或呼'担不归'。"这本书是最早记载烟草在中国传播历史及路线的书籍之一。

金丝薰——清代文学家厉鹗在《樊榭集》中说："烟草，《神农经》不载，出于明季，自闽海外移种中土，称其名。"

打姆巴古——《清文鉴·菰菜类》记载："打姆巴古叶大，取叶或切或挫，碎而贮于袋，燃火吸之。"雍正进士、官拜编修的汪师韩在《谈书录》中说："以余所闻，曰打姆巴古、大古、醺、金丝醺、芳草，总名曰烟。"

芬草——《福建通志》云："龙岩州货之草，俗云芬草，崇祯初年种之。"

盖露、醉仙桃——《畿辅通志·土产》云："烟草，春种夏花，秋日取叶，细切如丝。草顶数叶名盖露。"清代褚逢椿、顾禄所编《烟草录》引《耕余小稿》云："凡烟草，顶上三叶谓之盖露，极青翠、香烈，俗名醉仙桃。又曰赛龙涎，曰担不归，曰胡椒紫，曰辣麝，曰黑於菟，皆是物也。"秦武域《闻见瓣香录》云："今湖南北菸铺招牌，多书'盖露名烟'。"

烟酒——清代《广群芳谱》云："烟草，一曰烟酒。"《怡曝堂集》载："烟酒，不知所自，或曰仙草，疗百疾，或曰能枯肠染疫。然骛之于市，顷刻不去手；闺阁佳丽，亦以此为餐。香如柏，功能于茶，味逾于酒，未有知其故者。"《地纬》云："粤中有仁草，治验甚多，故亦名烟酒。"

八角草——清代《粤志》云："粤中有仁草，一曰八角草……食其气令人醉。"

清代女子与水烟壶

香烟是虚无，烟斗是存在。

——萨特

相思草、反魂草——清代《食物记载》云："用以代酒代茗，刻不能少，故一名相思草。"另据《类液》记载："相思草，烟草也，缘人一溺其香，便不能舍故也。相传巴国有公主死，弃之野，闻草香忽苏，乃共识之，即烟草也，故亦名反魂草。"

忘忧草——清代史学家刘廷玑《在园杂志》载："相传本于高丽国。其妃死，王哭之恸，梦妃告曰：冢生一草，名曰烟草，采之焙干，以火燃之，而吸其烟，则可止悲也。忘忧之类也。"

7. 中国的吸烟文化

吸烟在中国是一种重要的社交技巧，它融入了中国传统文化的精髓。人们通过吸烟，能够表达对他人的尊重，也显示出自身的涵养和风雅。香烟在中国现代社会更是一种典型的社交道具，无论是繁忙的工作聚会，还是庄重的商务会议，抑或是热闹的社交场合，香烟常是必不可少的存在。

在朋友聚会或商务会议上，人们常常会通过分享香烟的举动来互相交流，这不仅仅是一种传统的礼仪，更是一种表达友谊和尊重的方式。因此，吸烟成了人们交流的桥梁，让彼此更加亲近。在中国的传统文化中，吸烟被视为一种优雅和内敛的表达方式。许多文人墨客在写作或绘画时，都会以一支烟作为伴侣，以此来调节情绪和激发灵感。吸烟成了他们创作的一部分，也成了他们追求艺术境界的一种方式。因此，香烟成了中国文人墨客生活中的一部分。

敬烟是中国烟民最习以为常的礼节。当不熟悉的人想要拉近距离时，递给对方一支烟就能够消除陌生感，这是中国人拉近距离的最佳方式之一。当熟悉的人聚在一起抽烟时，如果不把烟递给朋友，就会被认为吝啬和不礼貌，这已经成了中国人社交的一种习惯。然而，在欧美国家和中国港澳台等地，互相敬烟并不常见，如果有人讨要香烟，他们更倾向于打开整盒烟，让对方自己拿取。

在民国时期的老电影中，吞云吐雾的场景很多，但很少有

敬烟是中国烟民最习以为常的礼节。当不熟悉的人想要拉近距离时，递给对方一支烟就能够消除陌生感，这是中国人拉近距离的最佳方式之一。

互相敬烟的举动。中国的敬烟文化在战争时期逐渐流行起来，烟成为一种表达善意的物品，一直流行到新中国成立以后，当时许多士兵退伍回到家乡，把流行的香烟文化带到了民间。从那时起，敬烟的习惯逐渐从军队传到了普通人中间，成了一种香烟文化。从酒桌文化到茶文化再到香烟文化，前两者有限制条件，香烟却可以随身携带，可以说香烟文化填补了中国民间间候方式的不足。

香烟在中国也象征着身份和档次。中国有着世界上最多样化的香烟产品，价格差距巨大。中国最贵的香烟价格可以达到一条烟 10000 元以上，是最便宜的香烟价格的 100 倍以上。而国外香烟品牌的价格通常相差不大，在欧美国家，超市和零售店的香烟只是品牌和口味上有所不同，价格基本在一个水平，最高价和最低价通常相差一倍左右。

中国独特的烟草文化打造了与国外迥然不同的品牌文化和视觉文化。国外香烟的包装设计通常比较简约，商标和品牌很少附加其他信息，形象多为抽象符号，强调某种气质。相比之下，中国香烟的包装设计更加高级，注重文化符号，并对纸张材质有较高要求。

在 1949 年之前，中国香烟主要以民族品牌为主，比如五狮牌香烟，在包装上直接印上爱国主义广告词："狮为百兽之王，且一鸣足以惊人。本公司所制五狮牌香烟，本以促进同胞爱国为主旨，愿爱国诸君日日吸本牌香烟，即可时时动爱国观念。"

1949 年以后，中国香烟包装的主色调以及基本组合元素包括齿轮、麦穗、工厂、火炬、拖拉机等。现如今，不仅香烟印刷和包装上使用了先进技术，几乎接近于现钞和有价证券的水平，命名上也体现出鲜明的时代特色，如"盛世""逍遥""和天下""九五""好运""平安""如意"等。

尽管香烟往往象征着身份，但在抽混合型香烟的人群中，这种认同并不普遍。在中国，大约有 3% 的人口抽混合型香烟，而在全球范围内，这个比例接近 90%。中国和太平洋地区的一些岛国是全球少数钟情于烤烟的地区。除了中南海、金桥等少数国产品牌之外，万宝路是中国最流行的混合型品牌。中国的混合型烟消费者主要集中在北京、长三角和珠三角地区，其中北京地区的比例居全国之首。他们中的大多数人对香烟的品质和价格并不敏感。与内地的香烟消费习惯截然不同，这个群体并不重视烟礼，也没有分烟或敬烟的习惯。部分人选择抽混合型香烟，其中一个重要原因是不愿与他人分享或礼赠香烟。此外，相较于经典的烤烟型香烟，混合型香烟具有较低的危害性和相对经济的价格优势。

在中国，烟草不仅仅是一种消费品，它融入了各地的社会风俗和人情世故，形成了独特的烟草消费文化。香烟的点燃象征着文化，吸入的是韵味，呼出的是情怀。中国的烟草文化具有一定的艺术味道和哲学意义。

不论是友谊、同事关系，还是亲情纽带，烟成为待客之时的特殊使者。当火焰与烟丝触碰的那一瞬，言谈从容地交织出来，让陌生变得亲近，让友谊和真实浮现。给对方递一支烟，点燃打火机，这短短的一两分钟足以拉近彼此的距离，这是其他物品无法替代的独特魅力。

在红白喜事中，香烟更是不可或缺的一部分。在婚礼、生日派对或其他庆祝活动中，人们常常会点燃香烟，与亲朋好友分享喜悦。香烟可以拉近人与人之间的距离，促进交流和互动。在这些场合中，香烟往往成为人们畅所欲言、展示自我的一种方式。它可以帮助人们打开话匣子，让人们更加放松和自在地享受庆祝活动。在某些地方的传统习俗中，香烟被视为一种祝福的象征，点燃香烟代表着对新婚夫妇或庆生寿星的祝福。在这种情况下，香烟不仅仅是一种物质的存在，更是一种心意和情感的表达。通过分享香烟，人们向庆祝对象传达出对他们的祝福和喜悦，以及整个过程所带来的舒适和满足感。

🦋 延伸阅读：敬烟

1989年9月9日的《人民日报》刊登了一篇文章，题为《敬烟》，其中写道：

敬烟是中国人的待客礼仪，客人一来，首先递上一杯茶和一支烟。在农村，很多老人习惯将自己吸的长烟袋给客人吸几口，以示待其如家人之意。婚礼上的新娘需要向每位客人敬烟，递上烟后新娘会腼腆地笑着为客人点烟。这时，为使气氛更加喜庆热闹，有些人会故意偷偷将烟掐灭，然后大声吵吵："没点着，再来再来。"原本只为待客的敬烟，最近几年却成为拉关系走后门的工具。即便是从不吸烟的人也会在口袋里装着"健"牌或"三五"牌高级香烟。跟人见面时，先递上香烟以讨好对方，如果对方不接受则表示与你保持距离。而对方一旦接受了你递上的香烟，就必须为你谋求某种方便。

敬烟

第六章 烟草在中国的发展

1. 烟草在中国的启蒙

　　烟草大约在16世纪末至17世纪初传入中国，通过不同的途径相继传入福建、广东、辽东等地。经吕宋岛传入福建是最早的路线。由于吕宋岛与中国南部沿海接近，福建籍水手在明万历年间将烟草从吕宋带回福建的漳州、泉州等地进行种植。

　　福建的烟农采用菲律宾的种植技术，将烟草作为水稻的补充作物，并实行插移、连作的种植方法。由于烟草具有很强的商品属性，推广发展非常迅速。万历年间，福建的烟草产量不仅超过了菲律宾，还作为商品返销菲律宾。

　　在明朝末年，烟草从福建传播到了江南、西南、西北和华北等地。山西曲沃人在万历年间就把烟草带回他们的家乡，很快就在曲沃种植了很多烟草，使曲沃成为华北地区主要的烟草产地。后来，山西的商人们又把烟叶和烟丝卖到了其他地方，其中天津就有一家历史很悠久的烟铺，是山西临汾人张晋凯在明朝崇祯十七年（1644）创办的，最初的名字叫中和烟铺，后来改为五甲子老烟铺，算下来已经有三百多年的历史了。

　　鼻烟在明朝末年传入中国。明末清初，广州的天宝行和怡和行两家公司开始从欧洲进口鼻烟，并把它们卖到全国各地。清朝的康熙、雍正和乾隆皇帝都非常喜欢鼻烟。当鼻烟刚开始传入中国时，人们给它取的名字有"士拿乎""士那富""西腊""布露辉卢""科伦士拿乎"等，都是用的音译。到了雍正时期，雍正皇帝非常喜欢鼻烟，于是就给它取了个名字叫"鼻

雍正皇帝非常喜欢鼻烟，于是就给它取了个名字叫"鼻烟"，从此鼻烟就有了固定的中文名字。

烟"，从此鼻烟就有了固定的中文名字。

　　因为清朝皇帝的喜爱，鼻烟逐渐进入上流社会。最初鼻烟都是依靠进口，价格比较高，只有有钱的上层人士才有能力享用。到了道光年间，广州的一些商行开始制作国产的鼻烟，价格也相对便宜一些，于是鼻烟开始在大众中普及开来。不过到了清末，鼻烟最终还是被更方便的旱烟和香烟取代了。

康熙时期的鼻烟壶

雪茄烟是在清朝前期传入中国的，起初吸食者多为旅居中国的外国人和从事洋务的买办、留学生等，后来流行至政界和商界人士。最初传入中国的雪茄烟多为菲律宾马尼拉雪茄，虽然也有进口的古巴雪茄，但是习惯上统称为吕宋烟。早期的雪茄烟全部为进口，价格比较高昂，仅仅在上海和香港等地的富人圈流行。后来广东、四川的一些产烟区开始仿效吕宋烟，将烟叶卷成笔管状，俗称"叶卷烟"或"叶子烟"。

雪茄的流行导致雪茄行业在中国迅速成长起来。民国初期，一些大的本土雪茄工厂使用进口烟叶，聘请外籍卷烟师指导和培训工人，以保证雪茄质量的稳定。第一次世界大战后，进口雪茄开始大量涌入，很快就成了中国市场的主导，从而导致了本土雪茄工厂的逐渐衰落。

中国第一家规模生产雪茄的工厂可以追溯到1918年，前身为四川什邡人王叔言创办的雪茄作坊，所用的雪茄烟叶是什邡本地生产的烟叶。这家工厂名为"益川工业社"，注册有"工字""爱国""大雪茄"等11个雪茄牌号。1939年，益川工业社达到鼎盛时期，加工雪茄的工人近千人，日产雪茄2万支，年产雪茄9000余箱，产品畅销全国。

烟斗丝起源于欧洲，清朝末期传入中国，但在中国市场所占份额较小，国内产品以云南的"蒙自刀烟"为代表。烟丝通常由手工割烟工匠制作，他们将烟叶进行处理，然后割成细长的丝状。这些烟丝会用于烟斗抽吸，提供了一种不同于香烟的吸烟体验。烟斗丝在中国有着独特的文化和社交背景。烟斗通常与绅士文化和士绅阶层有关联，成为一种身份的象征。许多

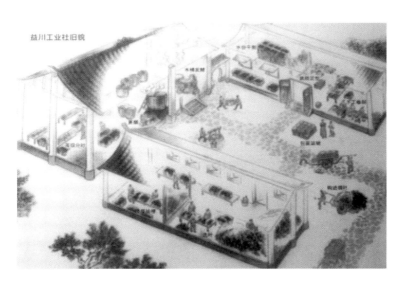

益川工业社旧貌

文人雅士、知识分子和社交精英都喜欢使用烟斗，将其视为一种优雅和品位的表现。

烟斗丝的制作和品质在不同地区可能存在差异。在中国的一些烟草产区，如云南、贵州等地，制作优质烟斗丝的工艺高超、经验丰富，享有广泛的盛誉。

莫合烟起源于南美洲玻利维亚、秘鲁和厄瓜多尔高原，在18、19世纪从俄罗斯和哈萨克斯坦传入中国，最著名的是关东莫合烟和伊犁莫合烟，后来新疆地区成为其产销市场。

水烟进入中国的时间可追溯到明代甚至更早的时期。虽然具体时间和地点有一定争议，但水烟在中国已有数百年的历史，并逐渐成为一种独特的烟草消费方式。

益川工业社生产的爱国牌雪茄

　　根据历史文献和考古证据，水烟最早可能是通过中亚和伊朗地区传入中国的。随着贸易和文化交流的推动，水烟逐渐在中国流行开来，在清康熙和乾隆年间得到广泛普及。在明清时期，水烟一直与社交文化和娱乐活动联系在一起。在宫廷或贵族、文人士大夫交谊的场合，人们常常聚集在一起，以水烟作为社交交流的媒介。在一些茶馆、酒吧或特定场所，人们也会聚集在一起，共享水烟，享受休闲时光。

　　18 世纪和 19 世纪初，吸食水烟成为社会精英的时尚潮流。与鼻烟一样，起初水烟消费也限于上层社会，然后逐渐渗透到更广泛的消费群体。然而，鼻烟主要局限在少数城市，而水烟则在全国范围内广泛传播。

　　尽管最初的水烟袋是从印度或中东引进的，但中国独特的水烟形式逐渐发展起来，与其他地方发现的水烟袋相比更小巧、便于携带。成书于乾隆中叶的陆耀的《烟谱》中描述了一种含水吸烟的方式：人们可先将水含在口中，这样即使烟的性质很烈，也不会受到其毒害。另外还提到一种方法：用一个锡制水盂装水，然后在其中插入一根管子，旁边再插入一个鹤头形状的管子，这样烟气就会从水中通过。

　　中国最早的水烟袋可以追溯到乾隆时期，烟柄修长，由白银、青铜或黄铜整体铸造而成。烟袋底部的水斗呈锥形。一些烟袋使用漆器或镶金的烟嘴进行装饰，或在侧面附有小型烟草容器。乾隆时期几乎没有使用廉价材料制作的水烟袋，这也从另一个方面说明了水烟很可能只有富裕或社会地位较高的人士才能享用。

在嘉庆和道光时期，兰州附近生产的水烟成为都市精英的时尚之选。兰州烟草主要由来自陕西中东部的商人经营，并被用作一种防治流行病的药物。他们积极向北京、天津和长江中游地区城市的顾客推销"青条烟"。嘉庆和道光时期的政治精英，特别是居住在承德避暑胜地的人们，非常喜爱"青条烟"。

1817年，有大量的商人将水烟带到承德，以至于嘉庆皇帝颁布法令警告这些商人，如果他们试图在避暑胜地销售烟草，将视同游民予以逮捕。嘉庆皇帝还要求在甘肃任职的官员敦促

清代流行的水烟

如果你没有什么别的可以亲吻的，雪茄是必不可少的。

——弗洛伊德

那里的农民将烟田还耕为粮田。当地官员梁章钜报告说，虽然他试图禁除兰州的水烟，但很多人建议他不要这样做，他们认为这样会减少农民的收益，因为在一个土地贫瘠的地方种粮食非常困难。

慈禧太后有着众多的嗜好，其中之一是吸水烟，现在故宫博物院内还收藏有她曾经使用过的水烟袋。据清朝内务府档案册记载，慈禧太后的随葬品中包括铜水烟袋、银水烟袋以及银潮水烟袋。

通过水烟袋吸入的烟气清凉、顺滑，对南方文人特别有吸引力。事实上，在清代的最后一个世纪，水烟袋是乡绅悠闲生活的象征。后来，随着卷烟的出现，城市精英逐渐抛弃了鼻烟和水烟，而青睐于方便、现代的卷烟，以表明自己的开明、时尚与进步。水烟袋也几乎完全成为一种乡村特有的事物，直到现在还存在于中国的部分农村地区。

2. 明清时期的烟草

在明代，烟草种植主要集中在福建、云南和广东等地。种植、加工及销售烟草已经形成了一条完整的产业链，同时，烟草贸易也成为中国与西方国家的重要经济交流活动。烟草逐渐成为一种大众消费品，并深入社会各个阶层。贵族和富商们用精美的烟袋和烟斗来展示他们的独特品位。同时，烟草的普及也改变了社会娱乐方式，人们会在闲暇时间品味烟草，聚集在一起交流思想和感受。

明朝万历年间，福建漳州的商人在吕宋认识了烟草，并学会了吸烟，同时也意识到了烟草的经济价值，于是他们带着烟种和种植技术返回家乡，在石码镇尝试种植烟草。鉴于福建沿海一带与吕宋拥有相似的生态环境，烟农也采用了吕宋的栽培技术。

最初，烟草被当作一种"避瘴气、毒头虱"的药材种植。随着漳州人的迁移和经商，烟草从福建南部迅速传播到全省，并向江西、湖南、浙江等地传播，甚至传播到新疆、蒙古、辽东等地。福建的烟草产量迅速增长，甚至超过菲律宾，反过来出口到菲律宾。在此期间，福建种植的烟草多为晒烟，到了清乾隆年间，福建种植晒烟的县多达 30 个以上，永定所产的烟丝甚至被乾隆皇帝赐名为"烟魁"。

福建种植烟草主要是为了防治瘴气和治疗风寒。根据乾隆年间的《南靖县志》记载，漳州南靖地区地处偏远，瘴气较多，居住在平地的人容易受到湿气的困扰，在山地居住者也容易患上相应的疾病。当时社会上流行吸烟以避免瘴气的侵害。同时，福建地区冬季寒冷湿润，风寒常见。烟草具有温热的作用，可以缓解寒冷引起的不适症状。因此，福建地区的居民种植烟草用以治疗风寒。

在清朝道光年间，很多来自平和的移民定居在南靖，并携带了芦溪烟和崎岭烟的种子进行种植。农民们将烟叶晾干后搓成烟绳，浸泡尿液并晒干，然后切割成小块。晚稻插秧后，在每棵稻株的根部插入一小段烟绳，这样可以有效防治螟虫的侵害。轮作烟田还有助于改良土壤，成为农民增加产量和收入的传统农艺方法。此外，烟草园可以种植地瓜、芋头、白米豆等农作物作为粮食，而地瓜藤和芋杆可用来喂猪，从而实现多种农作物的套种，增加了经济收益。由于效益显著，更多的人开始种植烟草，并在全县范围内推广。

由于吸烟可以祛湿发散、提振精神，具有传统草药所没有的效果，这种容易上瘾的干草药很快迎来了大量的追捧者。明朝南方的军队将士发现吸烟有利于提神益气，保持清醒并驱散饥饿。在深入云贵山地作战时，将士还发现烟草有利于驱逐瘴气和寒湿之气影响，保持身体健康，于是烟草能够驱邪的说法迅速传播开来。军队每到一地就会把烟草种子同步带往。正是通过这种方式，烟草随着明朝军队扩散到朝鲜半岛和辽东，随后传到西北、华南、华北等地。

在万历年间的大洪水中，烟草的镇定剂作用被进一步放大，自然灾害造成的无助和精神压力给烟草的传播带来了极好的机会。许多父母从小就让孩子吸食烟草，穷人们哪怕节衣缩食也要满足烟瘾。烟草的传播范围之广，连部分关外的八旗兵也有了抽烟习惯。李自成领导的农民起义军，将烟草广泛种植于两湖、四川和陕西，这就相当于对烟草进行了多次推广。

由于其独特作用，烟草逐渐成为具有重要价值的外交礼物。1637 年，朝鲜世子在沈阳送给清朝三百多斤南方烟草。明朝的皮岛守将刘兴治，也向皇太极派来谈判的使者赠送貂皮、好弓箭和烟包。

清军入关后，出于对粮食等农作物生产的担忧，限制了烟草的生产。康熙、雍正皇帝都倡导禁烟，但并未收到理想的效果。在烟草种植和吸食变得越来越流行的情况下，禁烟政策在乾隆时期得到了缓和。嘉庆皇帝即位后不再坚持禁烟政策，任其自然发展。因此，烟草的种植面积不断扩大，遍布全国各地。福建闽西地区尤其著名，种烟者多达十分之三四。农民大量种植烟草仍需花费大量人工和肥料，但由于烟草的利润远高于粮食和蔬菜，吸引了越来越多的农民入行。他们将相当部分的烟草作为商品出售，加快了烟草的商品化进程。

烟草的商品化生产又进一步促进了烟草经济结构的变革，烟草加工业开始从农业中分离出来，形成相对专业的手工业。随着商业的繁荣和市场的逐步扩大，各地烟草加工更加普遍，出产烟叶的省份更加集中。

清代前期，江西、山东、广西、陕西等地的烟草制造业十分发达，遍布城乡各地，而且许多烟草作坊都具有一定的规模。

江西瑞金烟草作坊不下数百家，每家雇工数十人；山东济宁每年买卖烟丝200万两白银，从事烟丝制造的雇工有4000余人。各地烟草业都有各自的产品，福建永定条丝烟、山西曲沃旱烟、甘肃兰州水烟还是全国著名的产品。

随着烟草商品化生产的不断加深，商业资本在农村比较活跃，促进了烟草商品的流通，从而带动了烟叶生产的发展。从事烟草加工的作坊在购进原料、出售商品时，又产生了新的交换关系，而且雇用较多的工人，出现了资本主义的萌芽。

早在鸦片战争前，中国烟草种植业和手工业的资本主义萌芽已经明显发展。烟草的贩运与销售成为商业活动的中心，当时的烟草贸易中，形成了一批像福建漳州和泉州、湖南衡阳、湖北汉口、山东济宁、甘肃兰州以及四川中坝等大大小小的商品集散中心，地区间的交流十分活跃。

四川地区的烟草种植源于来自福建的移民潮，其中傅荣沐被称为"四川烟草引种第一人"。他将福建的烟草种植技术引入四川，并在成都周边的金堂、新都、什邡等地区开展种植和加工。这使得烟草业成为四川经济的重要支柱产业。

在郑成功收复台湾时，产于福建漳州石马的乌厚烟因其独特品质和精细的制作工艺，成为士兵们的首选品，这也成为大陆与台湾烟草制品交易往来的开端。康熙年间，福建、浙江的烟丝普遍销售台湾，并在乾隆年间达到高峰。

四川地区的烟草种植源于来自福建的移民潮，其中傅荣沐被称为"四川烟草引种第一人"。

鸦片战争以后，西方列强的入侵导致中国烟草业从缓慢向资本主义发展转变为半封建半殖民地化。一方面，大量外国工业品涌入中国市场，另一方面，中国逐渐成为外国工业的原料供应地。第二次鸦片战争后，除了丝绸、茶等主要商品外，中国出口的农产品和工业原料中，烟草的比重逐渐增加。当时，出口烟叶主要经由上海运往英国、美国、日本等国，烟叶出口量持续增长。1867 年，烟叶出口量为 1450 担；到 1894 年，烟叶出口量达到了 113886 担，增长了近 80 倍之多。

3. 明清时期对烟草的医学认识

明清时期，人们对烟草的认知很复杂，可以理解成两种态度的碰撞：一部分医学家认为烟草对缓解一些疾病有好处，如止咳、镇定、止痛，还有助于调节情绪、消除食欲。然而，也有一部分医生对烟草持保留态度，认为吸烟对身体健康有害，甚至可能引发各种疾病。不仅如此，同一个医生对烟草的看法也常常因人而异、时好时坏，但大多数医学书籍把它描述为既有益又有害的物质。

刚传入中国时，长三角地区的许多医生对烟草持开放的态度，那里是明朝的文化和经济中心，也是当时最有权威的中医学者的故乡。许多江南医生在面对全新的疾病环境时，对烟草的看法是积极和正面的。

然而，到了 16 世纪末，梅毒这种人们不熟悉的传染病在全国各地无情地传播开来。传统治疗方法对这种病没有什么效果，医生们开始寻求新的治疗方法。其中，抽烟作为一种创新疗法逐渐为人们所接受。

温补派认为抽烟像用药一样，这种观点赢得了一些中医的认可，但并没有成为主流。一些传统派别，特别是信仰滋阴的一派，对抽烟持有负面看法，认为烟是有害的刺激物。

到了 17 世纪后期，人们逐渐意识到过度吸烟的危害，但中国人依然抽烟。有关吸烟长期负面影响的警告逐渐变得温和，因为医学文献中插入了其他建议，同时市场上出现了各种自称有特殊药效的烟草产品。商家宣传他们的产品对健康的好处，不断开发新产品进行销售。

18世纪中叶，尽管医生一直在警告吸烟对健康有害，但烟草产品宣传的各种健康功效使吸烟者相信，即使这些物质对他人健康无益，也对他们自己的健康有益。每个人都可以根据自己的体质选择合适的烟草，从而安心享受吸烟。

晚明时期，烟草被认为符合天人合一的哲学观，引发了医学界的巨大争论：抽烟到底是好习惯还是坏事？吸烟能带来营养还是短暂的快感？它究竟是有效的药物还是天然的致醉剂？不过，最终人们还是认为适度使用烟草并不算一种罪过，也不会影响健康。

尽管有些人对抽烟持不同意见，但在医学界，大家普遍认为烟草有一定的药用价值。许多人把烟草看作一种神奇的药物，有多种摄入方式。它就像一种药物和食物的混合物，能通过口鼻进入人体的消化系统，消化系统是连接身体各部位的枢纽，联系着身体的各个部位，于是烟气能在身体正常或病态时发挥作用。烟气和其他物质一样，能渗透到全身。在食物和药物的摄取上，主要的区别在于量和用法，而非具有本质上的差异。因此，人们应该灵活地看待这个问题，不必把烟草视为对人体有害或有益的物质。根据个人体质和吸烟习惯，烟草可能有益或有害，甚至两者兼有。

从中国传统药物治疗的角度看，烟草具有一定的毒性。然而，这并不意味着它是一种完全不能使用的物质，而是一种可以小心地用于治疗急性病症的药物，如南方偏远地区特有的由瘴气引发的间歇性发热。中国有一个悠久的传统：使用一些有毒药物，如雄黄和砒霜等砷化合物来治疗间歇性发热，包括被现代医学确认为疟疾的疾病。人们普遍认为烟草具有防治瘴气并退热的功效，这也是 16 世纪烟草在中国亚热带地区迅速流行的原因之一。

明代的医学家对烟草的性质和功效进行了研究。有些医生将烟草看作一种苦辣味的药物，具有热性属性，将其归类为"有毒草类"，强调其是一种需要谨慎使用的强力药物。他们认为吸入烟气可以抵抗寒冷、山蛊和邪恶力量等可能引起间歇性发热的因素。

温补学说的支持者认为吸烟有助于恢复阳气，增强身体对外部或内部因素引起的各种疾病的抵抗力。他们认为烟草具有强烈的阳性药性，可以收缩毛孔和腠理，抵御风邪之气，缓解关节和骨骼风湿疼痛，还可以阻挡在山区和亚热带地区遇到的山岚和瘴气。

温补派学者认为烟草在治疗内因引起的疾病，特别是影响脾胃功能的疾病方面有积极作用。吸烟可以温暖脾胃系统，促进消化，缓解饭后饱胀感，控制剧烈呕吐等霍乱症状，甚至可以驱除肠道寄生虫。当烟气帮助脾胃恢复代谢功能后，脾胃就可以再次向全身输送必要的营养物质。烟草还可以驱散寒邪、消除瘀结、防止血液滞留、促进气的流动。烟草可以被看作一种有效的辅助药物，主要用于帮助阳气停滞或衰竭的人。

我吸烟很有节制，每次只抽一支雪茄。

——马克·吐温

当然，许多同时代的医生也认为烟草有一定的毒性，并主张吸食要适度，否则可能导致昏迷，需要很长时间才能清醒过来。在这种情况下，可以使用糖水制成的补汤来治疗患者。此外，医生们认为烟草并不适合阳性体质的人。对于这些患者来说，吸入这种强烈的阳性物质会激发相火，使气虚的程度加剧。

《红楼梦》第五十二回中有这样一段关于烟草的描述："宝玉便命麝月：'取鼻烟来，给他嗅些，痛打几个喷嚏，就通了关窍。'麝月果真去取了一个金镶双扣金星玻璃的一个扁盒来，递与宝玉。宝玉便揭翻盒扇，里面有西方珐琅的黄发赤身女子，两肋又有肉翅，里面盛着些真正汪恰洋烟。晴雯只顾看画儿，宝玉道：'嗅些，走了气不就好了。'晴雯听说，忙用指甲挑了些嗅入鼻中，不怎样，便又多多挑了些嗅入。忽觉鼻中一股酸辣透入囟门，接连打了五六个喷嚏，眼泪鼻涕登时齐流。晴雯忙收了盒子，笑道：'了不得，好爽快！拿纸来。'"

贾宝玉用鼻烟来治晴雯的感冒，真可谓"不走寻常路，艺高人胆大"，但却符合中医理论。曹雪芹深知感冒是由风寒引起的，而烟草气温热，味辛，是一种具有微热性的纯阳草药，可以向上和向外升发。通过口腔和喉咙吸入烟气，能够使温热的阳气传遍全身，温暖五脏。阳气向上可以温暖心脾，向下可以温暖肝脾肾。当五脏都得到温暖，寒气也会被驱散，那么风寒就消失了。

4. 近代中国民族烟草业的兴起

19 世纪末，西方先进的烟草种植技术和设备逐渐进入中国。随着国外现代工业生产方式的引进，中国烟草业的生产技术有了显著的提升，特别是烟叶的加工和制烟技术的创新，极大地提升了中国烟草的品质，从而推动了烟草业的发展。然而，总体来说，中国烟草业的发展仍然落后于世界先进水平。

民族烟草业的兴起创造了大量的就业机会，已经成为一个重要的经济门类。此外，烟草业的兴起还明显地改变了中国人的生活方式。

1860 年，中国与英国、法国、美国、俄国分别签订了《天津条约》，其中规定进口货物需按照"值百抽五"的税收原则缴纳关税。这一低关税政策为外国烟草制品进入中国市场提供了便利，大量的外国烟草制品开始涌入中国市场。此时，中国的烟草业仍处于初级阶段，主要依赖进口烟草产品满足国内需求。中国烟草业面临巨大的发展机遇。

1885 年，美国烟草大王詹姆斯·布坎南·杜克在纽约创立了杜克父子烟草公司，并与其他四家烟草公司合作成立了美国烟草公司，控制了美国 90% 的卷烟产销，并开始进军欧洲及亚洲市场。1888 年，上海的美商老晋隆洋行开始引进美国的"品海"和"小美女"卷烟，次年取得美国邦萨克卷烟机在中国的经销专利权，引进卷烟机在中国生产香烟。同时，大量卷烟从上海、天津、牛庄（营口）、长江各港口进入中国。清

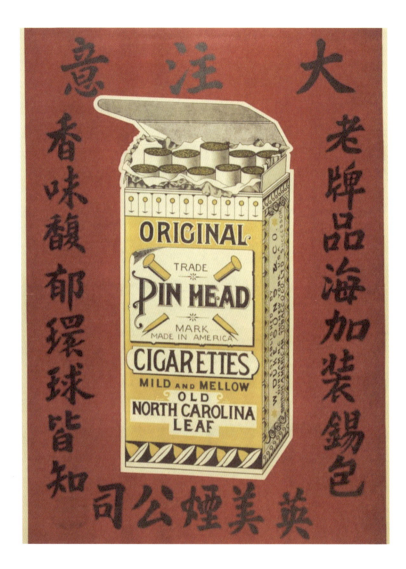

第一款在中国市场销售的美国卷烟品牌"品海"

朝末期，外国卷烟的输入量每年达 100 亿支左右。

随着 20 世纪的到来，烟草工业开始蓬勃发展，美国、英国、日本、俄国和希腊等多个国家纷纷在中国的通商口岸投资开办工厂。1902 年，美国烟草公司以及其他四家烟草公司与英国帝国烟草公司进行了一系列大规模的市场竞争，结果双方都蒙受了损失。最终，这些公司达成协议，并共同创建了国际烟草托拉斯组织——英美烟公司，以共同开拓国际市场。同时，该公司利用其在中国控股的上海浦东美国纸烟公司和美商老晋隆洋行，开始在中国进行商业活动，相继在汉口和沈阳建立卷烟厂，逐步提升其卷烟生产能力。

作为外资企业，英美烟公司在广告方面特别注重本土化的包装和运作。他们充分利用中国传统文化资源，以迎合中国消费者的口味，赢得他们的情感认同。他们拥有强大的广告部门，聘请当时最知名的美术家，专门设计各种招贴、月份牌、报刊广告、烟盒标签、户外广告等。这些广告的主题常常与中国传统文化相关，涉及四大名著、二十四孝、《封神演义》、京剧脸谱、济公、岳飞、白娘子以及中国山水画等元素。此外，该公司还设有自己的印刷厂，用于印刷各种设计精美的广告；甚至还设立了电影部门，通过制作故事片来植入广告。

与此同时，民族资本的卷烟工业也开始崛起。1902 年，直隶省政府在保定组建了北洋烟草公司，试制国产卷烟，并得到了慈禧太后和光绪皇帝的嘉奖。翌年，在直隶总督袁世凯的支持下，北洋农务局与北京工艺商局在天津合办北洋烟草有限公司，正式生产名为"龙珠""双龙地球"以及"地球"的香烟品牌。此后，天津、北京、上海、烟台和汉口相继开设了30多家民族资本卷烟厂。

1904年，美国政府强迫清政府续签《限禁来美华工保护寓美华人条约》，引发了中国人民的强烈反对和全国范围内的反美爱国运动。"不吸美国烟"成为人们的普遍呼声，有力促进了民族卷烟工业的兴起。

1905年，旅居日本的华侨简照南集资10万港币，创立了广东南洋烟草公司，并开始在香港生产"白鹤""飞马"以及"双喜"等香烟品牌。这些香烟受到市场的广泛欢迎。然而，由于卷烟制造技术还不够成熟，并面临着英美烟公司的产品竞争和压制，到了1908年，公司经营非常困难，不得不清理资产并进行拍卖。

1909年，简照南在叔父简铭石的支持下，以13万港币创办了广东南洋兄弟烟草公司。他们改良了制烟技术，提高了产品质量，并采用以国货吸引消费者的方式继续经营。这些产品受到市场的欢迎，南洋兄弟烟草公司成为民族卷烟工业的代表。

为了争夺市场，国内外的烟草商和烟草企业，主要是英美烟公司和南洋烟草公司，展开了一场持久的市场竞争战。英美烟公司凭借雄厚的资金，首先将最畅销的"派力"牌卷烟价格从每条2.45元降低到2.35元，然后还降低了"三炮台""双英"等品牌卷烟的价格，降幅在18%到50%之间。南洋烟草公司也根据市场和消费者需求适当调整了价格，主要在包装上寻求突破。他们将"三喜""飞艇"等品牌的香烟从20支装改为

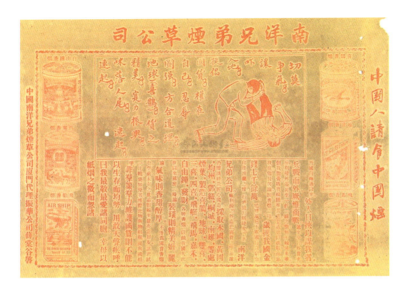

南洋兄弟烟草公司的广告

10 支装或 50 支盒装，包装方式的创新使得产品不仅没有滞销，销量反而有所增长。

英美烟公司率先推出回收空烟盒的活动，然后在烟盒中附赠彩票和各种小卡片，并给予小商贩多种优惠，例如暗中津贴或让代理商赊账购销。他们将当月收缴账款的方式改为每 3 个月收缴一次，而且运往外埠的卷烟运费和其他费用都由公司承担。

南洋烟草公司也在两种香烟中附赠奖票，其中最珍贵的奖品是金表，还有印有中国古典名著《水浒传》《红楼梦》《三国演义》等人物画的印刷品。这些卡片作为附赠品赠送给烟民，由于孩子们喜欢这些卡片，经常向成年人索取，所以购买南洋烟草公司的香烟既可以解决吸烟问题，又能满足家中孩子的愿

南洋烟草公司也在两种香烟中附赠奖票，其中最珍贵的奖品是金表，还有印有中国古典名著《水浒传》《红楼梦》《三国演义》等人物画的印刷品。

民国时期金龙牌香烟的广告

望，一举两得。此外，每张卡片上都有号码，按顺序收集 12 张就可以兑换一盒"飞马"或"喜鹊"牌的香烟。南洋烟草公司的这一举措受到了烟民的欢迎，产品销量大增。此外，他们还采取薄利多销的对策，对运销外埠卷烟给予一次性运费津贴，并尽可能地包揽外埠广告招贴费用，减轻经销商的负担。

1900 年，中国人全年抽吸的香烟数量为 3 亿支；到了 1919 年，这个数字增长到了 75 亿支；而在 1920 年，更是暴增至 225 亿支。随着市场规模的不断扩大，竞争也变得日益激烈，香烟生产商开始利用政治手段以保护自身利益并倡导购买国货。广告宣传中，吸食国产烟被宣传为一种爱国行为，而吸食洋烟的人则被视为"汉奸"或"卖国贼"。南洋兄弟烟草公司为他们的"双喜"牌香烟打出了口号"中国人请吸中国烟"。许多香烟品牌在其名称前都加上了"国货"二字，比如"顶上国货，金马牌香烟""鸳鸯牌香烟是最优美的国货""国货香烟，取名和平"等，还有一些品牌直接以"爱国""大长城"等命名。在特殊背景下（比如五卅运动、国民革命时期），由于大多数国民的情感认同，这些广告取得了很好的效果。

在英美烟草托拉斯的竞争下，中国民族卷烟工业遭受了巨大的损失。其根源，一方面在于技术的落后、管理的匮乏以及资金的短缺，另一方面也与国内烟草企业在税务待遇上的不利地位有关。中国民族卷烟工业因其经济实力的薄弱、设备的老旧过时以及分散的特性和投机性的作风，尽管得到了爱国运动的助力，但其持续健康发展的目标仍然无法实现。

236

"龙珠"牌卷烟是由天津北洋烟草公司制造的中国第一个民族卷烟品牌，也是中国第一个申请注册商标的卷烟品牌。北洋烟草公司是中国设立的第一家合办的股份制官商民族卷烟企业，在中国卷烟工业史上具有独特的历史地位和重要意义。

北洋烟草公司成立于清朝末年。袁世凯担任直隶总督后，推行了"振兴商业、扩张实业"的新政策，其中包括成立北洋农务局，推动农业和工业的发展。该局设在河北保定，由黄璟担任总办，推广新型农业种植并进行农业试验。农务局将种植蚕桑、制造糖酒和生产卷烟作为发展方向。

在袁世凯的支持下，黄璟等人前往日本考察，并结识了无锡人秦辉祖，后者曾两次自费前往日本学习卷烟制造技术。黄璟与秦辉祖商讨了成立烟草公司的计划。秦辉祖来到保定，在农务局试验场试制卷烟，正好慈禧太后和光绪皇帝到保定，卷烟试制品被呈上御用并获得好评。此后，农务局开始了筹划成立烟草公司的工作。

农务局计划以官商合办的方式开办烟草公司，首先由北洋农务局投资，即先使用政府的资金稳定基础，然后依靠商业运营模式发展业务，并决定在天津津南区小站进行试办。该地拥有农务局管辖的田地，可以种植烟叶，解决原料问题，因此在那里办厂较为适合。按照农务局的想法，最初的机器、厂房和人力成本应该尽量节省，然后逐步扩大。厂房最初是租用的，

中国第一个民族卷烟品牌——"龙珠"牌香烟

试办一年后，如果能盈利，再制定具体章程。

　　1903 年，北洋烟草公司在小站正式成立。创办者黄思永表现出了强烈的爱国热情，出资 8000 两白银并担任北洋烟草公司商总董，负责招募商股和管理公司事务。黄璟担任官总董；秦辉祖担任工厂总董，负责制造、销售和管理工厂等事务。北洋烟草公司成立初期，共筹集了官商股本 5.5 万两白银，并从日本购进了卷烟机，开始进行卷烟生产。公司聘请了日本烟草专家藤井恒久和两名卷烟技师。公司生产的第一个卷烟品牌被命名为"龙珠"，并作为贡品供慈禧太后和光绪皇帝使用。

由于小站地处偏僻，不利于长远发展，公司购买了江苏海运局在天津东城南斜街的房屋作为新厂房。迁厂后，北洋烟草公司陆续从日本进口了烟丝机 2 台、卷烟机 3 台、惠斯通电桥一架，日生产卷烟 20 万支。产品包括"龙珠"和"双龙地球"，分别有 10 支装和 50 支装。产品不仅在天津销售，还推广到烟台、营口、锦州等地。在 1904—1906 年间，"龙珠"在山东、辽宁等市场上与英美烟公司生产的"品海""孔雀"等洋烟竞争。然而，由于官商利益冲突、原料供应不足和制造工艺不精等原因，北洋烟草公司在 1906 年宣告破产。

5. 新中国成立初期烟草行业的发展历程

烟草行业在新中国成立后成为国家经济的重要支撑。20世纪50年代，中国烟草行业开始实施全面的社会主义改造。1952年，中国烟草工业公司成立，统一管理全国烟草行业。随着国家经济的逐渐恢复和稳定发展，烟草行业的重要性日益凸显，受到了国家和社会的重视和支持。

然而，当时烟草行业基础薄弱，生产能力不足，产品质量也无法与国际市场相比。党和政府高度重视烟草行业，国家出台一系列扶持政策，促进烟草种植技术的进步，引进先进设备和工艺，同时加大科研力度，推动烟叶品种改良，提高产品产量和质量。

新中国成立初期，烟叶生产集中在河南、云南、山东等省份。用于生产高档卷烟的上等优质原料依赖进口。烟草农业的生产方式几乎完全停留在传统的个体手工劳动阶段，机械化作业非常少见。全国共有1249家卷烟厂，除了少数大型烟厂外，大多数烟厂仍使用早期的木架简易卷烟机和铁质卷烟机，包装、包装条和装箱等工作仍然依赖人工完成。烟丝的制作仍主要依靠手工，手工操作占70%—80%，单箱耗用烟叶65公斤以上，卷烟机的速度仅有800支/分钟。卷烟工业主要集中在沿海城市，布局不合理。与此同时，没有属于自己的高端民族卷烟品牌，烟草科技水平非常落后，卷烟工业资产主要受外资和私营企业控制。在1949—1952年的国民经济恢复时期，国家通过没收官僚资本、接收外国资本以及实施公私合营等措施，逐渐扩大了国有烟草企业的规模。到 1952 年，国有烟草企业已占据整个行业产能的 56%。许多烟草厂从上海迁往天津、郑州、广州等地，同时许多小型烟草厂进行了改组和合并，调整了卷烟工业的布局。与此同时，政府还制定了"重点恢复老烟区，适当发展新烟区"的方针，为烤烟生产提供了政策和物资上的支持。

在第一个五年计划期间，国家逐步实施集中统一管理，对烟草企业进行改革。私营烟草厂和卷烟批发商也完成了社会主义改造，卷烟工业的布局进行了合理调整。国家实行"统购包销"的制度，对所有卷烟产品进行统一采购和销售，对烟叶进行计划收购和调拨，将卷烟和烟叶的生产经营纳入国家计划经济体系。到 1956 年，全国烤烟种植面积扩大到 583.29 万亩，烤烟质量也有所提升，基本上解决了高档烟叶原料依赖进口的问题。到 1957 年，卷烟工业企业的数量从原来的 760 家减少到 108 家，其中 13 家实现了机械化生产作业，另外 28 家部分实现了机械化。

在"二五"时期，国家实施了机构精简和企业下放政策，将卷烟工业企业交由地方进行管理，这导致管理上出现了混乱。同时，由于自然灾害和"大跃进"运动的影响，烟叶产量减少，进而使得卷烟产量和质量急剧下降。

60 年代初，在"调整、巩固、充实、提高"八字方针的指导下，中央决定试行工业托拉斯制度。轻工业部于 1963 年发布了《关于成立中国烟草工业公司及各地分公司的通知》，开始试行烟草托拉斯制度，通过对卷烟工业企业的集中统一管理，实现了产供合一的管理体制，统一了生产计划和资源配置，并对卷烟品牌进行整顿以提高产品质量。从 1963 年到 1965 年，

吸烟也是一种深呼吸运动。

——毛泽东

卷烟工业企业的数量从 104 家调整为 61 家，卷烟生产能力、劳动生产率和产品质量都有了显著提升。

然而，在 20 世纪 60 年代末到 70 年代中期，中国烟草工业公司被废除，卷烟工业企业和烟叶收购部门全部下放到地方管理。这导致烟草产业出现了管理混乱、盲目发展、产销失衡、质量下降和效益降低等严重问题。这种状况一直延续到 20 世纪 70 年代末期。

6. 改革开放以来的中国烟草

改革开放以来，中国烟草产业经历了巨大而深远的变革，在烟草管理体制、产业结构和产品质量等方面取得了显著进展。党的十一届三中全会后，党中央和国务院重新评估了烟草行业的发展方向。

1981 年 5 月 11 日，轻工业部向国务院提交了实施烟草专营的报告，建议对烟草行业进行产销、人财物和内外贸易的统一管理。不久，该报告获得批准。1982 年 1 月，中国烟草总公司正式成立；1983 年 9 月，国务院颁布了《烟草专卖条例》；1984 年 1 月，国家烟草专卖局也随之成立。这些举措标志着中国烟草史上首次形成了相对完整的专卖专营体制。

烟草行业覆盖整个产业链，其初级产品烟叶、主要配套产品烟草专用机械以及最终产品卷烟都具有用途单一、专用性强的特点。因此，若产量过少，将无法满足生产和消费需求；若产量过多，又可能导致资源浪费。同时，烟草税收是国家和地方财政的重要来源。如果没有集中统一管理，很容易滋生盲目发展、重复建设的冲动和违法生产经营活动。

在从恢复发展到分散管理与集中管理的曲折探索之后，中国最终选择了烟草专卖专营体制。这个决定是在总结历史经验教训的基础上，借鉴其他国家烟草专卖做法的结果。党和国家决定实施国家烟草专卖制度和"统一领导、垂直管理、专卖专营"的管理体制，这是对烟草行业生产关系的自我革新和自我

在从恢复发展到分散管理与集中管理的曲折探索之后，中国最终选择了烟草专卖专营体制。

完善，是推动生产力适应经济发展的变革。

20世纪80年代到90年代初，中国正处于从计划经济向市场经济过渡的关键时期，随着经济的不断活跃，卷烟自由交易的批发市场和市场价格开始出现，一些个体零售商非法进入批发环节，从而形成了国营烟草企业批发后的非法批发和交易市场。因此，旧有的《烟草专卖条例》已无法满足新形势下的发展需求。

20世纪80年代的成都卷烟厂包装车间

1991年6月29日，第七届全国人大常委会第二十次会议正式通过了《中华人民共和国烟草专卖法》，以法律的形式确立和巩固了国家烟草专卖制度、行业集中统一管理和垂直领导体制，使烟草行业能够完全依法进行管理。烟草专卖制度的确立、巩固和完善，进一步解放和发展了烟草行业的生产力。

为了推动改革发展，国家烟草专卖局和中国烟草总公司有计划地组织人员多次出国考察，学习国外先进的现代管理经验，重点了解卷烟生产、原辅材料生产和产品销售等方面的情况。对标国外的烟草行业，国内存在巨大差距。例如，当时国外卷烟机的卷接速度可以达到每分钟7000支，而国内只有几百支；国外的烟叶原料已经实现了种植规模化、科学化和规范化，而国内还处于初级阶段；国外的卷烟产品已开始采用有利于减少有害成分的醋纤丝束、膨胀烟丝、烟草薄片等技术，而国内还没有这些技术。

烟草行业随即开始了一系列彻底的改革，包括关闭计划外的烟草工厂，清理非法交易市场以及对生产企业进行全面整顿。同时，采用技术和贸易结合的方法，积极推动技术改造和进步。此外，还建立了醋酸纤维丝束生产基地、烟草专用机械制造基地和科研教育基地等。

截至2000年底，全国范围内已成立了12家地区性烟草集团和2家全国性专业化集团公司；技术装备和企业管理水平明显提升，涌现出一批具有较大影响力的名优品牌；共建成16449个卷烟批发网点，基本实现了城乡全覆盖的卷烟销售网络；行业工商税利达到1050亿元，比1981年的75亿元增加了13倍。

中国于2001年加入世界贸易组织，进一步扩大对外开放并完善社会主义市场经济体制，此后中国烟草持续坚持并优化烟草专卖制度，积极推进以市场为导向的改革。这些改革包括省级公司工商管理体制的分离，取消商业企业县级公司的法人资格，以及确立地市级公司的市场主体地位；此外还有实施《关于加快卷烟产品结构调整的意见》和《中国卷烟科技发展纲要》，提出"中式卷烟"概念，推进中式卷烟品类建设，建设现代卷烟流通网络和现代烟草农业等。

在持续进行烟叶流通、卷烟体外循环和财经秩序的专项整顿的同时，致力于规范工程投资、物资采购等活动，并深入落实办事公开和民主管理等措施。这些改革推动了生产要素的合理流动，提高了资源配置效率，增强了烟草产业经济发展的内生动力，实现了更广泛、更高层次、更深程度的合理流动，提高了资源配置效率，增强了烟草产业经济发展的内生动力。

从 2019 年开始，中国烟草行业迎来了发展过程中的关键转折点，通过打造规模化领军的"136"品牌和效益化领军的"345"品牌，推动了中式卷烟品牌的高质量发展，提升了整个烟草产业链的水平和中国烟草的竞争力。"136""345"的提出与实施，不仅明确了培育中式卷烟知名品牌的发展方向，同时也对原本固守、缺乏活力的大品牌形成了新的激励，激发了行业的活力。

党的十八大以来，中国烟草积极贯彻落实党中央关于全面深化改革的决策部署，秉持创新、协调、绿色、开放、共享的新发展理念，以供给侧结构性改革为主线，致力于推动发展质量、效率和动力的变革，进一步增强行业发展的动力和活力，并提升行业经济运行的质量。

回首新中国成立以来烟草行业翻天覆地的发展历程，有一点始终没有改变，那就是坚决捍卫国家利益和消费者利益的原则，这体现在坚持国家烟草专卖制度和打击各种非法利益的坚定决心上。烟草行业在保值增值国有资产、确保足额上缴财政税收方面发挥了重要作用。相关数据显示，从1991年到2005年，烟草行业共实现税利达1.67万亿元。"十一五"期间，烟草行业年税利增加了约3515亿元，年均增长率达到19.03%，上缴国家财政的金额从1944亿元增加到了4988亿元。特别是2009年，全国经济增长速度放缓，国际金融危机对中国造成了影响。为了缓解国家财政压力，国务院决定调整卷烟消费税，并在商业环节上征收消费税。为了确保这一税收政策调整的顺利实施，中国烟草明确提出了"价税财"联动的思路，并克服了重重困难，圆满完成了中央财政增收任务。"十二五"期间，烟草行业累计实现税利47680亿元，年均增加1078.4亿元；总计上缴财政41323亿元，年均增加1212.2亿元。从"一五"期间烟草行业占同期国家财政收入比重为3%到党的十八大以来的6.17%，可以看出烟草行业对国家财政收入的贡献不断增大。

烟草行业一直服从和服务于财政增收大局，并为我国的社会主义现代化建设做出了积极的贡献。近年来，中国烟草以供给侧结构性改革为主线，深入推进市场化改革，不断创新产品设计、优化产品结构，有效满足了市场需求。

同时，中国烟草也积极响应全球降焦减害的趋势。通过政策推动和科研项目的推进，中国烟草逐步建立了降焦减害技术体系，取得了重大进展。从1983年到2022年，全国卷烟平均焦油含量从27.3毫克/支降至9.6毫克/支，卷烟危害性评价

回首新中国成立以来烟草行业翻天覆地的发展历程，有一点始终没有改变，那就是坚决捍卫国家利益和消费者利益的原则。

指数从 27.3 降至 8.1，有害成分不断降低。

新中国成立以来，中国烟草一直牢记初心使命。无论是确立"满足消费、增加积累"发展方针，还是提出行业税利总额增长"两个略高于"发展目标；无论是振兴民族工业、巩固提升民族卷烟工业竞争优势，还是落实"工业反哺农业"方针、助力脱贫攻坚；无论是扎实推进控烟履约，还是稳定全产业链上数千万人的就业和生计，中国烟草始终将国家利益和消费者利益放在首位，持续努力为社会做出更大的贡献。

第七章 精彩纷呈的中国烟草

1. 中国主要的烟叶产地

中国是全球最大的烟叶生产国之一，拥有众多的烟叶产区，每个产区都具有独特的气候条件、土壤质量和种植技术。目前，中国有 21 个省及自治区从事烟叶种植与生产，年种植面积超过 100 万公顷，年产量达到 200 多万吨。

烟草是中国重要的经济作物之一，通过烟草区域化生产，可以稳定烟叶种植规模，发挥不同地区烟草生产的优势，实现烟草生产的专业化和区域化。此外，烟叶烟草生态区的划分也有助于提高烟叶的质量。

为了推动烟叶种植的发展，中国进行了多次烟叶产区的区划。首先是在 20 世纪 60 年代，根据地理条件将中国划分为六个烟区；其次是在 80 年代初到中期，根据烤烟的生态适宜性对全国烟草种植适宜类型和区域进行了划分；最后是在 2003 年，由国家烟草专卖局牵头，对全国 21 个烟叶产区进行了新一轮的区划。

目前，中国已经形成了八大烟叶烟草生态区，每个区域都具有独特的气候和土壤条件，种植出来的烟叶也具有不同的特色。同时，烟叶香型也被划分为八种，这一划分突破了传统的浓、中、清三大香型的划分方式。全国烤烟烟叶香型风格的区划对于保障中式卷烟的原料供应具有战略意义，将进一步推动国产烟叶的差异化、特色化和品牌化发展，促进卷烟工业原料的精细化和高效利用水平的提升。

中国是全球最大的烟叶生产国之一，拥有众多的烟叶产区，每个产区都具有独特的气候条件、土壤质量和种植技术。

总的来说，中国的烟草产区广泛分布，烟叶种植规模巨大。通过烟叶烟草生态区的划分，能够充分发挥不同地区的烟草生产优势，实现烟草生产的专业化和区域化。这对于提高烟叶的质量、推动国产烟叶的发展具有重要意义。

全国烤烟烟叶香型风格区划具体如下：

（1）西南高原生态区——清甜香型：突出清甜香味，具有明显的青香特征；生态特点为光照、温度和水源适中，成熟期温度较低；该区域涵盖云南全境、四川大部分地区以及贵州和广西的部分产地，包括玉溪、昆明、大理、曲靖、凉山、楚雄、红河、攀枝花、普洱、文山、临沧、保山、昭通、毕节西部、黔西南西部、六盘水西部、德宏、丽江和百色西部；代表性产地为江川（玉溪）。

四川凉山普格县宽窄（国宝）臻品原料基地

（2）黔桂山地生态区——蜜甜香型：特点是香味带有明显的蜜甜味；生态特点为生长期温度较高，阳光充足，降雨充沛；该区域涵盖贵州和广西大部分地区以及四川的部分地区，包括遵义、贵阳、毕节中部和东部、黔南、黔西南中部和东部、安顺、黔东南、铜仁、泸州、宜宾、六盘水中部和东部、百色中部和东部、河池；代表性产地为播州（遵义）。

（3）武陵秦巴生态区——醇甜香型：特点是香味带有浓郁的醇甜味；生态特点为生长期光照和降雨中等，温度较高；该区域涵盖重庆、湖北全部，陕西大部分地区，以及湖南和甘肃的部分地区，包括重庆、恩施、十堰、宜昌、湘西、张家界、怀化、常德、安康、汉中、商洛（镇安）、襄阳、广元和陇南；代表性产地为巫山（重庆）。

（4）黄淮平原生态区——焦甜焦香型：特点是焦甜香味突出，焦香明显，树脂香味微弱；生态特点为生长期降雨量较低，温度较高；该区域涵盖河南、山西全部地区，以及陕西和甘肃的部分地区，包括许昌、平顶山、漯河、驻马店、南阳、商洛（洛南）、洛阳、三门峡、宝鸡、咸阳、延安、庆阳、临汾、长治和运城；代表性产地为襄城（许昌）。

（5）南岭丘陵生态区——焦甜醇甜香型：突出焦甜香味，醇甜香味明显，带有丰富的甜香风味；生态特点为生长期降雨充沛，成熟期气温较高；该区域涵盖江西、安徽全部地区，广东、湖南大部分地区，以及广西的部分产地，包括郴州、永州、韶关、宣城、赣州、芜湖、长沙、衡阳、邵阳、池州、抚州、益阳、娄底、贺州、株洲、黄山、宜春、吉安和清远，代表性

我嗜酒如命，很少睡觉，酷爱雪茄，这就是我

保持百分之二百的状态且指挥你获胜的原因！

　　　　　　　　——丘吉尔

产地为桂阳（郴州）。

（6）武夷丘陵生态区——清甜蜜甜香型：突出清甜香味，蜜甜香味明显，微带花香，具有丰富的香味；生态特点为生长期阳光充足，降雨充沛，生长前期气温较低；该区域涵盖福建全部地区，以及广东的部分产地，包括三明、龙岩、南平和梅州；代表性产地为宁化（三明）。

（7）沂蒙丘陵生态区——蜜甜焦香型：突出焦香味，蜜甜香味明显，木香较为明显，具有丰富的香味；生态特点为生长期气温较高，旺长期降雨量较低，成熟前期降雨量略高；该区域涵盖山东全部产地，包括潍坊、临沂、日照、淄博、青岛和莱芜；代表性产地为诸城（潍坊）。

（8）东北平原生态区——木香蜜甜香型：突出木香味，蜜甜香味明显；生态特点为生长期昼夜温差较大，阳光充足，成熟期气温较低；该区域涵盖黑龙江、辽宁、吉林、内蒙古和河北全部产地，包括牡丹江、丹东、哈尔滨、绥化、赤峰、延边、朝阳、铁岭、大庆、白城、双鸭山、鸡西、七台河、长春、通化、抚顺、本溪、鞍山、阜新、锦州、张家口、保定和石家庄；代表性产地为宁安（牡丹江）。

2. 中式卷烟的胜利

中式卷烟具备独特的中国传统文化熏陶和情感诉求，在全球卷烟领域中开辟了一个独立的市场，占据着重要的地位。中式卷烟是包括中式烤烟型卷烟和中式混合型卷烟的统称，是多年来适应中国卷烟消费者口味偏好和质量标准的卷烟，具备自主知识产权和核心技术。其中，中式烤烟型卷烟占据主导地位。中式烤烟型卷烟以中国烤烟烟叶为主要原料，其香气风格和吸味特征与英式烤烟型卷烟明显不同，香气风格更加突出，口感更加醇厚，更符合中国消费者的口味偏好和习惯。中式混合型卷烟以国内的烤烟、白肋烟和香料烟等晾晒烟叶作为主要原料，其香气风格和吸味特征与美式和日式等混合型卷烟有所差异，更适应中国消费者的口味需求和习惯。

19世纪末20世纪初，英美等国的卷烟企业进入中国市场。英美烟公司在中国设立工厂，并在河南、山东、安徽等地发展烤烟，从而垄断了中国卷烟的原料、生产和销售。当时中国的卷烟类型主要是英式烤烟型卷烟，该类型卷烟的配方特点是高档卷烟中使用美国烤烟作为主要原料，而中低档卷烟则混合不同比例的河南、山东、安徽等省份的烤烟。

在民族爱国运动的推动下，民族烟草工业基础初步形成。为了研发适合中国人口味的卷烟，留学日本的专家秦辉祖在原有的国烟配方基础上进行改进，创立了第一个民族卷烟品牌——"龙珠"牌香烟。在这一时期，中式卷烟的风格开始初步形成。

中式卷烟具备独特的中国传统文化熏陶和情感诉求，在全球卷烟领域中开辟了一个独立的市场，占据重要的地位。

新中国成立后，英美卷烟公司退出了中国市场，中国开始发展自己的卷烟生产体系，并保持了原有的卷烟风格。由于无法进口烟叶，中国转向使用国产烟叶，并积极开发烟叶产区，以确保卷烟的品质和香味。卷烟配方中的烤烟需要使用自然陈化1年以上的烟叶，然而当时烤烟供应不足且陈烟缺乏，国内原材料无法满足需求，因此采用人工发酵法加快烟叶发酵，以保证卷烟质量。由此，中国的卷烟逐渐形成了自己的品质风格和口味特征，与英式烤烟型卷烟逐步拉开了差距。

改革开放后，中国烟草行业受到国际上有关"吸烟与健康"问题的影响，提出了降焦减害的目标。在烤烟生产过程中，强调烟叶成熟度，使烤烟颜色由柠檬黄变成橘黄，并采用一系列加工技术逐步降低焦油含量。为了解决降焦后香味不足的问题，改进了加香和加料工艺。由于各地卷烟厂使用不同的原料和加工方法，生产出的产品存在一定的风格差异。在卷烟企业和烟农的共同努力下，生产的产品被广大消费者所接受，其香味风格已经完全脱离了英式烤烟型卷烟的范畴。

随着国际交流的加强，国内卷烟生产企业对混合型卷烟也有了更深入的了解。20世纪80年代初，中国提出了发展低焦油混合型卷烟的目标。这个目标有两方面的考虑：首先，从降焦的角度来看，烤烟的焦油含量远高于白肋烟，纯烤烟配方的卷烟要降低焦油较为困难，而且纯烤烟的香味浓度不足以满足降低焦油后的香味水平要求。当时普遍认为将焦油降低到每支烟10毫克以下是非常困难的。其次，混合型卷烟对烟叶原料的要求低，选择范围更广，有利于烟叶供应和成本控制。

然而，经过 20 年的努力，国内低焦油混合型卷烟在市场上的进展有限，市场份额从未超过 10%。造成低焦油混合型卷烟发展困难的原因是多方面的。首先，国产白肋烟的质量不高，制造低焦油混合型卷烟的经验不足，技术水平较低，导致产品的质量不高。其次，消费者多年养成的吸烟习惯不容易改变，难以接受低焦油混合型卷烟。同时，这也证明了中国烟民传统消费习惯的重要性。

进入 21 世纪，中国加入世界贸易组织并签署《烟草控制框架公约》，国际竞争变得日益激烈，烟草科技发展面临新的机遇和挑战。在国际市场上，美式混合型、英式烤烟型、日式混合型等风格的卷烟越来越受欢迎，中国烟草业开始思考如何将中国卷烟打造成一种独特的风格，成为国际市场上的亮点。

2003 年，经过深思熟虑和研究，"中式卷烟"这一概念应运而生、横空出世，并于 2004 年正式确立为中国烟草的发展方向。从那时起，中国烟草业明确了发展定位，坚持自主创新，将"中式卷烟"作为行业科技发展的方向，为中国烟草参与国际竞争开辟了新的道路。随后，中国烟草快速崛起，被国外媒体誉为产业神话。

从 2008 年开始，中国烟草开始加快品牌建设，出现一大批具有独特香味的品牌。例如，以"玉溪"为代表的清香型，以"黄金叶"为代表的浓香型，以"黄山"为代表的焦甜香，以"黄鹤楼"为代表的淡雅香，以"宽窄"为代表的润甜香等等。中式卷烟的香味品类越来越丰富多样，发展进入了新阶段，更加注重口感和体验感，追求烟草产品的全面体验。

中式卷烟的崛起得益于中国烟草人的创新和积极探索，他们不断深入研究市场需求，不断改进产品技术，致力于打造符合消费者口味需求的中式卷烟。这种创新精神和市场导向的发展理念，为中国烟草业赢得了更大的发展空间，提升了中国烟草在全球市场竞争中的地位。

自 2003 年起，中国烟草行业明确中式卷烟的科技发展方向。2004 年，烟草育种、卷烟调香、降焦减害、特色工艺四大战略性课题被提出，进一步推动烟草行业对科技的重视。2006 年《烟草行业中长期科技发展规划纲要（2006—2020 年）》的发布以及 12 个科技重大专项的启动，进一步推动了烟草行业科技的发展。从 2010 年开始，烟草行业将科技创新作为提升卷烟品质的主要动力，并且持续推动行业的创新和发展。特别是党的十八大以来，烟草行业深入实施创新驱动发展战略，全面推进创新型烟草行业的建设。

中式卷烟品牌经历了跨越式的发展，产品创新、品牌创新、品类创新等进一步深入，实现了从产品塑造到品牌塑造、品类塑造的提升；建立了支撑体系和成体系的品类体系，并能够感知市场需求，细支卷烟、中支卷烟、短支卷烟、爆珠卷烟、低焦油卷烟、低有害成分释放量卷烟以及雪茄型卷烟等新品快速发展壮大。中式卷烟在国内市场占据主导地位，在国际市场上的影响力也在进一步增强。

📖 延伸阅读：中式卷烟特色

1. 中式卷烟的危害相对较低，具有低亚硝胺和低自由基的特点，有助于解决吸烟与健康之间的矛盾。

2. 中式卷烟注重强调烤烟的本香，对于烟叶的用料要求也不同。这符合当代消费者崇尚自然的理念，并且原料具有明显的中国特色。

3. 国产烤烟烟叶是构建中式卷烟产品风格特征的基础。烟叶烟气具有明显的风格，让吸烟者很容易分辨出来。

4. 中式卷烟拥有自主核心技术，包括烟叶原料生产和选用、卷烟配方和加工工艺的特色、中草药及其提取液的添加、降焦减害等方面的内容。

中式卷烟代表品牌——中华香烟

3. 中式雪茄的绝地反击

雪茄进入中国以后，长期以来代表着奢侈和高端的形象，特别是在民国时期，被视为权力、财富和品位的象征。许多上流人士和文化界名人钟爱雪茄，并通过雪茄展示个人形象和社会地位。

明朝末期，随着中国与西方国家贸易的增加，雪茄等西方烟草制品开始进入中国市场，尽管价格高昂且数量稀缺，但仍受到部分富裕阶层人士的喜爱。

菲律宾北部的吕宋岛以盛产水稻和雪茄闻名，气候和土壤适宜雪茄烟叶种植。然而，当时菲律宾的雪茄发酵和制作工艺相对落后，自产的雪茄外观呈绿色，与古巴雪茄相比质量差距很大。因此，西班牙人将古巴烟草和雪茄生产工艺引入菲律宾，利用进口烟叶混合制作吕宋烟（即当时的雪茄）。中国大量进口雪茄是在清朝的洋务运动（1861—1895）期间，但进口单据上并未出现"雪茄"一词，而是频繁出现"吕宋烟"。由于古巴等主要雪茄原产国离中国较远，进口雪茄需要经过吕宋中转至中国，因此大家习惯上把雪茄叫作"吕宋烟"。

清朝晚期，随着洋务运动的进行，出使欧美的人开始携带雪茄回国，并模仿洋人吸食雪茄，以显示自己的留洋经历和学识。1896年，李鸿章访问英国时，收到了英国王室为其特别定制的25支装雪茄，茄标上印有他的朝服图像，烟盒上印有一行金字："中英邦交，从此永固。"

1901 年，李伯元在上海创办了《世界繁华报》，并在小说《官场现形记》中提到雪茄："尹子崇一见洋人来了，直急的屁滚尿流，连忙满脸堆着笑，站起身拉手让坐，又叫跟班的开洋酒，开荷兰水，拿点心，拿雪茄烟请他吃。"

民国以来，中国雪茄产业经历了一段充满挑战与机遇的发展历程。民国初年，随着外国人大量涌入，雪茄这一消费习惯也被带了进来，使得广东、上海等沿海开放地区的雪茄消费群体迅速壮大，进而带动了雪茄烟的生产发展。

然而，第一次世界大战后，西方国家忙于战争，雪茄出口锐减，但国内的消费市场仍在持续扩大。为适应这一需求，广东、上海等地的民族资本家纷纷投资建立雪茄烟厂，广东地区如广州及邻近区域的雪茄烟厂多达百余家。但好景不长，由于外国雪茄公司和国产雪茄的竞争以及质量差距较大等原因，雪茄烟厂不断被淘汰或改行，最终仅剩广东汉昌公司一家。20世纪20年代，国民政府开始征收烟税，引发外资雪茄烟厂歇业，这为民族雪茄烟厂带来了新的发展机遇。

益川工业社也就是现今长城雪茄烟厂的前身，开创了国产雪茄工业化的先河。

1918 年，商人王叔言在四川成都创办了一个规模化的雪茄作坊，制作出一种形状类似于青果或栀子花苞的雪茄烟，两头小、中部大。这款雪茄烟在成都市场上销量很好，当时有一种流行的说法："有钱人抽栀子花，无钱人捡烟锅巴。"1923年，王叔言将作坊迁回老家什邡，并正式命名为益川工业社。益川工业社也就是现今长城雪茄烟厂的前身，开创了国产雪茄工业化的先河。

在益川工业社之前，还有其他一些雪茄厂，如四川中江县的烟商吴甲山和游福兴合伙创建的手工雪茄烟作坊，广东商人在上海英租界三马路口组建的永泰栈雪茄烟销售公司，以及广东商人在湖北宜昌开办的茂大卷叶烟制造所等，但它们的市场影响和在历史上的地位均远不及益川工业社。

益川工业社石碑（现存中国烟草博物馆）

新中国成立后，由于市场环境、政策调控和消费需求等多元因素的影响，中国的雪茄产业在曲折中逐渐成长。尽管在此期间成立了官方的雪茄132小组，但中国并未完全建立成熟的雪茄产业和文化。国内雪茄市场长时间由国外品牌垄断，国产雪茄仅为市场辅助角色。

近年来，随着国内消费群体的壮大和市场需求的激增，中国雪茄产业进入了新的发展阶段。相比而言，北美和中南美洲地区的消费者更偏爱浓郁口感的雪茄，欧洲消费者更青睐中等浓郁口感的雪茄，亚洲地区的消费者则喜欢醇和口感的雪茄。受到饮茶、中餐口味多样性和对白酒的喜好等因素的影响，中国雪茄消费者更注重香气的醇香感、味道的醇和感、余味的醇净感以及吸食感受的和谐化。这些因素共同塑造了中国雪茄口味的主要方向和发展趋势。

目前，中国雪茄行业拥有四大雪茄生产基地，包括四川中烟工业有限责任公司的长城雪茄烟厂、湖北中烟工业有限责任公司的三峡卷烟厂、安徽中烟工业有限责任公司的蚌埠卷烟厂雪茄烟生产部和山东中烟工业有限责任公司的雪茄烟制造中心。经过多年的技术创新和研究开发，这四大雪茄生产企业都建立了自己独特的定位和风格鲜明的雪茄品牌。

其中，四川中烟旗下的长城雪茄被视为中式雪茄的典范，以技术创新和中国特色著称，品类丰富，在国际上以中式雪茄的奠基者和引领者形象出现。黄鹤楼雪茄从雪茄口感和风味入手，研制独特配方，打造符合中国人口感和风味偏好的"中国味道"。王冠雪茄则突出中国文化元素，以"东情西韵"的产品研发理念，打造"中式文化雪茄"品牌。泰山雪茄则瞄准年轻消费群体，顺应雪茄烟支轻量化的潮流，定位为"时尚型雪茄"，积极研制开发异形和具有创意的雪茄。

中式雪茄，作为以中国文化、口味为基础，结合国内原料、技术的雪茄类别，为适应国人口味，强调以中国元素作为品牌文化的核心，实现了国产雪茄的特色化发展。中式雪茄概念的核心在于强调中国特色，并以此为突破口，实现国产雪茄的创新性和突破性发展。这不仅是因为中式雪茄已初步发展为与古巴和非古雪茄有所区别的独立品类，更是因为其已具备中国化的雪茄制作工艺和流程。

中式雪茄体系正以中国国情为出发点，融入中国本土技术、工艺与做法，并逐渐发展壮大，展现出巨大潜力。近年来，为满足国内对高档雪茄的需求，中式雪茄开始重视发展高端品类，实行高、中、低档产品并行发展。

长城雪茄作为中式雪茄的领导品牌，致力于生产高端手工雪茄，提升中式雪茄的核心竞争力，努力打造中式雪茄的高端形象，并取得了可喜的成果。自 2020 年起，长城雪茄充分利用国家烟草专卖局启动的国产雪茄烟叶开发与应用重大专项的机遇，从雪茄烟叶原材料出发，通过重大专项的带动作用，整合工商企业和科研单位的优势力量，致力于突破国产雪茄烟叶开发与应用的关键技术难题，提升国产雪茄烟叶原料的保障能力，推动中式雪茄的形象塑造以及国产雪茄烟的发展。长城雪茄牵头组建了烟草行业雪茄烟技术创新中心，以雪茄发酵工艺重点实验室为依托，致力于打造具有"醇甜香"特色的雪茄品类，突破了多项关键核心技术，引领国产雪茄烟叶初步实现了对进口烟叶的有效替代，彰显了国产雪茄原料技术难题得到了有力的突破。

2017 年，长城雪茄的"揽胜 1 号"在国际权威杂志 *Cigar Journal* 的盲评中以 85 分上榜，成为 2017 年度第四期"盲品"栏目的一员。2018 年，长城雪茄的"国礼 1 号"（GL·1

中国雪茄鼎级价值标杆

长城（GL1号），甄选什邡大泉坑主席特供烟田原料与多米尼加14年窖藏烟叶，"益川老坊"古法醇化，7年慢养，"浩月长春"，四大国手亲力卷制，真实再现"1号雪茄"历史原味，斩获中国雪茄国际盲评最高分。

RATED
95
★★★★☆
CIGAR JOURNAL

型号：**Double Corona**
产地：**中国什邡**
制作：**手工**
包装：**木盒，5支/盒**
长度：**194毫米**
环径：**48**
浓度：
单盒价格：**5000元**

中国雪茄鼎级价值标杆——长城国礼1号

号）参加同样的盲评，获得了 95 分的高分，超过了许多顶级国外雪茄品牌，如尼加拉瓜·盒压（Davidoff Nicaragua Box Pressed）得分 93 分，富恩特·唐卡洛斯标力高（A. Fuente Don Carlos Belicoso）得分 92 分。

经过数十年的开拓和努力，中国雪茄产业从无到有、从小到大，已初具规模。到 2022 年，手工雪茄的产销量超过 3300 万支，其中长城手工雪茄的销量已经超过 1500 万支，成为全球销量最大的雪茄品牌之一。雪茄在烟草行业中的地位不断提升，已经从烟草行业的"有益补充"到独立的雪茄版块，并且在原料培育种植、产品研发加工、生产制作、营销和终端消费等各个环节形成了完整的产业链，同时也带动了雪茄辅料和烟具配件等周边产业的兴起。

长城雪茄所获部分国际奖项

延伸阅读："132"的故事

1964年，毛主席患重感冒，抽烟时咳嗽得很厉害。贺龙看到后便向主席推荐长城雪茄，称抽这种烟咳嗽会明显减轻。主席尝试后果然既过瘾又不咳嗽，于是喜欢上了这种来自什邡的雪茄。四川省轻工厅也正式委托什邡雪茄烟厂为中央领导卷制特供烟。

为了完成任务，工厂成立了卷制小组，共研制出35个配方，其中的1、2、13、33号成为选定产品。毛主席选定的是2号烟，属于味道比较淡、有食指那么粗的中号雪茄。这种雪茄两头一样粗，任意一头都适合吸或点火。

1971年以前，毛主席抽的雪茄都是由成都军区和机要文件一起转送北京。"九一三"事件后，为确保毛主席的安全，中央警卫局派孟进鸿同志亲自去四川什邡了解、监督手工卷制雪茄的全过程。10月底，北京卷烟厂的孙忠兴（军代表）也带了两名工人赴四川什邡，准备在短期内学习特供烟的卷制技术。但是这个计划最终失败，于是决定由什邡派遣范国荣、黄炳福、姜跃秀赴京完成卷制任务。第二年，黄炳福回川，刘宗贵师傅接替了他。

1971年11月初，北京市委领导为生产组选址，从安全、保密、方便的角度出发，选在中南海对面的南长街80号。整个院落按照四川什邡雪茄烟卷制厂房的设计要求施工。考虑到过去供应给部分领导同志的是13号烟，而为毛主席特供的是2号烟的历史，这个卷制组被命名为"132小组"。从此，他们的命运与这一重大的政治任务紧密相连。11月底，132小组正式投入生产工作。卷制雪茄烟所使用的工具非常简单，只有蒸锅、烘箱、桶、盆、筛子和切刀等。

首先是选叶工序。将所使用的烟叶喷洒上酒和清水，存放到第二天再进行挑选。通常情况下，一捆50斤的烟叶经过精心挑选后，只有大约10斤能够使用。

接下来是蒸叶。将挑选好的烟叶放入四川特曲和桂皮酒中浸泡12个小时，然后放入蒸锅中蒸制。蒸熟后，再用四川毛尖茶浸泡半小时，捞出晾干，待烟叶表面的水分蒸发后，再加入内蒙古的甘草流浸膏、越南的企边桂皮和四川的特曲酒，存放12个小时以上。

卷制工艺也非常特殊。首先，将茄衣烟叶上下对半分开，用刷子蘸水刷平在两块木板上。然后，用预制的茄套包裹住茄芯，用手卷成棒状，放在平铺的茄衣烟叶上。接下来，两人同时反方向卷烟，直到卷制完成。卷好的雪茄会使用中药白芨作为黏合剂，然后用剪刀将两头修整齐，整个卷制工序才算完成。2号雪茄烟两头一样粗；而13号雪茄一头较大，另一头较小。

卷好的雪茄并不能立即进行包装，还需要放入晾烟房阴干。相比现今雪茄的包装，132产品的包装相对简单朴素：内部包覆有一层防潮纸，外面则是一层普通的白纸。规格为10支一包，10包构成一条。小包上有卷制的编号，条包上则有烟号和日期。仅仅一个星期的时间，第一批540支2号特制雪茄烟就成功试制出来，质量完全符合要求。

为了追求原始纯正的品质，132小组在雪茄原材料选择上也下了很大功夫，所选用的是四川新都县 50 亩油沙土地中生长的一级红柳烟。在种植过程中，不使用化肥，保持无污染。这种烟叶的特点是在燃烧后烟灰呈白色，抽吸时喉咙会感到丝丝凉意，而且即使点燃后放置较长时间也不会熄灭。这些精品烟叶每年采摘后，都要喷洒红曲醪糟、蜂蜜、茶水和白酒进行发酵处理，然后打成捆，存放三年后才运往北京备用。

毛主席在临终前的几个月就遵医嘱停止了吸烟，中办和北京市委领导考虑到还有其他领导同志在吸特制雪茄，所以决定保留 132 小组，但供应烟的价格由原来的每条 6 元调整到 9 元。直到 1978 年，手工卷制雪茄烟才停止生产。1984 年 12 月，132 小组撤销。随着时光的流逝，它的传奇才被世人熟知。长城，这个流淌着 132 小组工匠精神的品牌，正代表着中国迈向世界。

长城 132 秘制雪茄

4. 欣欣向荣的烟斗市场

同其他烟草制品一样，烟斗也是在明朝中后期由欧洲传入中国的，刚开始被称为"烟抖"。由于制作精美、外形独特，烟斗成了明末朝廷官员和文人雅士们茶余饭后的消遣玩物。然而，当时的人们并不太喜欢欧洲人使用的烟斗，因为这种烟斗抽起烟草来刺激性较大。于是人们开始改造烟斗，烟管变得更长，以减弱烟草的刺激性，使其更符合中国人的使用习惯。在中国人的改进下，烟斗演变成了烟袋、烟枪等形式。

中国的烟斗最初由竹子制成，人们用竹管装上烟锅和烟嘴，用火点燃装在烟锅中的烟草，然后从另一端将烟气吸入喉中。后来，许多不同材质烟斗的制作方法逐渐发展出来，如陶瓷、玉石、牙齿、骨头、木头等。

明朝的达官显贵通常在文人雅士的聚会、宴席或者私人茶楼等场合中使用烟斗。他们会在烟斗里装上烟草，点燃后慢慢吸烟，一边品味烟草的香气，一边谈古论今。

在明末的北京，最好的烟斗丝是满洲烟和福建烟。苏州的上流仕女们吸烟斗也很凶，后来，由奥斯曼土耳其传来的水烟成了女人优雅和性感的象征。

中国烟斗的大面积普及是从清朝开始的，主要是通过上海、北京等地的外国使馆和商人引入。在英美租界，海关人员使用烟斗吸烟，这些烟斗通常烟嘴较小、斗身较大、管道细小，

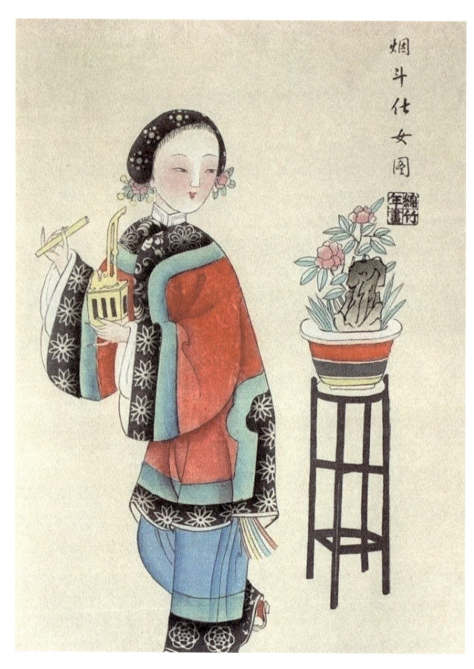

烟斗仕女图

采用坚韧的石楠木制成，在大中城市可以见到，但在乡间则较为罕见。

清代官员纪晓岚也是烟斗的爱好者，他被乾隆皇帝赐予了一枚烟斗，并获得在朝廷吸烟的特权，因此自称"钦赐翰林院吃烟"。

中国烟斗一直延续至今，经历了不同的时期和流派的变迁，在外形、设计和材质上更加多样化和丰富，有些甚至融入了现代科技元素。进入 21 世纪，随着人们对烟斗文化的认可度不断提升，以及受国外烟斗消费文化升温等因素的影响，烟斗市场也有一定的增长趋势。一些烟斗爱好者热衷于收集和使用烟斗，他们对烟斗的质量和工艺有较高的要求。烟斗俱乐部和在线社区也在中国慢慢兴起，为烟斗爱好者提供了交流和分享的平台。

目前，国内烟斗丝消费市场主要分布在北京、上海、广东、深圳、成都、青岛、沈阳、济南、杭州、苏州等大中城市。这些城市有为数不多的烟斗店，店面的烟斗丝产品主要通过海外网络或其他途径购买，存在购买到次货或假冒商品的风险。

2020 年之前，国内没有一家烟草企业生产烟斗丝，官方也没有销售烟斗丝的合法渠道，导致烟斗丝市场完全被国外非官方渠道进口产品和假冒产品所占领。直到 2020 年，国家烟草专卖局批准四川中烟成为中国唯一一家生产烟斗丝的企业，才填补了国内烟斗丝产业的空白。

四川中烟经过十年的研究和技术积累，已掌握了烟斗丝产品研发的核心技术。他们创新开发出了自主核心技术的"长城'道'系列烟斗丝"，填补了国内烟斗丝品类研发、工艺技术和生产加工等方面的空白。

四川中烟在烟斗的历史、原料和技术工艺方面进行了精心塑造，使烟斗丝不仅具有独特的产品形态，还凸显了其高端属

烟草行业第一家烟斗专卖店——长城·斗坊

在表和鞋带之外，没有什么东西比烟斗
更能展现一个人的个性了。

——福尔摩斯

性。作为"C"草的独特代表，四川中烟烟斗丝成为国内唯一能与国际烟斗丝品牌媲美的产品。同时，四川中烟还在成都总部楼下开设了行业首家烟斗形象店——"长城·斗坊"，积极探索符合中国消费需求的烟斗丝产品高质量发展之路。

作为文艺圈层喜爱的情节渲染方式，抽烟斗需要一个具有浓厚文化氛围的消费场景。四川中烟旗下的长城优品俱乐部和生活馆提供了一个理想场所。它们以"发现生活乐趣"为理念，专注于为高端消费人群打造卓越的消费体验。这里不仅有全品类烟草制品，还有烟具、酒类、咖啡、书籍、轻食等多种烟草周边产品。通过丰富多彩的生活元素、优质的产品和贴心的服务，长城优品传达了对优质生活态度和理念的坚持追求，为烟斗客打造了一个可以缓解疲惫、放松身心的新型消费空间。

📖 延伸阅读：烟斗丝的装填方法

烟斗填丝方法对于抽吸的口感和燃烧效果至关重要。在使用烟斗时，需要准备烟斗、烟丝和烟斗工具。为了使烟丝燃烧更顺畅，需要将烟丝松散放置在干净的表面上。常见的几种烟斗丝填装方式如下：

三层法：这种方法要均匀地将烟斗丝填放三层，并且每层都要比上一层压得更紧。首先，轻轻地将烟斗丝揉洒进烟斗的碗口，填满为止，填充应松散，以保持空气流通。然后使用手指，以温柔的力度将烟斗丝压至半个碗。接着，再次揉洒烟斗丝，填至碗口的 2/3 到 3/4 位置，然后用手指适当加大压力，使烟斗丝稍微紧密一些，确保填充均匀，不会堵塞空气通道。最后一层，揉洒剩余的烟斗丝，将烟斗丝填充至烟斗碗的顶部，加大力度使烟斗丝更加紧密，确保烟斗丝表面略低于烟斗碗边缘，以防火苗烧到烟斗碗。最后，用指头测试填装好的烟草是否有适当的弹性。如果按下后没有反弹，说明填得太紧；如果一按就塌了，说明太松。在点火前，试抽几口，看是否感觉顺畅但有一点阻力。如果感觉不对，就只能倒空重新填装。

香槟塞法：这是德国人发明的一种填装方式，主要依赖手的力量进行填充，通常适用于口径比较大的烟斗。首先抓取适量的烟斗丝，用双手的拇指将烟斗丝轻轻放入烟斗。当差不多填满时，两手的拇指开始慢慢向内聚拢，并从不同的角度不断按压烟斗丝，这样可以增加大拇指对烟斗丝的力度感知。多次使用后，你就能熟练掌握压烟斗丝的力度。

切片填装方式：大多数人会先把切片烟斗丝弄碎后再填装。然而，一些老手坚决反对这种做法，他们认为揉碎烟草的过程会削弱烟草的自然香味。因此，他们选择直接填装的方式。每次选取一片切片，在手里反复折叠几次，最后用手指压紧，成一个小球状，直接放入烟斗的碗口，用大拇指压实。这种填装方式需要一定技巧，如果填装不好，有时会出现熄火的情况。如果你真的掌握了这种填装方式，抽起来的感觉将非常美妙。

四川中烟研发的三星堆·星月辉映烟斗

5. 异彩纷呈的鼻烟市场

据史书记载，鼻烟最早是从西方传入中国，尔后逐渐在中国流行起来的。在传入初期，鼻烟常常被用于治疗疾病。古代医书中记载了许多使用鼻烟治疗疾病的方法和配方，比如用草药熬制的鼻烟可以用来治疗头痛、眩晕等症状。

随着时间的推移，使用鼻烟在中国逐渐演变成了一种社交礼仪和文化习俗。人们在社交场合中互相赠送和分享鼻烟。宫廷贵族和文人雅士们不仅追求鼻烟的品质和味道，更加注重鼻烟壶的制作工艺和设计，追求其艺术性和独特性。鼻烟壶上的图案可以是动植物、人物故事、诗词等，具有各种寓意和象征意义。

明末清初，鼻烟成了达官显贵和文人雅士们的必备之物。他们使用的鼻烟壶做工精美，通常由贵重的材料如玉石、珐琅、金银制成。

据史料记载，最早的鼻烟是由意大利传教士利玛窦在1581 年敬献给明朝万历皇帝的。万历皇帝闻到的鼻烟散发着龙涎香的特殊香味。在明清皇室的推崇下，官员们纷纷效仿，使得鼻烟在社会各阶层迅速流行开来。在清代，一首诗歌展示了鼻烟在上流社会的普及情况："碾成琵琶金屑飞，嗅处微微香雾起。海客售来价百缗，大官朝罢当一匕。"

P.MATTHEVS RICCIVS MACERATENSIS, QVI PRIMVS F. SOCIETAE
IESV EVANGELIVM IN SINAS INVEXIT OBII... V I... .LVTIS
1610 ÆTATIS. 60.

利玛窦像

　　鼻烟通常是由经过晾晒、香气浓郁且富含油脂的烟叶制成的。制作过程包括去除烟叶上的杂质，在研磨器中磨成细粉，筛出细小的颗粒，与珍贵药材混合，最后封存在陶缸中，在地下陈化一年以上。还可以在其中加入玫瑰花或茉莉花以增加香气。在使用时，取适量的鼻烟，轻轻吸入鼻腔。

据说，顺治皇帝在偶然尝试鼻烟后，对其产生了浓厚的兴趣，认为它比其他烟草更为优质。之后的康熙、雍正、乾隆等皇帝不仅自己使用鼻烟，还将其作为福利赐给手下和大臣，使得鼻烟迅速传播开来。最初，由于需要进口，鼻烟价格昂贵，只有上层阶级才能享用。当时宫廷内有一种说法："黄金易得，高尚鼻烟难求。"

明清时期的鼻烟壶有着丰富多样的材质和制作工艺。随着时间的推移，材质更加多样化。清宫造办处制作的鼻烟壶最为精美，采用了金、银、铜、竹、木、牙齿、角、珊瑚、玛瑙、琥珀、玉石、水晶和陶瓷等多种材料。

宫廷御制的鼻烟壶具有明显的时代特征，如顺治时期的铜雕云龙鼻烟壶和康熙时期的铜胎珐琅鼻烟壶等。清朝皇帝和贵族对鼻烟壶的偏爱，使得鼻烟壶成了社会上一种时尚且具有收藏价值的物品。从全国范围来看，不同地区的鼻烟壶制作也有所特色，如内蒙古和西藏以金属鼻烟壶为主，辽宁以玛瑙和玉石鼻烟壶为主。中国的鼻烟壶制作艺术集合了多种传统工艺，如青花、五彩、雕瓷、套料、巧作和内画等，展现出了浓厚的文化底蕴和精湛的工艺水平。

明清时期，国内鼻烟市场主要依赖进口。虽然有一些人尝试着模仿欧洲鼻烟的制作方法，但技术上的局限使他们无法复制出完全相同的产品。因此，他们开始尝试添加中药成分或使用本土花卉来制作具有中国特色的鼻烟。这些自制鼻烟的品质和口味各有不同，但都融入了中国传统文化的独特精彩之处。

中国本土鼻烟的制作始于康熙年间，最初由宫廷制造。最早的国产鼻烟是宫廷制造的"御制露"，这是一种茉莉花香味的鼻烟。到了乾隆年间，广东民间出现了一些鼻烟作坊。道光年间，上海、山东、北京等地涌现出大量前店后厂的鼻烟铺，著名品牌包括上海的"北永泰"、北京的"汪正大""谊兰和"以及山东的"公理和"等。到了 1929 年，仅北京一地鼻烟的产量就达到了 2150 斤。然而，1937 年日寇侵占北京后，鼻烟的生产量急剧减少。新中国成立后，北京烟丝厂、北京谦益和鼻烟加工厂、上海鼻烟店（前身为"北永泰"）以及四川西昌鼻烟厂等继续生产鼻烟。然而，2000 年西昌鼻烟厂转产，开始做烟叶复烤，标志着中国官方彻底放弃了鼻烟的生产。

鼻烟的制作并没有什么特定的秘方，而是依靠丰富的经验。鼻烟的原材料主要是晒烟或雪茄烟的烟叶。首先将它们细细地研磨成粉末状。接下来，将新鲜的茉莉花加入制作容器中，与烟叶一同发酵。一般来说，一个容器的鼻烟需要经历七到八次的发酵才能算作基本成功。随后，这些鼻烟将会被密封保存，至少四年之后才能够出售。在销售之前，还需要使用新鲜的茉莉花进行提味的处理。

鼻烟流行开来以后，最大的消费者来自西藏、新疆、内蒙古等地的牧民，因为鼻烟不需要用火，更加方便其在马背上使用。19 世纪末期，随着香烟的传入和逐渐兴起，由于香烟吸食更加便捷，鼻烟渐渐失去了市场。尽管如此，鼻烟壶作为一种具有历史价值和文化价值的物品得以保留下来，并成了中国非物质文化遗产的一部分。

近年来，由于人们对多样化和个性化消费的追求，鼻烟在中国有一些小规模的复兴。它以独特的美学和药用功能再次被人们重视，成为一种具有特殊魅力的享受。

6. 多姿多彩的旱烟、水烟和莫合烟

旱　烟

一般认为，中国的旱烟起源于清朝时期的福建省。早在清朝中期，福建的烟农就开始将种植的烟草进行加工和熟化，制成旱烟。最初，旱烟是作为一种药材和香料来使用的，它有助于缓解喉咙疼痛和改善呼吸道疾病。在清朝晚期，旱烟逐渐被大众接受并变成了广为流行的一种烟草制品。

吸旱烟是我国流传最广、最简单的一种烟草吸食方法。相对于传统的烟斗，旱烟使用起来更加方便和快捷，抽吸的时候将烟丝直接装在烟锅里，烟锅通过烟杆与烟嘴连接，一头点燃烟丝，一头用嘴吸食。

旱烟的制作工艺相比传统的烟斗丝和鼻烟更加简单。首先，把经过挑选和加工的烟叶切成细小的片状。接着，加入适量的赤砂糖和香料等调料进行混合。最后，将混合好的烟草细片进行熟化、发酵和蒸汽处理，使其拥有更好的口感和香气。

旱烟具有独特的香甜和清凉的口味，受到了广大烟民的喜爱。特别是在中国南方地区，如福建、广东等，旱烟的消费量和销售量一直居高不下。

一般人吸食的旱烟通常是用农家自产的烟叶制成的。在烟叶种植过程中，农民会施用一些有机肥料，如牛粪、驴粪等。

吸旱烟是我国流传最广、最简单的一种烟草吸食方法。

烟叶生长成熟后，会被采摘下来，并绑成捆进行晾晒处理，使烟叶逐渐变软、呈现黄色。随后，烟叶会被打成捆并进行简单的发酵，通常需要两到三天的时间。此后，烟叶会经历多次晾晒、打捆和发酵的过程，直到完全晾干并呈现出黄褐色。在堆放和保存过程中，烟叶还会继续发酵，时间越久，烟叶品质越好，香味越浓郁。

在吸食旱烟时，人们不仅关注烟叶的质量，还注重烟的软硬度。软硬度不仅取决于烟叶的柔软程度，还取决于烟叶的口感和刺激性。吸食一口，人们能立刻感受到烟的软硬度，硬烟可能会让人感到不舒服，而软烟则没有这种感觉，过软的烟可能带有些草腥味。

吸烟者非常注重烟叶和烟丝的选择。最初，人们将晾干的烟叶直接加工成烟丝，然后吸食。随着消费需求的变化，人们开始对成熟的烟叶进行再加工。在我国各个地区，烟草种植十分普遍，因此旱烟资源非常丰富。各地既拥有具有不同特色的名贵烟叶，也提供各种独特的旱烟产品供应。

北方人非常喜爱关东烟，北京的民间有"老爷子烟儿，关东杆儿"的说法。根据考证，关东烟已经有三百多年的历史。吉林省蛟河镇是关东烟的主要产区，因为品质好和种植历史悠久，早在清朝咸丰年间就闻名遐迩。

河南是我国主要的烟叶产区之一，以"小烟"品种最为知名，有一百多年的历史。河南的小烟别称为"一口香""一口吹"或"毛烟"，主要流行于河南西北和山西东南地区。小烟的原料是当地种植的烟叶，主要分为家庭自制和作坊式加工两种方式。家庭自制的方法是将烟叶晾晒至半干状态，铺叠数层，用一种特制的夹板夹紧，再刨成烟丝，并加入香料、糖和仁丹等配料，经过搅拌和烘烤后，供家庭自用或者包装出售。

在江南地区，旱烟制作也相当普遍。早在清朝，江苏的泰州和黄桥等地就有手工制作旱烟丝的历史。黄桥烟丝厂前身是始建于1843年的老包成烟庄，光绪年间达到鼎盛，拥有超过200人的作业规模。该厂生产的烟丝在颜色、香气和力度上都有着独特的特点，色泽光亮、纤细而有条，香味雅静，烟力强劲，质量也远超同行业产品。泰州烟丝厂是新中国成立后由多家土烟店和手工作坊合并而成的专门生产烟丝的厂家，生产的"鹿牌"烟丝享有很高的声誉。在制作工艺上，通过混合配制红烟叶和黄烟叶，使得烟丝呈现出金黄的颜色和纯正的香气。这种烟丝深受吸烟者的喜爱。

抽旱烟的老人

水　烟

水烟是一种将烟气通过水进行过滤后再吸入口中的吸烟工具，在中国也被称为水烟袋、水烟杯、水烟筒等等。抽水烟这种吸烟方式是16世纪末、17世纪初由中东和印度传入中国的。水烟由一个水烟袋和一个烟斗组成，使用时点燃烟斗中的烟草，烟气经过水烟袋中的水后流入烟嘴，经口腔吸入。

点燃水烟的烟草是个相对麻烦的过程，首先用粗纸卷成一个捻子，然后点燃捻子，用捻子引燃烟丝。烟丝点燃后，要将捻子的火熄灭，但不能全灭，保留火种以便下次点燃。这是一项需要技巧和小窍门的细致工作。因此，在清朝，通常会有专门的仆人为主人点烟，比如慈禧太后就有一个灵巧的宫女专门为她服务。

水烟在传入初期主要被皇室和朝廷官僚使用，乾隆皇帝也非常喜欢水烟，每天都要享用。随着时间的推移，抽水烟在中国逐渐成为一种社交活动和休闲方式。人们聚在一起，吸水烟、品茶、交流思想、娱乐。水烟也成为一种社交礼仪和友谊的象征。

明末清初诗人尤侗有六首诗，形象地描绘了当时人"吃烟"的场景："起卷珠帘怯晓寒，侍儿吹火镜台前。朝云暮雨寻常事，又化巫山一段烟。""乌丝一缕赛香荃，细口樱桃红欲然。生小妆楼谁教得，前身合是步非烟。""剪结同心花可怜，玉唇含吐亦嫣然。分明楼上吹箫女，彩凤声中引紫烟。""天生小草醉婵娟，低晕春山髻半偏。还倩檀郎轻约住，只愁紫玉不如烟。""斗帐熏篝薄雪天，泥郎同醉伴郎眠。殷勤寄信天台女，莫种桃花只种烟。""彤管题残银管燃，香奁破尽薛涛笺。更教婢学夫人惯，服侍云翘有袅烟。"

水烟传入中国后逐渐演变出兰州水烟、陕西水烟等品种。在清朝中后期，水烟成了仅次于旱烟的一种主要吸烟方式，水烟壶的使用越来越普及，在南方地区广为流行，如福建、广东、广西、云南、四川、贵州、湖南、湖北、安徽等地。

相较于旱烟，水烟具的结构更为复杂，增加了一个过滤装置——水烟壶，可以减小烟气对口腔和喉部的刺激。水烟壶的材质多样，以黄铜为主，也有紫铜、竹木、银、铝、瓷等。它们的形状各异，有扁形、菱形、圆形、六角形、喇叭形等。烟壶上的纹饰通常以松鹤延年、竹报平安、鲤鱼跳龙门、山水人物等图案为主，画面题材丰富多样。烟壶的工艺装饰非常精美，常采用景泰蓝、镂空和阴刻等技艺。

水烟壶不仅具有实用价值，更是一种展示身份地位和艺术品位的象征。一个精美的水烟壶可以汇集多种工艺，如刻铜、书法、绘画、镶嵌和烧珐琅彩等，寄托了高雅的审美情趣。它不仅记录着各地区和民族的生活习俗、市井风情、民间传说和雕刻风格，也是珍贵的文化遗产。

在民国中后期，由于卷烟的兴起，水烟壶逐渐失去了市场。随着时间的推移，水烟壶的制作逐渐停止，进入了收藏界的视野。如今，它又成了怀旧和溯古的时尚装饰品，受到人们的欢迎。根据材质和工艺的不同，造型奇特且材质独特的水烟壶具有很高的收藏价值。2010年，一件银质鱼化龙水烟壶在香港佳士得的拍卖会上以246万元的价格成交，创下了当时水烟壶拍卖的最高纪录。

中国传统水烟壶

莫合烟

莫合烟，又称莫合香，是一种传统的新疆特色烟草。它以浓郁的香气和独特的口感闻名，起源于维吾尔族先民种植的黄花烟草。莫合烟由黄花烟草的茎和叶碾碎后掺和晾晒而成，外观呈颗粒状，较为粗糙。

莫合烟在新疆地区曾深受各族民众喜爱，黄花烟草种植范围遍布天山南北，尤以伊犁地区的品质最佳。20世纪30年代，苏联华侨将莫合烟的种子和生产技术带回了中国，并在绥定、伊宁等地开始种植和加工生产莫合烟。制作莫合烟时，要将烟草收获晾干，叶、茎、秆分开加工。在炒烟时，锅里放少许清油，使炒出的烟呈金黄色，具有特殊的香味。有时制作过程中还会添加一些仁丹末，使烟味更加幽香清凉。烟叶需要晾干后再进行炒制。售烟店主通常根据顾客的烟瘾大小，调配烟茎、烟叶和烟秆的比例，烟瘾大的顾客会放更多的烟茎，烟瘾小的则会放一些。

和平解放以后，新疆出现了许多加工莫合烟的工厂和作坊，公私合营后还成立了很多莫合烟厂，甚至有自己的品牌，如火焰山、塔城、飞腾、振兴等，烟标上不仅印有商标，还印有简单的放牧图案，画面生动自然。

莫合烟还常常被用作礼品赠送或在重要场合供应。它独特的产地和制作工艺使其成为新疆地区文化的一部分，代表着当地独有的烟草文化。

饭后一支烟，赛过活神仙。

——林语堂

然而，由于烟草本身就是一种特殊的专卖品，再加上莫合烟在安全性方面未达到相应标准，与其他烟草制品相比对人体的危害更大，因此，自 2004 年 9 月 1 日起，新疆禁止跨地区运输莫合烟，并于 2004 年底彻底关闭了所有莫合烟厂。自 2005 年 7 月 1 日起，莫合烟全面退出了新疆烟草零售市场。

20 世纪 80 年代的新疆莫合烟

7. 方兴未艾的电子烟

电子烟是一种以电子加热技术为基础，加热液体烟草提取物产生烟雾，然后吸入口中的一种吸烟工具。相较于传统香烟，电子烟不燃烧烟草，不产生焦油、一氧化碳等有害物质，被认为是一种更为健康的吸烟方式。

首先，电子烟不会产生烟雾和烟灰，避免了传统香烟带来的二手烟危害。这对于那些身边有儿童、孕妇或对烟雾敏感的人来说，无疑是一个巨大的好处。其次，电子烟可以根据个人口味选择不同的香味，如水果、糖果等，使吸烟过程更加愉悦。此外，电子烟的尼古丁含量也可以根据个人需求进行调节，帮助吸烟者逐渐戒除对尼古丁的依赖，实现减少吸烟的目标。这些优点使得电子烟在吸烟者中越来越受欢迎。

随着健康意识的增强和传统烟草行业的限制，电子烟作为一种替代品迅速崛起。在中国，电子烟市场的兴起主要得益于年轻一代对新型消费品的接受度和追求个性化体验的需求。中国的电子烟消费人群以年轻人为主导，他们更加注重个性化和时尚的产品设计。此外，电子烟还吸引了一部分传统烟民，他们希望通过电子烟减少对传统烟草的依赖。

电子烟起源于 2004 年，由中国药剂师韩力发明。最初，韩力创造电子烟的初衷是帮助他的父亲戒烟。随后，他创建了电子烟品牌"如烟"，在市场上取得了巨大的成功。2009 年，电子烟在西方国家兴起，中国成了大量电子烟代工工厂订单的

电子烟市场的兴起主要得益于年轻一代对新型消费品的接受度和追求个性化体验的需求。

接收地。

在过去的十多年里，中国的电子烟市场稳步扩张。自2018年起，国内电子烟市场步入高速增长阶段，众多公司开始打造自己的电子烟品牌。2019年11月1日，国家烟草专卖局和国家市场监督管理总局发布《关于进一步保护未成年人免受电子烟侵害的通告》，明确禁止线上销售电子烟，厂商只能在实体店出售产品。

当前，中国的电子烟市场主要为电子雾化烟，而加热不燃烧烟草产品（HNB）的渗透率几乎为零。电子雾化烟采用电子加热烟草提取物产生烟雾，吸烟过程中不燃烧烟草，不产生焦油、一氧化碳等有害物质；HNB电子烟则是用低温加热烟草，不燃烧烟草但仍含有烟草制品，受《烟草专卖法》管制。目前，HNB电子烟属于卷烟产品管理的范畴。随着电子烟的普及，行业内出现了一系列问题，如缺乏政策监管、宣传虚假夸大、用户群体年轻化趋势、添加不安全成分等。

2021年修订的《中华人民共和国烟草专卖法实施条例》规定"电子烟等新型烟草制品参照本条例卷烟有关规定执行"，电子烟正式被纳入烟草体系监管。中国电子烟监管体系在许可证管理、产品技术审评、交易管理的细则发布后逐渐完善，国内电子烟行业正在进入强监管时代。

第八章 中国烟草税收和专卖政策

1. 明清时期开始出现的烟草税

明朝末期，烟草开始作为商品进入大众市场，并逐渐流行起来。起初，明朝政府对烟草的种植和消费并未设过多的限制，但随着时间的推移，政府意识到烟草对农业生产和人体健康的危害，从而加强了对烟草的管控。政府开始对烟草征税，以增加财政收入。

明朝时北方人管吸烟叫"吃烟"，而"烟"与北京的别称"燕"同音，"吃烟"就像是要吃掉北京。崇祯皇帝上台后，立即颁布了禁止烟草种植和私自买卖的禁令，违反者将被斩首示众。然而，严厉的规定并没能阻止人们对吸烟的喜爱，反而使烟草价格飙升。山海关外的满人甚至愿意用一匹马换一斤烟草。另一方面，禁烟反而使烟草更受欢迎，很多人想尝尝被皇帝禁止的东西的味道，因此烟草的销路更好了。

到了崇祯末年，蓟辽总督洪承畴率领士兵与满人军队作战，由于天气过于寒冷，尽管朝廷有禁止吸烟的命令，仍有许多士兵吸烟御寒。于是，洪承畴向崇祯皇帝提出了"弛禁"的请求，以满足军队的需要，同时又保持禁烟的政策。崇祯皇帝同意了洪承畴的建议，但附加了"寓禁于征"的条件。《明实录》中记载："崇祯十四年（1641）十月，弛禁兴贩烟酒，听从民便，须加等纳税，不遵者，仍依律治罪。"

清朝初期，政府开始在一些边疆关市征收烟草税。例如陕西的黄甫川（位于今天的府谷县东北部）。1653年，黄甫川边市同时征收烟草和茶叶税。到了 1659 年，该市的烟草贸易达到了 424 驮，税收额达到 2289 两银子。商人原本希望利用烟草的利润来支付茶叶的税款，但烟草的税收非常高，导致商人不再经营烟茶业务。随后许多商人开始卖牛马，然后卖田产，最终不得不卖儿卖女来偿还欠税。

1660 年，延绥巡抚张仲第意识到黄甫川的烟税收入枯竭，向朝廷上书，请求将每斤烟的税收减至一分银子。但清廷以"国课事大，难以轻议"为由驳回了请求。随后，延绥巡抚林天擎和陕西巡抚贾汉复相继上书请求减税，但都未能成功。1664 年 6 月，陕西总督白如梅上书请求废除烟税，6 月 14 日得到批准，诏令下达，全国上下欢呼雷动。

康熙时期，征收烟草税的情况在东北的《盛京通志》、浙江的《金华府志》、江西的《黎川县志》等地方志中都有记载。其中浙江的《金华府志》记载，康熙十九年（1680）开始，烟草每斤征收二厘的银子。当时金华府下的八个县总共征收了 20 两 9 钱 3 分 2 厘银子。《盛京通志》记录："康熙十九年（1680），奉户部文征收烟税每斤二厘，二十二年（1683）十一月停止。"可以看出，康熙年间征收烟草税已成为普遍的做法。由于烟草的盛行和税务的负担，一些地方开始出现商人负债的情况。清代政府对烟税征收进行了调整，以满足地方需求并保持财政收入。

此后，烟草税被列为杂税之一进行征收，各省份的税率各不相同，税赋较低。然而，人们普遍反对缴纳这项税款。根据《大清会典则例》的记载，乾隆五年（1740）题准安徽等十三府州属杂税项下花布、烟、油等项银，或杂派于铺家烟户，实为扰累，悉于豁免。乾隆四十四年（1779），吉林将军福康安在省内推行烟酒税，税率每斤黄烟二钱四分。然而，这项税收并未在全国范围内推广实施。光绪年间，吉林省设立烟酒木税。

清代公堂上的水烟壶和烟斗

2. 民国时期的烟草公卖

烟草公卖制度是指政府通过拍卖或定价的方式，将烟草产品交由经销商进行销售。政府在公卖过程中设定一系列规章制度，以保证公平竞争和市场秩序。同时，政府还会对烟草生产进行监管，确保产品质量和税收的合规性。

民国初期，中国社会动荡不安，政局不稳定，经济发展也面临着许多困难。为了解决财政赤字和经济发展等问题，政府在对烟草征收重税的同时，效仿日本和西方各国，积极酝酿烟草专卖制度。

熊希龄在 1907 年前后呼吁清政府实行烟草专卖制度，以增加国家收入。他认为烟草属于奢侈品，加征烟税对大多数人没有影响。然而，由于清政府处于困境之中，这一建议没有得到足够的重视。1912 中华民国成立后，熊希龄担任内阁财政总长。1913 年 7 月，他与梁启超、张謇等人一起组阁，担任国务总理兼财政总长。当时社会上呼吁烟草专卖的声音很多。钱宝钧、陈其昌等议员向政府提出纸烟专卖的议案。刘树森向熊希龄建议与英美烟公司合作，将各种纸烟统一收买、政府独占，并设立卷烟厂。熊希龄同意了这些建议，并派员赴上海进行协商。

为实行烟草专卖制度，熊希龄派员赴日本考察，并决定在实行之前开征烟酒牌照税。1914 年 2 月，熊希龄向袁世凯说明实行烟草专卖制度的必要性，并建议成立烟草专卖筹备处，得到了袁世凯的赞同。不久后，北洋政府公布了《贩卖烟酒特许牌照税条例》，规定营业者须赴官署领取牌照，烟酒批发商店一年纳税 40 元，专业零售店 16 元，兼营零售店 8 元，摊贩 4 元。

1915 年，政府公布《全国烟酒公卖暂行简章》，特设"全国烟酒公卖总局"，规定烟酒公卖办法，并实行官督商销。这就是中国烟草专卖制度的雏形。其基本内容主要为以下几点：

第一，全国按区域设立公卖局和分局，招商组织公卖分栈和支栈（"栈"为批发零售点），以 1000 元以上 5 万元以下为定额收取押款，以此作为公卖局的经费，并发给经营执照。

第二，公卖局每月核定价格，通知各分栈执行。如私自增减公卖价格，处以罚款，并查禁私烟。

第三，原有的各项税、厘、捐等由公卖局代收分拨。

第四，在核定成本、利润的基础上加收 10%—15% 的"公卖费"定为公卖价格，公卖费直接缴存省支金库。

第五，凡国产烟草和烟制品均由公卖分栈经营，从公卖费中提取 5% 作为应得之利润。

公卖制度与专卖制度有着本质上的区别。专卖指的是政府独占销售权，而公卖制度则是由百姓自由掌握烟酒等商品的产销权，政府则按照制定的价格收取公卖费用。政府实行公卖制度的初衷是通过整顿现行的烟酒税收以增加税收收入。

公卖制度从 1916 年开始在中国大部分地区推行，并取得了显著的成果。然而，当时公卖制度的范围仅限于国产烟酒，由于各种条约的限制，无法对进口的烟酒征税。因此，1916 年 9 月，中国烟酒联合会代表向政府递交请愿书，指出烟酒税收项目众多，不利于行业振兴，而且仅对国产烟酒征税而不适用于进口烟酒的做法是不公平的。在这一呼声影响下，各地商人纷纷向政府提出不同意见。

最初的烟酒税仅适用于国产烟叶和烟丝等产品。1921 年，北京政府与英美烟公司签署了一份声明，公布了《征收纸烟捐章程》，开始征收卷烟税。出厂捐税率为每 5 万支 2 元，内地统一捐税率为 2.5%。随后，北京政府还起草了《征收雪茄烟捐章程》，开始征收雪茄烟捐税。这样，国产和进口的卷烟、雪茄烟都纳入了烟酒税的征收范围。

1922 年 3 月，浙江省推出了卷烟特税，征税率为 20%。随后，江苏、安徽、山东、河南、江西、湖北、湖南、四川等省纷纷效仿。为了减轻各省卷烟特税给民众带来的沉重负担，1925 年，北京政府烟酒税务署与英美烟公司续签了一份声明，认纳各省保护捐 5%，试图以此作为取消各省卷烟特税的交换条件，但遭到了各省的反对和抵制。

由于政府在制度推行初期并没有完善的管理机构和监督机制，烟草公卖制度在实施过程中遇到了许多困难和挑战。一些官员利用烟草专卖制度为个人谋利，导致征收税款不公平、不透明，损害了公众利益。一些私人烟酒商贩通过非法渠道购买和销售烟草产品，对正规的烟草公卖商店造成了严重的竞争压力。此外，烟草公卖制度对于各地区的经济发展也带来了一定的负面影响。由于烟草专卖制度限制了私人商贩的经营自由，一些地方的小商贩和个体户面临着生计困难，成为社会不稳定因素。

针对上述问题，政府在民国时期不断进行制度的改革和完善。例如，加强对烟草专卖机构和人员的管理，建立更加严格的审计和监察制度，以减少腐败现象的发生；加大对私人商贩的打击力度，加强对非法烟草渠道的打击，维护公平竞争的市场环境；同时，也采取了一些政策措施，鼓励和支持私人商贩、个体户转型升级，帮助他们适应烟草公卖制度的变革。

公卖制度自1915年开始运行，一直持续到1927年结束。在此期间，各省份实施该制度时由于缺乏政府监督，与征收制度无异。尽管烟草公卖制度的初衷是好的，但在实施过程中名存实亡，逐渐失去意义。

回头式旱烟斗

1902 年，浦东英美烟厂在浦东陆家嘴建立，拥有 8000 多名工人，成为当时中国最大的烟草厂之一。此后，该烟厂成为中国共产党领导的第一次罢工斗争的发生地。

第一次罢工发生在 1921 年 7 月 20 日至 8 月 10 日，直接起因是老厂机车间的工人无法忍受外籍监工和买办的虐待，要求更换监工、改善待遇和增加工资。7 月 20 日，老厂机车间的几十名工人率先开始罢工，并派代表前往新厂机车间请求支援。新厂机车间的 200 多名工人于 7 月 22 日也开始罢工。然而，厂方不仅没有满足工人的要求，还与警察合谋将老厂代表监禁，进一步激起了 8000 多名工人的愤怒。当时正值中国共产党第一次全国代表大会在上海召开，李启汉被派往英美烟厂领导罢工。

7 月 27 日，两厂的工人们召开全体会议，提出了八项要求：普遍增加工资，按期加薪，撤换虐待工人的监工，罢工期间工资照发，禁止虐待工人，周六半天和周日应发全日工资，节假日应发工资，禁止开除工人代表。然而，厂方拒绝了工人的要求。

8 月 5 日，两厂的工人举行游行示威，游行队伍抵达警察厅后，工人代表提交了请愿书，要求保障生计并立即释放被捕的同事。罢工工人还向各大报社、工会和团体发电报，揭露英美烟厂克扣工资和虐待工人的情况，希望舆论公正。

从 8 月 7 日开始，工人代表与厂方进行了多次谈判，最终达成协议：赔偿罢工期间工人损失 1800 元，普遍增加工资，每人至少增加 5 分钱，不开除工人代表，撤换外籍监工和买办，周日发放全天工资，禁止虐待工人等。作为信守承诺的表示，厂方代表签署了协议。

8 月 10 日，工人们重新开始工作。这次罢工持续了 20 多天，最终取得了胜利。这是中国共产党成立后领导的首次罢工斗争。罢工胜利的第二天，中国劳动组合书记部在上海北成都路 19 号（今成都北路 893 弄 1–11 号）正式宣告成立。工人们通过斗争认识到组织工人团体的必要性，成立了上海烟草工人会，刘凤臣、张子根分别担任正副会长。

同年 8 月 24 日至 27 日发生了第二次罢工。这次罢工的起因是新厂机车间的工人与监工发生冲突，而厂方无理地将工人开除。在工人会的领导下，全厂万名工人再次举行罢工。相比前一次，这次罢工组织纪律更为严格，罢工仅仅 3 天，就迫使厂方答应条件，恢复被开除工人的工作，补发罢工期间的工资。

3. 民国时期的烟草专卖

民国时期，国产卷烟的生产主要集中在上海、沈阳、哈尔滨、香港、汉口和天津等地。然而，在抗日战争期间，随着这些大城市相继沦陷，销售渠道被封锁，同时人口向内地迁移，后方巨大的卷烟需求完全不能满足。由于后方拥有丰富的烟叶资源，各地涌现了许多手工卷烟、土制雪茄和小型卷烟厂，但它们设备简陋、组织散乱、技术落后，产品质量很差。此外，由于运输困难和中间商人的剥削，出厂价和零售价往往相差两倍以上，不仅损害了消费者的利益，还存在严重的逃税现象，严重影响了财政收入。

与此同时，民国政府迁都重庆以后，丧失了大部分税收来源，军费和行政支出反而大幅度增加，面临着日益严峻的财政困境。为填补国库的空缺，政府决定通过集中管理烟草和提高产品质量来推行专卖制度。烟草生产和销售完全由国家垄断。政府设立了烟类专卖局，由财政部管理，负责管理和监督整个烟草行业。所有的烟草制造商和销售商都必须向专卖局购买烟草，并按照政府规定的价格出售给消费者。根据制度规定，除了国家烟类专管理局的直属工厂可以生产专卖烟外，其他烟草生产企业一律不得生产烟草产品。专卖烟草的销售也只能通过指定的专营店进行，个人和私营商贩不得进行烟草的销售。

1942 年，政府发布了《战时烟类专卖暂行条例》，该条例的主要内容如下：

1. 烟叶种植：由专卖局指定区域，生产者需报请专卖局核准登记，所产烟叶由专卖局按规定价格收购。

2. 卷烟生产：以国家设厂为主，凡商人设立制造厂应报请专卖局核准登记，其产品全部由专卖局收购。

3. 价格：烟类的批发价格由专卖局拟订，报财政部审核公告，烟类的零售价由当地烟草联合会拟定，报专卖局审核公告。

4. 进口：专卖烟类不得由未施行专卖条例的区域进口。商人进口洋烟类必须获得政府许可。

国民政府通过专卖制度获得了大量的财政收入，填补了一部分财政赤字。另一方面，专卖制度限制了私人烟草制造业的发展，使得烟草市场集中在国家控制下。这导致了烟草价格的上涨，同时也限制了烟草的生产和销售。

专卖制度也引发了一系列的问题和争议。一些制造商和消费者对专卖制度的垄断性质表示不满，认为这限制了市场竞争和创新。由于专卖制度的实施，烟草生产和销售渠道受到了严格限制，给一些小型烟草生产商和零售商带来了困扰，甚至直接造成一些人失业。另一方面，烟草专卖政策也引发了非法烟草贸易的兴起，一些人为了逃避专卖制度带来的限制和高价格，开始从非法渠道购买和销售烟草产品。

民国时期的烟草专卖其实是一种"局部专卖"的方式。这意味着烟草的生产制造由个人经营，政府进行收购，并以政府运输为主，个人运输为辅。销售方面则由国家进行统一管制，对个人生产的烟草实施审查制度。经过审查并登记注册后，在生产价格的基础上加上 20% 的利润形成收购价格，再加上运输杂费形成收购原价。在此基础上，再加上 50% 的专卖利润、7% 的代理商利润和 3% 的运输杂费构成批发价。批发价再加上 15% 的烟商利润即得零售价格。政府对运销者进行登记并严格管理，以保护烟商的合法利益，并避免中间商人的剥削。

尽管战时烟草专卖条例及其实施细则规定得相当详细，但其中许多规定与实际情况脱节，难以实现。首先，由于财政限制，政府无法将所有烟草及其制品全部收购并发售。其次，战时环境恶劣，运输极为困难，小规模的手工卷烟厂分布在各地且数量众多，稍大规模的卷烟厂也分散在各个村镇，生产卷烟可以被视作农民的副业，政府很难通过行政手段将它们集中管理。因此，战时烟草专卖最终仅限于对专卖物品的暂时管制，尽管专卖管理有所加强，私运私销和偷税漏税等违法行为仍然层出不穷。

战时烟类专卖历时两年多。到了 1945 年初，政府内部官僚集团的矛盾空前激化，专卖体制本身也遇到了一些难以克服的困难。政府不得不简化机构，调整税制，并最终取消专卖体制，改为征统税。而统税的税率仍按照征收专卖利益时的规定，卷烟征收 100% 的从价税，手工卷烟和雪茄烟征收 60% 的从价税。

1945 年，国民政府迫不得已取消了烟草专卖制度，中国烟草史上的第二次专卖制度宣告结束。

4. 新中国成立后的烟草专卖

在新中国成立之前，为了加强对烟草的管理，避免盲目发展，一些解放区政府发布了关于烟酒专卖的法令，对烟酒实行专卖。

1949年2月，东北行政委员会颁布《东北解放区烟酒专卖暂行条例》，对烟酒的生产和销售进行了有计划的管理。1951年，中央人民政府财政部发布了《专卖事业暂行条例试行草案》，国家对烟叶和烟制品的生产、供应和销售实行严格的管理。所有与烟草相关的工商业全部归为国有。

1950年11月21日，中国人民志愿军准备在几天后发动第一次战役。在忙碌的军务、政务中，毛泽东批阅了食品工业部部长杨立三送来的一份关于国内卷烟业发展状况的报告。毛泽东要求所有党政人员不要使用外国和外商的纸烟，最好也不要吸私营纸烟。

毛泽东要求所有党政人员不要使用外国和外商的纸烟，最好也不要吸私营纸烟。

毛泽东深刻认识到卷烟业对于新中国的财政税收和经济建设的极端重要性。新中国成立后，毛泽东一直密切关注国内卷烟业的发展状况。早在1950年初，他就曾向杨立三等人"抱怨"国产香烟的质量不够好：现在我们制造的纸烟质量总比外国人制造的要差，我们需要拿出一些好烟来招待外宾，但是纸烟的两面都没有中国字，全是外文，这样不好。我们需要生产一种更好的烟，不用任何外国字样。

新中国成立初期，中国处于外资企业、私营企业和国营企业并存的历史过渡阶段。除了东北地区外，上海卷烟业作为全国的生产销售中心，遭遇了历史上最严重且持续时间最长的减产风波。私营烟厂大东南烟厂的经理张春申曾经表示："所面临的困难和混乱是相似的，全国的情况与上海卷烟业的困境也是相似的。"这表明上海卷烟业的困境反映了全国的情况。

新中国成立初期，除东北、内蒙古等地区实行烟草专卖制度外，其他地区的卷烟厂大部分为私营，处于盲目生产、自由竞争的状态，手工卷烟充斥市场，导致卷烟生产过剩；卷烟批发业务基本由私营商业控制，不规范的经营行为和不正当的竞争，使卷烟价格频繁波动，市场混乱无序，偷税漏税情况严重。而实行烟草专卖制度的东北、内蒙古等地区的情况相对较好。

当时《东北日报》发表了《认真执行烟酒专卖法令与做好专卖工作》的社论，阐述实施专卖制度的重要意义，提出：实行烟酒专卖，是"为了增加国家财政收入"，"限制无益消耗"及进行有计划的产销管理；实行烟草专卖可在增加财政收入的同时，加速货币回笼，稳定物价，有助于新民主主义的经济建设和支援全国解放战争；在产销方面加以管理，可避免粮食的浪费和生产的盲目性，一部分烟酒制造商转向其他有益的工业部门，对于经济建设是非常有利和必要的；对人民无益消耗限制的实质，是对烟酒制造商的超额利润进行限制，同时按照公私兼顾的原则保障他们的合理利润。

在上述思想的主导下，中国政府决定对烟酒实施专卖。中央财政部于1951年1月召开全国专卖工作会议，讨论研究实施烟草专卖制度相关事宜。5月，中央财政部设立了中国专卖事业总公司，并于5月5日发布《专卖事业条例（草案）》和《各级专卖事业公司组织规程》。国家对烟叶和烟草制品的生产、供应和销售实行严格的管理。所有与烟草相关的工商业全部归为国有。

在获得烟叶原料的保障后，国营卷烟厂开始受到国家更多的政策支持。1952年，上海烟草公司改名为国营上海烟草公司。随后，上海国营烟厂的所有卷烟产品都由中国百货公司华东区公司包销。同年，上海卷烟工业的公私比重发生了逆转，私营企业的产量比重从1951年的72%降至24%。与上海其他工业领域相比，卷烟工业成了私营企业比例下降最快的行业之一，几乎在短短一两年内就迎来了全面改造。到了1954年，上海卷烟工业经过一系列改造、兼并和接收后，全市只剩下了23家大型企业，其中有7家是国营合营企业，已经占据了上海香烟总产量的三分之二。到1955年底，上海的私营卷烟企业全部被接收或进行了公私合营。

在公私合营达到高潮时，知名私营卷烟企业华成公司的老板陈楚湘在上海的《新闻报》上发表了一封信，谈到对卷烟业改造的看法："毛主席倡导实行社会主义，我们响应了这一号召，提前实现了全市私营工商业的公私合营。希望未来能够共同欢乐。我们正好生活在这个新时代，真是幸运的人。"

到20世纪50年代中期，烤烟的收购由国营企业或委托的供销社统一进行，其他单位或个人不能参与。1962年，国家对烟叶实施派购政策，通过指令计划来规定烟农的生产和销售

一个轻骑兵必须吸烟，不会吸烟的骑兵是糟糕的士兵。

——拉赛尔

数量以及收购价格。自由种植和买卖烟叶则被禁止。

　　新中国成立后的 10 年间，为解决卷烟工业中出现的集权和分权问题，国家进行了五次调整。1952 年之前，各地的卷烟厂由各省、区、市分别管理，大部分地区实行类似专卖的制度，实现了产销的统一管理。从 1953 年到 1957 年，重点的卷烟企业由轻工业部直接管理，而中小型的卷烟企业仍由地方管理。从 1958 年开始，部管卷烟企业全部下放给省市管理，而省市管理的卷烟企业又下放给地市管理。

5. 中国烟草托拉斯的实践

1958 年的"大跃进"给中国的经济建设带来了重大挫折，为了克服当时的经济困难，党中央提出了对国民经济实行"调整、巩固、充实、提高"的八字方针。

在毛泽东的倡导下，中央主要领导人开始研读苏联相关理论著作，并深入实地调查研究，探索社会主义经济发展规律。然而，在"大跃进"中，由于权力下放过多以及分散主义的倾向，工业生产处于无序的状态。这一现象暴露了原有经济管理体制的弊端，于是改革工业管理体制的任务被提上了议事日程。

工业、交通托拉斯的设想就是在这一背景下提出的。托拉斯制度是指通过合并企业，形成大型的垄断企业集团，以实现资源整合、规模经济和强化管理。通过试办工业、交通托拉斯，可以解决分散主义导致的无政府状态，提高工业生产的效率和质量。

毛泽东同志曾经指出，我们可以借鉴工业发达国家的托拉斯管理形式来推动我国的工业建设。他认为，托拉斯是一种相对先进的组织管理形式，可以通过组织起来，实现专业化、标准化、系列化，从而增加产量，提高质量，推动品种发展。

刘少奇同志也认同这一观点，他认为办托拉斯就是要组织起来，只有组织起来才能实现专业化、标准化、系列化，从而提高产量、质量。

在 1960 年 3 月 25 日的中央工作会议上，邓小平同志更是明确提出了讨论托拉斯问题的目的，即加快工业发展速度，实现综合利用。

在他们的建议下，中央决定借鉴西方工业发达国家的企业管理形式，在一些行业和部门试行托拉斯制度，以改善我国的工业组织管理工作，提高企业的经济效益，加速民经济的发展。

从新中国成立到 1962 年，全国轻工业部门共有 104 家烟厂，基层企业供销社也办了一些卷烟厂，同时手工卷烟也在各地发展。此外，全国还有 16 家复烤厂、9 家雪茄烟厂和约 20 家大型烟丝厂，分别由轻工部、商务部和供销社进行交叉管理。这种分散的管理体制与大规模工业生产的要求不相符，存在着管理不统一和分散经营等问题。

为了解决这些问题，1962 年 2 月，轻工业部党组向中央提交了《关于烟草工业集中管理方案的报告》，提出"归口管理、集中生产、统一分配、照顾产区"的方针。根据这个方针，全国的烟草工业由轻工业部统一管理，原料的收购由轻工业部统一分配，而卷烟产品则由商业部门统一包销。

1963 年 3 月，中共中央批准了轻工业部党组的报告，决定对烟草行业进行集中统一管理，建立中国烟草工业公司。该公司是一个具有托拉斯性质的联合企业，负责统一管理全国的烟草工业。中国烟草工业公司总部设在北京，并在各地设立分公司，协助公司检查督促企业的经济活动，完成国家计划。工厂为公司领导下的基层生产核算单位，直接对公司负责，生产技术工作受分公司领导。

1963 年 7 月，中国烟草工业公司成立后的首次全国烟草工业会议召开，中国烟草工业公司正式启动。作为中国烟草工业体制上的一项重大改革，它是中国烟草工业体制改革的试点，也是全国性托拉斯的唯一一个试点。

试办托拉斯是中国烟草工业体制上的一项重大改革。1964 年，国家经贸委委员吴亮平在中国烟草工业公司经理会议上解释了试办烟草托拉斯的意义。他强调，托拉斯不是抄袭资本主义的方式，而是根据中国具体情况建立的社会主义制度下的合理经济组织。通过托拉斯的实施，可以解决工业管理形式问题，推动经济管理的现代化，避免分散主义、教条主义和官僚主义的弊端。

1964 年 6 月，周恩来同志认真审查了由国家经委提出的《关于试办工业、交通托拉斯的意见报告（草稿）》，并提出了一些原则性意见，如全国性托拉斯与地方的关系，托拉斯的外部协作关系，以及托拉斯要按照经济办法来进行。经过补充和修改，这份报告于 7 月 17 日提交给中央书记处并获得通过。党中央、国务院于 8 月 17 日将这份报告批转给各中央局、各省市自治区党委、中央各部委和国务院各部门党组，并要求参照执行。

《关于试办工业、交通托拉斯的意见报告（草稿）》提出，在 1964 年内先试行 12 个托拉斯，其中包括 9 个全国性的托拉斯和 3 个地方性的托拉斯。中国烟草工业公司就是其中之一。

中国烟草工业公司的成立标志着中国烟草工业管理体制的重大改革。它摆脱了过去分散管理的模式，实现了集中统一的管理和发展。通过试行托拉斯，中国烟草工业公司以经济手段替代了行政手段，推动了经济管理的现代化。这一改革体现了中国共产党第一代领导集体尊重经济规律、用经济手段组织和管理国民经济的探索精神。

中国烟草工业公司是独立核算的经济单位和计划单位，负责统一管理全国烟草工业，统一经营全国的卷烟生产和烤晒烟叶的收购、分配业务，并管理各卷烟厂、烟叶采购调拨机构，以及为烟草工业服务的复烤厂、机械厂、印刷厂。同时，公司还负责对烟叶生产以及地方生产的雪茄烟、烟斗丝等烟草制品进行技术指导。中国烟草工业公司的成立为烟草工业的发展提供了有力支持。

随后，中国烟草工业公司不断召开工作会议，研究深化改革的措施和意见，推进烟草工业经济管理改革的进程。这些工作会议包括经济管理改革工作会议、烟叶收购工作改革会议和分公司（总厂）、烟叶收购部门负责人会议等。通过这些努力，中国烟草工业公司逐步推进烟草工业的改革和发展。

在成立后的两年时间里，公司取得了良好的经济效益和社会效益，充分展现了托拉斯的优越性。公司充分发挥既有企业的潜力，合理组织生产，通过技术措施使全行业的综合生产能力得到提升。通过调整卷烟生产，卷烟牌号由 900 多种减为

270 多种，甲级烟的产量增加一倍以上。公司与工商行政管理部门合作，制定了取缔手工卷烟的措施，基本上消除了手工卷烟、地下工厂和走私逃税等活动，保障了国家税收。

在国家计划的统一贯彻下，中国烟草工业公司发挥了重要作用。公司集中统一了计划权力，初步掌握了原料生产、收购和储存情况，制定的计划变得积极可靠。工厂建立了正常的生产秩序，生产均衡率和设备利用率达到历史最好水平。通过统一调拨和合理利用原料，促进了烟叶生产，卷烟产品的质量显著提高。1964 年，全国卷烟产量同比增长 29%，税收利润同比增加 26 亿元。在 1963 年至 1966 年间，累计实现税收 56 亿元，集中管理为行业带来了活力和动力。

然而，由于行业进行托拉斯管理还缺乏经验，仍存在一些问题。例如，工厂的生产点过多，公司内部的组织机构、职责分工和各种规章制度还不完全符合托拉斯管理的要求。此外，原料的收购、调拨工作，烟叶和卷烟的价格，以及卷烟的税收等管理体制与卷烟工业高度集中的要求还不相适应。

遗憾的是，烟草及其他行业的托拉斯在试办仅仅两年多时就因"文化大革命"的冲击而走向解体。但它为 1981 年中国烟草总公司的重新组建奠定了基础，也为中国烟草行业的再度辉煌提供了有力支撑。

6.现行烟草专卖制度的形成

"文化大革命"中,烟草工业管理体制遭受了巨大的破坏,盲目建厂、超计划生产的现象十分严重。根据轻工业部1977年的调查,当时的计划外小烟厂达到200多家。这些计划外烟厂和计划内大厂争原料、抢市场,生产和市场秩序非常混乱。

1977年,国务院以国发〔1977〕155号文批转轻工业部、财政部、商业部、供销合作总社《关于整顿计划外卷烟厂的报告》,要求计划外烟厂一律关停。此后情况虽有所好转,但盲目建厂的势头仍未减弱。

改革开放以后,我国各行各业迎来了蓬勃发展的大好时期。然而,在这一时期,烟草产业却仍处于分散管理的状态。卷烟生产、销售和原料供应分别由不同的部门掌管,缺乏整体协调和规划。行业经济效益不佳,烤烟种植偏离国家计划,卷烟生产基本处于失控状态。与此同时,国际上的跨国烟草巨头迅速崛起,逐渐形成垄断地位,它们对中国庞大的卷烟市场虎视眈眈,渴望进入中国市场分一杯羹。中国烟草业面临着内忧外患的双重挑战。

据轻工业部再次开展调查了解到的情况,1981年初,计划外烟厂又增加到300多家,4年内增加100家,这表明卷烟生产已处于近乎失控的状态。于是轻工业部根据烟草行业的特点和管理体制的历史经验,提出"对烟草行业实行供产销、人财物的集中统一管理"的意见,并于5月11日向国务院做出《关于实行烟草专卖的报告》，核心内容是成立中国烟草总公司和省、自治区、直辖市烟草公司，对烟草及其制品的生产、收购、加工和市场等实行集中管理，加强卷烟供应，增加国家财政收入。一周后，国务院批准了该报告，决定实行国家专营制度来管理烟草行业。

中国烟草总公司于 1982 年 1 月 1 日正式成立，确立了烟草专卖和集中管理的体制。1983 年 9 月 23 日，国务院颁布《烟草专卖条例》，正式确立了国家烟草专卖制度。根据该条例，1984 年 1 月成立了国家烟草专卖局，与中国烟草总公司"一套机构、两块牌子"，对烟草行业进行全面的经济和行政管理。

中国烟草总公司和国家烟草专卖局成立以来，各省级烟草企业的归属问题成了重要议题。从 1983 年 10 月开始，安徽省烟草公司上划至中国烟草总公司，到 1986 年底，全国 28 个省、自治区、直辖市的烟草企业基本完成了上划工作，初步形成全国烟草行业的产供销、人财物、内外贸易的集中统一管理格局。

国家烟草专卖制度的确立对于扭转当时烟草行业盲目发展的混乱局面、促进产供销协调发展、满足消费和增加积累等起到了重要作用。然而，由于烟草专卖管理采取强制措施缺乏必要的法律依据，烟草垄断经营体制面临着巨大的舆论压力。

1983 年 9 月 23 日，国务院颁布《烟草专卖条例》，正式确立了国家烟草专卖制度。

在这个关键时刻，党中央和国务院通过国家立法的方式确立和巩固了我国的烟草专卖制度。1991 年 6 月 29 日，全国人大常委会通过了《中华人民共和国烟草专卖法》；1997 年 7 月 3 日，国务院发布了《中华人民共和国烟草专卖法实施条例》。

烟草专卖法及其实施条例的颁布，以法律的形式确立和固定了烟草专卖制度、烟草行业的"统一领导、垂直管理、专卖专营"的管理体制，标志着我国烟草专卖进入了依法治理的轨道。随后，全国人大常委会又对烟草专卖法进行了三次修订，使其更加完善，更好地适应新形势的要求。

国家烟草专卖局的历次"三定"规定，不断完善和巩固专卖管理体制。1988 年提出，国家烟草专卖局依法对烟草进行"垄断经营"；1994 年提出，全国烟草行业实行"统一领导、垂直管理、垄断经营"；1998 年提出，烟草行业实行"统一领导、垂直管理、专卖专营"，形成了完整的管理体制。2005 年 11 月，国务院发布文件，全面调整烟草行业资产管理体制，进一步明确要继续实行这一管理体制。

2008 年 10 月，国务院办公厅有关文件将国家烟草专卖局调整为由工业和信息化部管理的国家局，明确国家烟草专卖局管理中国烟草总公司，总公司依法对旗下工商企业的国有资产行使出资人权益，经营和管理国有资产，承担保值增值责任。这使得行业管理从以行政管理为主向行政管理与经济管理相结合转变，真正实现了责权统一。

经过多年的发展，我国的烟草形成了烟草种植、烟草制品制造、烟草制品分销及零售三个产业链。国家烟草专卖局统一调配烟叶收购、卷烟生产和流通以及卷烟批发和营销等环节。烟草生产由各工业公司组织下属烟厂进行，工业公司只能将成品卖给各地的烟草公司，再由烟草公司卖给零售商，形成一个庞大的专卖体系下的完整生产、销售和零售网络。

7. 中国烟草现行税收政策情况

烟草税收一直是我国国家财政的重要组成部分，为国家提供了重要的财政支持，用于社会保障、基础设施建设和教育等方面的开支。同时，烟草税收政策与公众健康密切相关。高额的烟草税收可以有效降低烟草消费，减少吸烟人数，从而降低吸烟相关疾病的发生率。实践证明，烟草税收的增加可以显著降低吸烟率，尤其是对于年轻人和低收入人群。

众所周知，烟草行业在全球范围内都是一个"重税"行业。为加强烟草控制，包括我国在内的世界上绝大多数国家，都对卷烟等烟草制品实行"寓禁于征"的税收政策。不同国家在烟草税种设立、税率确定、征收环节、纳税方式等方面存在差异。

改革开放以来，我国对烟草税的调控经历了五次大调整，分别发生在 1994 年、1998 年、2001 年、2009 年和 2015 年。2006 年，国务院颁布《烟叶税暂行条例》，烟叶税取代了烟叶特产农业税，并逐渐在卷烟的生产和批发环节实施了从量和从价复合计征的消费税。

我国对烟草的税收包括对烟草公司收购烟叶行为的烟叶税，对生产和批发环节征收的从价和从量消费税，以及其他税种，如增值税、城市维护建设税、教育费附加、进口关税、企业所得税等。其中，烟叶税和消费税对行业影响最为直接。烟叶税实行单一比例税率，为 20%。2015 年对烟草消费税进行调整后，甲类卷烟在生产环节适用 56% 的从价税加 0.003 元/

香烟是我们这个时代的祈祷者。

——安妮·克拉克

支的从量税，乙类卷烟适用 36% 的从价税加 0.003 元 / 支的从量税，雪茄和烟丝的税率保持不变，分别为 36% 和 30%。批发环节的税率变为 11% 加 0.005 元 / 支。此外，作为专卖体制下的国有烟草企业，我国烟草企业还需要缴纳国有资本收益、专项税后利润等费用。根据全口径税费占烟草企业销售总额的比重计算，我国烟草综合税负目前高达 66.8%。

烟草业税利占财政收入比例较高，是国家和地方财政收入的重要来源。烟草行业上缴税利长期以来约占财政收入的 6%—8%。2015 年，烟草行业上缴财政金额首次突破万亿元，达到 10950 亿元。2022 年，烟草行业实现工商利税总额 14413 亿元，同比增长 6.12%；实现财政总额 14416 亿元，同比增长 15.86%。

多年以来，烟草行业上缴税利始终保持高于同期全国财政收入增长的速度，在所有制造业门类中上缴税收长期保持全国第一，对国家财政收入起到了重要的支撑作用。

📖 延伸阅读：烟草专卖大事记

1982 年 1 月 1 日，中国烟草总公司正式成立。

1983 年 9 月 23 日，国务院发布《烟草专卖条例》，自 1983 年 11 月 1 日开始执行，并确定设立国家烟草专卖局。

1984 年 1 月 6 日，国务院复文同意将轻工业部烟草专卖局改为国家烟草专卖局，与中国烟草总公司一套机构、两块牌子。1985 年 12 月 30 日，国务院同意将国家烟草专卖局改为国务院直属局。9 月 10 日，国家局发布《烟草专卖条例施行细则》，自发布之日起施行。

1988 年 4 月 28 日，国家局发出《烟草专卖许可证暂行管理办法》的通知，实行烟草专卖许可证管理制度。

1991 年 6 月 29 日，第七届全国人大常委会第二十次会议通过《中华人民共和国烟草专卖法》，于 1992 年 1 月 1 日正式施行。这是中国有史以来第一部烟草法典，标志着中国烟草行业从此走上依法治烟的轨道。

1993 年 1 月 30 日，国务院发出《关于进一步加强烟草专卖管理的通知》。

1995 年 12 月 20 日，国家工商行政管理局发布《烟草广告管理暂行办法》，并于 1996 年 1 月 1 日起施行。

1997年7月3日，国务院总理李鹏签署国务院第223号令，发布《中华人民共和国烟草专卖法实施条例》，自发布之日起施行。

10月，国家局下发《关于全国城市卷烟销售网络建设工作的意见》，将城市卷烟零售商户纳入烟草行业卷烟销售网络。1998年6月，下发《全国农村卷烟销售网络管理规定》，将农村卷烟零售商户纳入烟草行业卷烟销售网络。

2003年4月3日，安徽中烟工业公司成立，率先实现工商分开，成立了全行业首家省级中烟公司。

2004年1月1日，中国取消特种烟草专卖经营企业许可证（零售）。

2022年10月1日起，从事电子烟生产经营的电子烟市场主体应当取得烟草专卖许可证，严格按照《中华人民共和国烟草专卖法》《中华人民共和国烟草专卖法实施条例》及《电子烟管理办法》、《电子烟》强制性国家标准、国家烟草专卖局各项配套政策规定等开展生产经营活动。

第九章 中国的控烟政策

1. 明清时期的控烟政策

明清时期，烟草作为一种新奇之物逐渐在中国流行开来。随着烟草消费量的不断增加，烟草成了主要农产品之一。然而，烟草种植与消费给环境和健康带来了一定负面影响，特别是对土壤肥力和粮食生产的影响。因此，从明朝开始，政府采取了一些措施来限制烟草的种植和消费。

明末，崇祯皇帝即位后，立即反对"吃烟"，下令禁止种植和私售烟草，违者斩首示众。据说当时有一个入京参加会试的举子，因为不知道有这样的法令，违禁抽烟而被处以死刑。然而，即便是这种严厉的法令也阻止不了人们对烟草的热爱。

崇祯末年，蓟辽总督洪承畴以烟草可以驱寒去病、军中不可缺少为由，向朝廷提出放开禁令的请求。当时正值明朝军队与清军作战，崇祯皇帝迫于形势，取消了禁烟令，但附加了"寓禁于征"的条件。

清朝的皇太极非常反对吸烟，曾严厉禁止吸烟行为。1638年，刑部开始对违反禁烟令的人进行惩罚，有人因吸烟被鞭打，更严重的则被用铁钎穿透鼻子和耳朵。1639年，皇太极令户部正式发布告示，禁止民间种植、贩卖和吸食烟草。违反规定者不仅要被公开示众8天，还要被鞭打82下，用铁钎穿透耳朵，知情不报者也会受到同样的处罚。如果地方官员管辖范围内有烟草种植，无论是否知情，都会被罚款和鞭打。如果主人被仆人举报吸烟，那么主人要受罚，而仆人则能立即恢复自由身。

然而,两年后,皇太极适度放宽了禁烟政策:"凡欲用烟者,惟许人自种而用之。"如果你想吸烟,可以,但得自己种植。

到了顺治时期,情况稍微好一些,但对于朝中官员的要求非常严苛。任何在都中工作的政府官员,如果被发现吸烟,将被革职,"旗下人枷号两个月,鞭一百。民人责四十板,流三千里"。对于知情不报的人,罚没半年的俸禄。

在康熙、雍正时期,禁烟政策相对宽松了一些,虽然皇帝不喜欢吸烟,但对吸烟者不再进行刑罚,只是劝诫而已。康熙曾经这样说道:"每见诸臣私在巡抚帐房中吃烟,真可厌恶。况烟为最耗气之物,不惟朕不用,列圣俱不用也。"然而,康熙注意到种植烟草导致大量农田被占用的问题,因此主张限制甚至禁止种烟草,"境内沃壤,悉种嘉禾……凡民间向来种烟之地,应令改种蔬谷"。

从乾隆时期,禁烟政策逐渐失去威慑力。到了嘉庆时期,皇帝对吸烟和种烟的态度发生了根本性转变,不仅没有禁止令,还成了烟草的"守护神",认为奏请禁烟的官员是"妄言国政",交给地方加以约束。因此,在嘉庆以后,人们可以自由吸烟,没有任何阻碍。

2. 民国时期的控烟政策

民国时期，香烟迅速普及，烟草消费量迅速增长，特别是大城市，吸烟已然成为一种时尚与社交工具。然而，随着国际交流的加深，美国、欧洲和日本等地关于吸烟对健康有害的观点逐渐传入国内，人们开始意识到吸烟的潜在风险。因此，政府和社会知名人士开始宣传吸烟的问题，并推动控烟活动的开展。

尽管社会各界普遍认为吸烟对健康有害，但吸烟现象并未明显减少。1911 年 5 月，上海张氏味莼园举办了禁烟大会。社会名流如伍廷芳、李平书等纷纷提出禁烟建议，积极宣传禁烟，众多政要名人也纷纷加入禁烟行列，甚至减少或拒绝吸烟。

禁烟大会之后，著名作家金慰文创作了一首名为《禁烟小调》的歌曲，该歌曲在禁烟活动中广泛传播，成为禁烟运动的标志之一。同时，华航琛创作的《戒烟歌》也成了当时家喻户晓的时代歌曲。这些歌曲通过明快的曲调和铿锵有力的歌词，深入人心地宣传了禁烟的理念。作为时代记忆的见证，《戒烟歌》的全部资料于 20 世纪 80 年代被完整地保存在了南京市中国第二历史档案馆。

1915 年，北洋政府颁布了《全国烟草公卖暂行简章》和《烟酒公卖栈组织法》，设立了全国烟酒公卖局（后改为全国烟酒公卖办事所），各省也设立了烟酒公卖局。这标志着中国开始实行烟草专卖制度，但实际上是一种"商专卖制"。

1928 年，国民政府颁布《禁止未成年人吸烟饮酒规则》，规定一旦发现未成年人抽烟或喝酒，将处以不超过 5 元的罚款。未成年人指未满 20 岁的男女青年，除非有医生证明用于治病，这些人禁止吸烟和饮酒。对于 13 岁以下的孩子则要求监护人严加管束；如果监护人未能有效管理，同样会被处以不超过 5 元的罚款。同时，明知是未成年人而向其出售烟草、烟具、酒和酒具的商家，将面临不超过 20 元的罚款。

在禁烟运动中，医药界和文化界人士的积极响应起到了重要作用。医生丁福保、俞凤宾等利用自己的专业知识和科学数据向公众传达吸烟的严重危害。他们通过精准的化学实验分析揭示了香烟的危害成分，并将分析和危害报告公之于众，用最有力的数据来宣传禁烟。

作为禁烟运动的发起人之一伍廷芳的秘书，朱文炳亲眼见证了整个禁烟运动的起起伏伏。为了更好地宣传禁烟运动，他创作了《竹枝词》，采用民歌的形式，生动地描述了禁烟运动的整个过程。其中一首写道："有人口插一支斜，或是香烟或雪茄。纵未逢人当面骂，自低人格丑难遮。"寥寥数语，将烟民们的形象刻画得入木三分。

此时的烟草公司为了抵消负面影响、增加销量，采取了各种促销手段，在香烟包装中放入卡片，并用寓教于乐的名义来吸引年轻人。烟草公司甚至提出，收集一定数量的卡片可以兑换自行车等大件商品,这成功地鼓励了许多未成年人开始吸烟。

为了让孩子们从小就认识到吸烟对健康的危害，《商务国语教科书》特意收录了一篇名为《烟》的文章。文章讲述了潘儿吸烟后的痛苦症状，通过插图生动地警示孩子们不要效仿。此外，当时非常流行的儿童科普杂志《儿童科学画报》在1937年刊登了一幅儿童抽烟的插图，并称他们为"小流氓""小大烟鬼""不科学儿童"。该图直击儿童吸烟的社会现象，并呼吁公众，这样的少年无法肩负起科教兴国的重任。

随着禁烟运动的推进，民国政府要求各级政府根据当地情况制定相应措施，并发布了一份文件："各省情况不同，应由督抚提交各省谘议局妥慎斟酌办法，作为本省单行规则，一律施行，务以能达禁烟之目的为止。"该文件下发后，各级政府还积极推广烟民登记制度，设立戒烟所，希望通过一系列制度的建立和执行来推广禁烟运动。

在众多省份中，山西省政府的一系列推广措施最为有效。他们不仅积极支持戒烟所的发展，还大力推广和平戒烟丸的研发和应用。在研制成功后，为了支持和平戒烟丸的推广，政府监药处从各个方面入手，努力使广告宣传简明扼要、深入人心。

在告示定稿后的几天内，山西省的大街小巷都可以看到戒烟丸的身影。老百姓们也通过告示迅速了解并认识了这种新型药丸。在将戒烟丸推广到百姓生活中的过程中，政府明确规定了各种和平戒烟丸的使用方式。

该规定共分为九条，其中一条规定，凡烟民，不论男妇老壮，均得用无记名领服各种和平戒烟丸，以资普戒。这一规定成功地使戒烟丸成为大众买得起、使用得起的药丸，推动了戒烟运动的成功开展。

此外，戒烟丸分为三种：和平戒烟丸、特种和平戒烟丸和加料特种和平戒烟丸。加料特种和平戒烟丸售价四角，特种和平戒烟丸售价三角，和平戒烟丸售价一角。通过这样的分类，不同程度的吸烟者可以选择适合自己的戒烟丸，进行有针对性的治疗，从而戒除烟瘾。

借助广告的力量，戒烟丸成功地进入众多普通家庭，帮助许多新老吸烟者戒除烟瘾。烟雾弥漫的场景已经难以见到，吸烟的现象也不再普遍。禁烟运动在此刻取得了前所未有的成功。

此外，为了帮助众多吸烟者戒烟，减轻他们可能出现的一系列不适症状，山西省芮城县还推出了"万善堂劝戒烟酒戒烟所"的禁烟广告。效仿之前和平戒烟丸的推广方式，该戒烟所的传单广告遍布大街小巷，随处可见，处处可寻。

1934 年，由国民政府领导的新生活运动开始了，这是国民政府在南昌发起的一次社会改良运动，旨在将中国人塑造成有道德、爱国心的现代公民。该运动涉及多个方面的改善，其中包括禁止吸烟和吸食鸦片等日常陋习，这是中国官方第一次要求民众戒吸纸烟。然而，由于时局动荡、国民党基层组织涣散和宣传疲软等因素的影响，这个运动一直进展缓慢。

统计数据显示，在 1934 年新生活运动发动当年，纸烟销量仅降低了 2.5%，1935 年销量即恢复正常，并在 1936 年和 1937 年持续增长。这说明官方主导的不吸烟运动只是一场表面的行动。四川广安县烟民讽刺国民党政府的禁烟政策的诗歌写道："我有三亩田，政府叫我种烟，我种了烟，好抽窝捐；我有一两银，政府叫我买烟，我买了烟，好抽灯捐；我已种烟买烟而吸烟，为何又叫我戒烟？"

在新生活运动开展六七年后，中国共产党也发起了禁烟运动。1942 年 1 月，边区政府宣布禁止任何纸烟入境，并于 3 月禁止售卖香烟，只允许转口贸易。然而，旱烟和水烟不在禁止之列，这从一定程度上表明边区禁烟更多是为了限制现金外流。尽管如此，还是有些部门把纸烟列入"特许"入境物资，在这种禁卖不禁吸的情况下，纸烟不可能完全禁绝。

由于禁烟执行不力、走私现象猖獗，税收反而减少了。1943 年 6 月，边区政府采用对纸烟征重税的方式取代进口禁令。边区自产的纸烟质量较差，面对外来纸烟的竞争，1944 年 1 月，边区要求所有脱产人员抵制外来纸烟。《解放日报》以边区政府主席林伯渠为典型，林伯渠宣布自己开垦了一亩烟叶田，并戒吸外来纸烟。西北局书记高岗也表态称"以后不吸纸烟，改吸旱烟"。此外，边区还将烟草列为生产自给项目之一。1944 年 2 月，在边区生产节约运动的推动下，加上边区纸烟业的发展，政府再次全面禁止纸烟进口，并不允许过境。

在其他根据地，士兵成了纸烟的最大消费群体。例如，在淮南根据地，新四军第二师师长张云逸发现士兵捡拾干部丢弃的烟蒂抽，于是下令开办新群烟厂。该地距敌占区和烟草种植区较近，烟厂可以引进机器、技术人员和原材料，并将生产的飞马牌香烟销往敌占区。毛泽东也对飞马牌香烟赞赏有加。

袁世凯是中国近代史上的一个重要人物，他曾在清朝末年和中华民国成立初期扮演重要角色。袁世凯在政治上经历了多个阶段，包括背叛维新派、压制义和团起义、成为北洋军阀的领导人以及篡改约法实行专制独裁等。他曾试图复辟帝制，但最终因护国战争失败而身败名裂。然而，在他担任清朝直隶总督兼北洋大臣和民国大总统期间，为了弥补财政亏空，他在中国烟草发展史上开创了三个重要的先例。

首先，袁世凯开征了烟酒税。1911年，袁世凯成为直隶总督兼北洋大臣的第二年，他在直隶省实行了加抽烟酒税，并积极向全国推广。他在给光绪皇帝的奏折中说："烟酒二项为民间嗜好所需，无关养生本计，重征尚无妨碍。"经过几个月的试行，征税款已达到数十万两。这个收入相当可观，得到了光绪皇帝的认可，光绪决定将直隶烟酒税专门用于练兵经费，"每年额征银十万两，本不容丝毫短绌"。此后还制定了《直隶加抽烟酒税章程》，详细规定了征税的方法。直隶烟税产生了一定的影响，并逐渐被其他省份效仿。

其次，组织开办现代烟厂。自1890年起，香烟开始进入中国，每年有数以万计的利润外流，严重影响了官僚资产阶级的利益。袁世凯继任直隶总督后，制定了新政策，旨在振兴商业和扩大实业。他成立了北洋农务局，推动农业和工业的发展。农务局在保定设立农业试验场和农务学堂，并开始植桑养蚕、制造糖酒和卷烟。袁世凯派黄璟等人到日本考察，与秦辉祖商讨成立烟草公司的计划。秦辉祖在保定试制的卷烟得到慈禧太后和光绪皇帝的好评。因此，农务局开始筹划成立烟草公司的工作。袁世凯随即上奏筹备北洋烟草公司，得到光绪皇帝的批准。在袁世凯等人的倡导和支持下，1902 年，北洋烟草公司在天津成立。这是中国第一家由民族资本兴办的现代卷烟厂，也是清代仅有的官商合办的烟草企业。公司一开始发展势头良好，但由于公司掌权者的腐败行为以及产品竞争力不强，累积了巨额债务，只经营了不到四年就宣告破产。

第三，实行全国烟酒公卖。袁世凯当上民国总统后挥霍无度，后来又企图称帝，导致财政出现了巨额赤字。为了弥补财政缺口，财政总长周学熙及其幕僚提议国家管理烟酒公卖。这个建议得到了袁世凯的同意，他于 1915 年 5 月批准发布《全国烟酒公卖暂行简章》，特设全国烟酒公卖局。这是中国第一次实行烟草专卖。然而，当时所谓的公卖只是增加和整顿烟税，而没有对市场进行全面有效的管理。

袁世凯的征烟税、办烟厂和实行烟酒公卖虽然是出于维护个人权力的目的，但这些举措为后来中国的卷烟工业和烟草专卖事业奠定了基础，在中国烟草发展史上有一定推动作用。

3. 新中国成立后的控烟政策

在新中国成立初期，中央政府对烟草行业进行了全面的国有化改造，并通过国有烟草公司的垄断经营来实行控烟措施。随后，政府陆续出台了一系列控烟法律法规和政策，旨在减少吸烟人数，降低二手烟的危害。

在解放战争即将取得胜利之际，中共在东北地区实行了烟酒专卖制度。根据该制度，党政人员被禁止使用外国及外商的纸烟，最好也不吸私营纸烟。这一政策反映了 20 世纪 50 年代中国公有制即将全面实施的趋势。在 1950 年全国卷烟工业会议上，计划性生产的国家专卖制度取代了自由生产和销售制度，烟草业被纳入计划经济体制。

1953 年，毛泽东批示推迟了卫生部发起的群众性戒烟运动，认为这会对生产造成妨碍。这表明国家领导人一直从经济角度看待烟草生产。值得注意的是，党和国家领导人中许多人都有烟瘾。除了毛泽东，刘少奇、高岗等人也都是重度吸烟者。有服务员在中南海的回忆中提到，高岗每次开会吸烟时只点一次火，然后一支接一支地续燃。领导们曾经发起"瓜子代烟"的戒烟行动，可惜以失败告终。

70 年代，我国政府已经意识到吸烟有害于国民健康，1979 年 7 月，卫生部、财政部、农业部联合发出了《关于宣传吸烟有害与控制吸烟的通知》，全文如下：

我国人民群众吸烟的现象很严重。在城市，工人、市民、解放军战士和机关干部吸烟的人非常普遍；在农村，许多社员家庭自留地种植烟草，大部分男社员都吸烟。东北、西南地区妇女吸烟的也很多。近几年来，青少年吸烟的人数大量增加。最近，我们去北京市两所中学进行了调查。在"文化大革命"前，两校学生吸烟的很少，现在很普遍了，约占男生的半数，个别班高达男生的93%。少数学生吸烟已经成瘾，影响学习，甚至发展到偷钱买烟，道德败坏。在社会上，阶级敌人也以吸烟为诱饵，拉拢腐蚀，使一些思想不健康的青少年走上了犯罪道路。国家计委统计局统计，1965年香烟国内零售量为464万6千箱，1978年为1179万8千箱，增长了1.5倍。这样多的人吸烟，而且还有继续增加的趋势，确实值得我们注意，认真对待。

随着医学科学的发展，吸烟的危害越来越多地为科学家所证实。近几年，美、英、法、加拿大、瑞典等国的科学家，做了许多动物试验、人体病理解剖检查、人群统计，证明吸烟对人体危害很大。我国医学科学家通过临床实践和人群统计，也证实了吸烟的危害。国内外资料表明，烟草在点燃后产生的烟雾含有烟碱、3,4苯并芘、亚硝胺、砷、一氧化碳等有害物质达几十种，吸入后对人体的呼吸、心血管、胃肠、神经系统和肝、肾等器官，都有程度不同的损害，长期、大量吸烟可以引起多种疾病。如肺癌，吸烟的人要比不吸烟的人高10—20倍，冠心病高5—10倍，气管炎、肺气肿高3—6倍。此外，在长期吸烟的人中，卵巢癌、膀胱癌、口腔癌、胃溃疡、神经衰弱等发病率也较高。青少年正在生长发育时期，吸烟更易使身心受到毒害。鉴于吸烟的危害很大，世界上有不少国家已经开展了戒烟的广泛宣传，有的还采取了一些限制措施，如在公共场所禁止吸烟，高价售卖，禁止向儿童、少年出售等。世界卫生组织认为："在发达国家中，控制吸烟对增进健康、延长生命，比整个预防医学中任何一个单独的方法都要强。"我们是社会主义国家，更应引起重视。

吸烟危害健康的科学知识，以往我国没有组织宣传。最近我们请几位医学专家为报纸写了文章，在电视台做了讲演。群众对于这样的宣传，反映很好。据《光明日报》社反映，他们接到人民来信289件，绝大多数表示欢迎，并赞成继续开展宣传，有的还建议采取一些措施。但是，目前这样的宣传还很不够，还没深入到各个方面，特别是农村社员和城市青少年还不知道吸烟的害处。为要使人民群众都认识到吸烟的害处，自觉戒烟，不吸烟，我们认为应当加强宣传，扩大宣传范围，同时采取一些必须的控制措施。这对减少一些疾病的发病率，增强人民体质，是有重要意义的。

一、建议中央和省、市、自治区报纸、科普刊物、电台、电视台、人民解放军、工会、妇联和共青团组织，广泛进行宣传，造点声势，把吸烟危害健康的科学知识普及到群众中去。

二、请文化部电影制片厂在今年内拍摄一部科教影片，省、市、自治区宣传部门绘制一些宣传画、幻灯片，各地区出版社和人民卫生出版社出版吸烟有害、提倡戒烟的小册子。

三、对烟草制品要积极采取减毒措施。在烟草种植上，要选种低烟碱的品种；在卷烟生产上，要积极增加过滤嘴卷烟的比重。建议由卫生部、农业部、轻工业部、商业部、供销合作总，共同拟定烟草制品减毒规划和标准，上报国务院批准执行。

四、为使空气清洁，保障群众的健康，建议在群众聚集的医院、会场、剧场、电影院、幼儿园、公共汽车等公共场所和通风不好的集体作业场所，禁止吸烟，有条件的公共场所，可另设吸烟室。

五、鉴于青少年正在生长发育时期，最易受烟草中有害物质的毒害，建议教育部门在学校进行宣传教育，并作为纪律禁止大、中、小学生吸烟。

六、各省、市、自治区卫生部门和医疗卫生单位，应把吸烟危害健康的宣传教育作为一项任务，长期进行下去，并按照四、五条的要求作好监督工作。

尽管如此，这个阶段我国还没有一部专门的控烟法律法规。有关控烟立法和政策多是出现在某些法律、法规、规章的某些条文或部分以及某些规划、通知中。这些立法或政策，中央层面的主要有：

1985 年 9 月，中央爱国卫生运动委员会、铁道部联合发出《关于禁止在旅客列车上随地吐痰、乱扔脏物和在不吸烟车厢内吸烟的规定》。

1987 年 4 月，国务院发布《公共场所卫生管理条例》；1991 年卫生部发布了实施细则，规定了禁止吸烟的 13 类公共场所。

1991年6月,第七届全国人大常委会第二十次会议通过《中华人民共和国烟草专卖法》，规定了禁止或者限制在公共交通工具和公共场所吸烟、劝阻青少年吸烟、禁止中小学生吸烟，并对烟草包装和烟草广告做了限制规定。

1991年9月，第七届全国人大常委会第二十一次会议通过《中华人民共和国未成年人保护法》，规定不得在未成年人集中活动的场所吸烟。

1993年2月，全国爱国卫生运动委员会、卫生部联合发出《关于开展"卫生部门包括卫生工作者反对吸烟"活动的通知》。

1994年10月27日，全国人大常委会通过《中华人民共和国广告法》，对烟草广告发布做了限制性规定。

1995年，国家工商行政管理总局颁布了《烟草广告管理暂行办法》。

1996年3月28日，全国爱卫会、卫生部、文化部、广电部、国家体委联合发出《关于开展无烟草文体活动的通知》。

1997年，全国爱卫会、卫生部、铁道部、交通部、建设部、民航总局联合颁布《关于在公共交通工具及其等候室禁止吸烟的规定》。

在一切人类事务中，抽烟都能够在某种程度上

帮助人做出冷静客观的判断。

——爱因斯坦

1997 年，中国民用航空总局发布《民用机场和民用航空器内禁止吸烟的规定》。

1997 年，中央爱国卫生运动委员会、国家教育委员会、卫生部、共青团中央、中华全国妇女联合会联合发布《关于在儿童活动场所积极开展不吸烟活动的通知》。

从最早中央爱国卫生运动委员会发出车厢内不吸烟的规定到加入《烟草控制框架公约》，我国的控烟工作在摸索中前行，这些措施取得了一定的成效。根据中国疾病预防控制中心的数据，中国成年人吸烟率从 1980 年的 36.1% 下降到 2018 年的 26.6%。禁烟政策的实施也使得公共场所的室内空气质量得到了改善，保护了非吸烟者的健康。

📖 延伸阅读：烟草的好处

烟草在古代被广泛接受，其中一个原因是它具有治病救人的功效。最早发现烟草的药用价值的是美洲的印第安人。明朝时期，我国的《景岳全书》等医学著作也明确记载了烟草的药用价值。然而，受反烟运动的影响，媒体上很难看到有关吸烟的好处的介绍。下面是一些简单的总结：

增强记忆力

实验证明，吸烟可以促进脑部健康，增强记忆力。研究人员发现，烟碱能够加强人脑海马结构中神经细胞之间的联系，从而增强记忆力。

调节情绪

吸烟可以调节人的行为和情绪。烟碱作为一种行为自动调节剂，可以根据人的活动频率进行调节。因此，吸烟既可以使人兴奋，也可以使人镇静。在焦躁或紧张时，吸烟可以缓解情绪；在疲劳或头脑反应迟钝时，吸烟可以提高工作效率。这种双重作用被称为"两性作用"。

预防和缓解多种疾病

根据医疗研究和统计数据，吸烟可以部分预防多种疾病。例如，1964 年美国医政总署的报告显示，吸烟者患神经失调的比例只有不吸烟者的一半。1985年世界卫生组织的研讨会得出结论，吸烟可以部分预防子宫内膜癌、结肠溃疡、震颤性麻痹症、妊娠中毒性贫血和骨质疏松等多种疾病。此外，一项针对精神错乱患者的研究发现，吸烟者仅占总人数的1/3。澳大利亚统计局1994年的调查结果显示，吸烟者患心脏病和高血压的比例较不吸烟者要少。

烟碱预防疾病

1. 降低老年性痴呆症发病率。吸烟与老年性痴呆症发病率存在显著的负相关关系，还可以减少患帕金森病的风险。2007年3月6日《神经学》杂志刊出的一篇文章指出，吸烟15—24年的人，患帕金森病的风险降低30%—60%。

2. 预防和治疗脑硬化。一项发表在美国化学学会《生物化学》杂志上的研究表明，烟碱可以阻止异常的乙种淀粉蛋白块形成，而这种淀粉蛋白块是脑硬化的主要致病物。

3. 改善注意力不集中的紊乱症。烟碱可以增强人的记忆力，对治疗注意力不集中的紊乱症非常有效。

吸烟可以减肥

尼古丁可以降低食欲，影响饮食习惯。研究表明，尼古丁会升高血压、心率，并影响胃的运动，减少食物摄入量。尼古丁还可以降低血液中的胰岛素水平，减轻抽烟者对含糖食品的渴望。此外，尼古丁还会通过影响胃部肌肉，暂时降低食欲。其他研究还发现，吸烟者在活动中消耗的卡路里更多，新陈代谢率也更高。大量统计数据显示，不吸烟者的平均体重比吸烟者重 5.4 公斤，而那些戒烟的人体重往往会立即增加。

长寿的吸烟老人

抽烟者也可以长寿。

1995 年 7 月 26 日的《朝日新闻》报道，法国是欧盟中民众饮酒最多的国家，而希腊是民众吸烟最多的国家，但这两个国家的平均寿命在欧盟中排名第一和第二。

广西巴马瑶族自治县以拥有众多百岁以上长寿老人而闻名于世。1991 年，第十三届国际自然医学会正式将巴马县列为世界第五个长寿之乡，其他四个分别是俄罗斯的高加索地区、巴基斯坦的罕萨、厄瓜多尔的比尔卡班巴和中国的新疆和田。

1994 年 6 月，广西河池烟草公司的"长寿老人与吸烟调查课题组"对巴马县 228 名年龄在 90 岁以上的老人进行了吸烟情况的调查。调查结果显示，适量而合理地吸烟可能也是长寿的条件之一。90 岁以上的吸烟老人中，几乎没有发现典型老年痴呆症和帕金森病的病例，大多数吸烟老人的思维力、记忆力和表达能力都较好。

4. 中国与《烟草控制框架公约》

世界卫生组织从 1999 年开始着手制定《烟草控制框架公约》。2000—2003 年，经国务院批准的由国家发展改革委、卫生部、外交部等 12 个部（委、局）组成的政府间谈判机构，积极支持并参与了《烟草控制框架公约》的谈判和制定。2003 年 5 月，第 56 届世界卫生大会一致通过了《公约》。

2003 年 11 月 10 日，中国常驻联合国代表王光亚在纽约联合国总部代表中国政府签署了《烟草控制框架公约》。王光亚在签署《烟草控制框架公约》后对记者表示，该《公约》是世界卫生组织主持制定的第一部国际公约，在人类公共卫生史上具有重要意义。他强调，作为全球最大的烟草生产和消费国，中国高度重视控烟工作，并采取了多种措施。中国政府在《公约》谈判中积极支持世界卫生组织的行动，并发挥了建设性作用。通过签署该《公约》，中国再次表明对世界卫生组织工作的支持和对控烟工作的重视。王光亚表示，中国愿意在《公约》框架下与各国加强合作，共同应对公共卫生领域的挑战，并进一步完善中国的控烟工作。

《烟草控制框架公约》是世界卫生组织首个具有国际法约束力的全球公约，旨在限制全球烟草和烟草制品。

2005 年 8 月 28 日，第十届全国人大常委会第十七次会议正式批准《公约》。

《烟草控制框架公约》是世界卫生组织首个具有国际法约束力的全球公约，旨在限制全球烟草和烟草制品。该《公约》的宗旨是保护人们的最高健康权利。《公约》规定了所有人享有最高健康水平的权利，并强调缔约方优先考虑保护公众健康的权利。《公约》还回顾了世界卫生组织《组织法》序言，宣称享受最高健康标准是人人的基本权利，不受种族、宗教、政治信仰、经济和社会情境的限制。此外，《公约》还引用了《经济、社会、文化权利国际公约》第 12 条，规定每个人有权享有能够达到的最高身心健康标准。

该《公约》中涉及的权利主要包括限制烟草生产、吸烟者知情权、吸二手烟者远离烟草与烟雾的权利，以及打击非法贸易和不道德贸易，如烟草走私和向青少年出售烟草。

2006 年 1 月 9 日，《公约》在中国生效。为了积极有效地履行该《公约》，2007 年 1 月，国务院批准成立了中国履约部际协调机制，由国家发展改革委、卫生部等 8 个部（委、局）组成，负责协调全国的履约工作。

作为缔约国，中国承诺采取一系列措施来控制烟草的使用和销售。政府已经采取了一些措施来履行《公约》的要求，例如规定了公共场所的禁烟规定，并对烟草销售进行了一些限制。此外，中国还加强了对烟草市场的监管，提高了烟草税收，并在烟草包装上增加了健康警示标签。

世卫组织制定《烟草控制框架公约》是为了应对全球烟草流行的挑战，是一份以证据为基础的条约，重申人人享有最高健康标准的权利。该《公约》是促进公众健康的里程碑，为国际卫生合作提供了新的法律支持。

📖 延伸阅读：《烟草控制框架公约》的历史与现状综述

烟草是一种特殊的消费品，因具有解乏和提神的功效而受到广大消费者的喜爱，但同时也可能对人体健康造成一定的危害。随着人们对吸烟与健康问题的关注不断增加，国际上的反吸烟运动也日益壮大。

1969 年，世界卫生组织（WHO）下属的泛美卫生组织指导委员会 / 美洲区域委员会以及欧洲区域委员会通过了一项关于控制吸烟的决议，开始推动世界范围内的控烟工作。经过世界卫生组织二十多年的努力，1996 年 5 月，在第 44 届世界卫生大会（WHA）上，191 个成员国达成了建立世界《烟草控制框架公约》（FCTC）的协议。

1998 年，新任世界卫生组织总干事布伦特兰博士提出了无烟倡议行动（TFI）作为内阁两大新项目之一，并将制定《烟草控制框架公约》作为任期目标。1999 年，第 52 届世界卫生大会通过了 WHA52.18 号决议，要求成立由所有成员国参加的政府间谈判机构和框架公约工作组，负责起草和制定《烟草控制框架公约》及相关议定书。这是世卫组织首次动用其《组织法》第 19 条所规定的权力制定一份国际法律文书，它也是针对烟草的第一个世界范围的多边协议，旨在限制全球烟草和烟草制品的使用。

世界《烟草控制框架公约》是一个由各成员国以国际协定方式达成的全面执行的烟草控制协议的法律文件，其目标是推动和实现全球范围内的全面控烟工作。《公约》的最终内容是经过各成员国相互协商确定的，整个控烟框架公约分为《公约》和相关议定书两部分。

《公约》内容包括序言、定义、目标和指导原则、一般性义务、组织机构、执行机制、《公约》的发展和最后条款。相关议定书则更具体地阐明了各成员国的承诺，涉及减少烟草需求的价格和税收措施、非价格措施、环境烟草烟雾和被动吸烟的措施、保护儿童和青少年、取缔烟草产品走私、免税烟草产品销售、广告、促销和赞助、烟草产品成分的检测和报告、烟草工业的管制、烟草的监督、研究和信息交流、健康教育和研究、政府的烟草农业政策、烟草产品管制以及与供应烟草有关的措施等。

签署并生效后，各成员国必须将《公约》内容融入本国法律，并对烟草的生产、销售、税收、广告等进行限制。因此，该《公约》在某种意义上决定着烟草行业的前途和命运。

5. 科技创新致力于降焦减害

众所周知，烟草中的有害物质主要来自焦油。为了让吸烟变得更安全，减少对健康的影响，中国烟草行业一直在研究如何降低烟草中焦油的含量。降焦减害是中国烟草行业科技创新的主要方向和重要任务。对于烟草企业来说，推动科技创新降焦减害，有助于打造自己的品牌优势。

从 1986 年到 1994 年，由于过滤嘴烟的使用比例大幅提高以及制丝线技术的改进和生产工艺水平的提升，全国烟草的平均焦油含量从 26.68 毫克 / 支降至 17.97 毫克 / 支。

1997 年实施的 GB5605-1996《卷烟》国家标准对卷烟的质量提出了更高的要求，特别是加强了对焦油的技术要求。此后，工业企业积极探索降低焦油的技术，焦油量得以稳定下降。

2000 年，国家烟草专卖局首次明确规定了盒标焦油的限制，并规定从 2001 年开始，盒标焦油高于 17 毫克 / 支的卷烟不能在全国烟草交易中心交易。

从 2000 年到 2022 年，烟草行业已经四次明确了盒标焦油的最高限制，分别是 2000 年的 17 毫克 / 支，2004 年的 15 毫克 / 支，2008 年的 13 毫克 / 支，以及 2011 年的 12 毫克 / 支。到 2022 年，盒标焦油的加权平均值从 20 世纪 80 年代的 30 毫克 / 支下降到不足 10 毫克 / 支，危害性指数稳定在 8.1，整体已经进入低风险区间，达到了国际先进水平。

2021 年，烟草行业制定了中长期科技发展规划（2021—2035 年）和行业"十四五"科技创新规划，进一步布局降焦减害工作，并提出了更高的要求。烟草行业持续致力于加强对烟草专卖品的科学研究和技术开发，提高烟草制品的质量，降低焦油和其他有害成分的含量，为消费者提供更优质的产品。

作为负责任的行业，中国烟草一直以来将降焦减害作为科技研究的重点，并认真履行《烟草控制框架公约》的相关规定。在满足社会需求的前提下，中国烟草坚持降焦减害的发展方向，取得了显著成效。目前，中国烟草行业中焦油含量低于 8mg 的卷烟产品越来越多，其中包括一些大品牌的低焦低害产品，如"云烟（WIN）""白沙（尚品白）""红塔山（HTS100）"等。焦油含量低于 5mg 的卷烟产品有"七匹狼（纯典）""娇子（格调）""泰山（乐章）""钻石（吉祥）""黄鹤楼（软百盛）"等，这些低焦低害产品也受到了消费者的喜爱。

2021 年 9 月 27 日，国家烟草专卖局党组发布了指导意见，要求全面加强新时代烟草行业的科技创新工作，加快实施创新驱动发展战略，加大科技自主创新力度，努力打造自主创新的新高地，开创科技创新的新局面。在降焦减害方面，要坚持科技创新和体制机制创新"双轮驱动"，贯彻落实党中央、国务院关于科技创新的决策部署。

指导意见强调，当前行业发展已经进入依靠科技创新全面塑造发展新优势的阶段。为此，全行业必须紧紧抓住机遇，增强忧患意识，坚定自信，准确应对变化，坚持创新在行业高质量发展中的核心地位。科技自立自强是行业发展的战略支撑，行业必须融入和服务新发展格局，着力提升自主创新能力，牢牢把握创新发展主动权，努力塑造更多依靠创新驱动、更多发挥先发优势的引领型发展。

　　指导意见指出，要以习近平新时代中国特色社会主义思想为指导，以面向世界烟草科技前沿、面向中式卷烟主战场、面向行业需求、面向降焦减害为战略方向。要坚持科技创新与体制机制创新"双轮驱动"，以提升科技创新能力和创新链效能为主线。要加强创新人才队伍建设，通过市场需求引导创新资源配置。要统筹当前和长远、全局和局部，落实需求导向和创新驱动，集聚力量、开放协同，营造生态、增强活力，加快实施科技创新规划，为行业高质量发展提供强大的科技支撑。

国内首款零碳卷烟产品"宽窄国宝细支"

第十章 中国烟草的光荣与梦想

长期以来，中国烟草对国家经济做出了巨大贡献。作为一个庞大的产业链，它不仅提供了大量的就业机会，也为国家带来了丰厚的税收收入，有力地推动了经济的增长和社会的进步。

中国烟草一直致力于实现行业的可持续发展，不断进行技术创新和管理改进，提高产品质量和市场竞争力；同时更加关注环境保护和健康问题，积极推广无公害种植和绿色生产，实现行业高质量发展的目标，成为全球烟草行业的重要一员。

然而，中国烟草也面临着一些挑战。一方面，随着国际市场竞争加剧，中国烟草面临着市场份额压缩和产品结构优化的压力；另一方面，中国烟草也面临着来自社会的日益加剧的控烟压力。在这个背景下，中国烟草必须调整产业结构，加强品牌建设和创新，提供更多更好的产品选择，以适应市场和社会的需求。

从中国烟草的发展历程来看，可以说中国卷烟品牌是在振兴民族工业、发展和壮大民族品牌的浪潮中茁壮成长的，是在与国外烟草品牌的激烈竞争中坚定走中式卷烟发展道路的过程中成长起来的。在坚持目标引领、创新发展的同时，中国民族卷烟品牌不断努力做强做优，成就了优秀的中华民族卷烟品牌。

1903年，北洋烟草股份有限公司在天津成立，推出了中国第一个卷烟品牌"龙珠"，开启了国产卷烟品牌在近代中国的发展历程。随后，各地纷纷兴办民族烟厂，推出了"双喜""飞马""红三星""蓝三星"等卷烟品牌。然而，由于清末外资与民族资本的卷烟企业纳税不一，民族卷烟工业发展受到了极大的压制。

民国时期，北洋政府开始规范卷烟经营行为和烟草税收。1922 年，云南亚细亚烟草公司成立，推出了"重九"牌卷烟。1945 年，中国光明兄弟烟厂推出了"南京"牌卷烟。1948 年，中国人民解放军在许昌设立了中原贸易公司许昌泰丰烟草公司，生产"大前门""金飞鱼"等品牌卷烟。然而，当时我国卷烟市场基本被外国资本垄断，民族卷烟品牌规模小、技术弱，发展艰难，经营不景气。

新中国成立后，毛主席指示要提高卷烟质量，使用中国文字作为卷烟商标，并禁止党政人员使用外国及外商的纸烟。1950 年，食品工业部召开全国第一届卷烟工业会议，确定了"以销定产"生产方针。同年，国营中华烟草公司推出了中国卷烟的第一品牌"中华"。之后，公私合营的南洋兄弟烟草公司推出了"红双喜"，国营郑州烟厂推出了"黄金叶"，国营哈尔滨烟厂推出了"哈尔滨"。1956 年，"熊猫"牌卷烟成功研发完成。从 60 年代到 80 年代初，"人民大会堂""利群""延安""钻石"等知名品牌相继创立。

从 1958 年开始，随着国营企业下放管理，新的卷烟品牌大量涌现，如"云烟""红塔山""利群"等，都诞生在这一时期。直到 1978 年十一届三中全会召开，烟草行业才再次回归了集中管理、严格控制的路线。1982 年中国烟草总公司正式成立，1984 年国家烟草专卖局正式设立，行业步入了统一规划管理时代，处在萌芽期的中国卷烟品牌即将茁壮成长。

成都卷烟厂生产的"经济"

1988年，国家烟草专卖局和中国烟草总公司确定了全国13种名优卷烟，并首次允许其放开市场价格。"云烟""红塔山""阿诗玛"等品牌快速占据了市场有利地位，过滤嘴卷烟逐步取代无嘴烟，卷烟供应不足的问题得到解决。从80年代后期到90年代中期，"红塔山"品牌产销规模跃居国内前列。烟草行业实现了快速发展，企业生产能力和竞争实力大幅提升。

1992—2002年，中国卷烟行业迎来了市场经济改革的机遇，新的卷烟品牌如"黄鹤楼"、"中南海"、软"中华"等相继涌现，卷烟产量和牌号迅速增加。这一时期，卷烟生产经营秩序有序恢复，市场竞争力显著增强。

2003—2012 年，中国卷烟行业面临着国际贸易和国内市场竞争的双重压力。然而，中国卷烟品牌在国内市场上仍然保持着较强的竞争力，一些品牌如"黄鹤楼"、"玉溪"、软"中华"等继续保持着较高的市场份额和品牌影响力。

2013—2017 年，中国卷烟行业开始注重研发创新，推出了一些具有新特色和新口味的卷烟品牌。同时，卷烟行业也面临着严格的烟草控制和反腐败打击，行业竞争变得更加激烈。这一时期，品牌"宽窄"系列在高端市场上取得了显著的成功，成为创新发展的典范之一。

2018 年至今，中国卷烟行业继续推进供给侧结构性改革，加大了对卷烟品质和品牌形象的提升力度。同时，行业也面临着越来越严格的烟草控制和反腐败压力。中国卷烟品牌在提质增效的道路上不断前进，努力适应市场需求，提高产品质量和品牌形象；既要维持合理的供需关系，稳定市场状态，又要考虑长远发展，保持适度的增长速度，以实现可持续发展。在"十六字"方针的指引下，烟草行业一直保持良好的发展势头，运行质量和效益也逐步提高，经济运行一直保持在合理的范围内，卷烟品牌的发展势头也稳定向好。

此外，通过市场化营销改革来加强品牌培育已经成为一个关键手段。2020 年 4 月，国家烟草专卖局把卷烟产品在市场上的五种表现（好、紧、平、松、软）作为制定投放策略的参考，以优化货源供应，提高调控的针对性、及时性和有效性，

抽烟是完美享受的典范，它高雅而精致，

它百尝不厌，你还想要什么？

——王尔德

从而帮助零售户提升盈利能力。自 2021 年以来，整个行业开始重视标准化建设，进一步提升客户服务、品牌培育和监管的标准化水平。

随着中国特色社会主义进入新时代，满足人民美好生活需要的根本特征已经开始显现，消费升级的浪潮再次出现。与此同时，烟草行业的发展环境、条件和内涵都发生了深刻变化，卷烟销量的转折点已经到来，进入了转型升级的关键时期。

烟草行业正在努力构建现代化的烟草经济体系，为了实现高质量发展，积极推进"大品牌、大市场、大企业"战略，致力于培育十多个规模大、价值高、竞争力强的全国性品牌，从而推动整个产业链的提升和中国烟草的整体竞争力。

在高质量发展中，重点品牌再次扮演重要角色。面对消费升级的挑战，卷烟企业制定了新的发展目标，努力提高全要素生产率，不断打造可持续升级的品牌，并将民族卷烟产品从"扩量"转向"提质"，从"规模扩张"转向"维护创新"，通过不断创新和升级，进一步提升市场份额和竞争力。

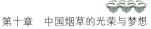

如今，中式卷烟的核心技术和风格特征已经赢得了中国消费者的广泛认可，国产卷烟品牌在国内市场占据了 99% 的份额。中国卷烟品牌也开始在国际舞台上崭露头角，让国外同行刮目相看，演奏出了惊艳世界的壮丽乐章。

四川中烟什邡卷烟厂建成行业首家智能制造能力成熟度（CMMM）四级工厂

📖 延伸阅读：中国烟草之最

●最早的卷烟厂是美商老晋隆洋行卷烟厂，成立于 1891 年，位于天津。

●最早的民族资本卷烟厂是湖北宜昌茂大卷叶烟制造所，由广东商人于 1899 年在宜昌兴办。

●最早的民族资本机制卷烟厂是北洋烟草公司，由清朝直隶政府和天津、北京商人集资于 1902 年在天津创办。

●最早的烟草机械厂是英美烟公司浦东厂铜匠间，1916 年开办于上海。

●最早的烟叶复烤厂是山东二十里铺烤烟厂，由英美烟公司于 1917 年在山东兴办。

●最早的雪茄工厂是益川工业社，1918 年开办于四川什邡。

●最早的铝箔纸生产厂是英商中国包装品有限公司浦东厂，1922 年开办于上海。

●最早的卷烟印刷厂是英美烟公司浦东印刷厂，1919 年开办于上海。

●最早的卷烟纸生产厂是民丰造纸厂，由中国商人竺梅先、金润庠于 1927 年购进嘉兴禾丰造纸厂改名而来。

●最早的烟草专卖局是 1942 年在重庆成立的烟草专卖局。

●新中国成立前最大的外商烟草企业是驻华英美烟公司，在中国各地有 11 个卷烟厂和 6 个烤烟厂。

●新中国成立前最大的民族资本烟草企业是南洋兄弟烟草公司，由华侨商人简照南于 1905 年兴办。

●第一家中外合资烟草企业是华美卷烟有限公司，于 1986 年 9 月 4 日由厦门卷烟厂、厦门经济特区联合发展有限公司、美国雷诺兹 – 纳贝斯克（中国）有限公司共同成立，于 1988 年 10 月 28 日正式投产。

●最大的卷烟厂是玉溪卷烟厂，年产卷烟约 200 万箱，位居烟草行业之首。

●最大的雪茄烟生产厂是长城雪茄厂，可追溯至 1918 年，也是目前国内生产雪茄烟最早的厂家之一。

●中国唯一的鼻烟生产厂是四川省西昌鼻烟厂，于 1986 年开始试生产，2000 年转产做烟叶复烤。

●最早的卷烟工业印刷厂是上海烟草工业印刷厂，始建于 1930 年，前身为英美烟公司印刷厂。

●第一家集技工贸为一体的香料公司是海南宝路国际香精香料有限公司，由中国烟草总公司、海南省公司和香港天利国际经贸公司筹建，1991年1月开始经营办公。

●最早种植晒烟的地方是福建漳州、泉州等地，于明朝历万年间自吕宋传入。

●最早种植烤烟的地方是台湾省，1900年开始种植。

●大陆最早种植烤烟的地方是湖北的光化、老河口和山东的潍县，1913年英美烟公司在这三个地方建立了美烟种子试验站，并于翌年在潍县坊子获得成功。

●最早种植香料烟的地方是浙江省新昌县，始于1951年。

●最早获得国际奖的烟叶是黄凤晒烟，曾获得1915年巴拿马国际博览会和1927年太平洋博览会奖。

●最早达到世界优质烟叶水平的县是河南宝丰县，该县是中美合作改进提高中国烟叶质量试点县，其产品已打入国际市场。

●最早引入中国的卷烟品种是"品海"牌10支装香烟，1889年由美国人菲里斯克带到上海试销。

●最早自行生产的卷烟牌号是"龙珠"牌香烟，由北洋烟草公司于1902年生产。

● 目前历史最久的卷烟牌号是"龙凤"牌和"阔佬"牌手工雪茄卷烟，起源于清朝光绪末年，目前由山东兖州雪茄烟厂生产。

● 近代最有名的卷烟是上海华成烟草股份公司生产的"美丽"牌香烟。1925 年，华成公司以上海一位走红戏剧女演员的剧照为装潢图案，因质量高且价格合理而声名鹊起。

● 中国最长的雪茄是长城雪茄厂生产的一支雪茄，全长119.18 米，环径 60，纯手工制作，卷制耗时 11 天，打破了由古巴人保持的 81.8 米的吉尼斯世界纪录，成为中国雪茄的第一个"世界之最"。

● 中国最早全面介绍烟草的图书是明朝张介宾的《景岳全书》。

● 中国最早记录烟草引种的著作是明朝姚旅的《露书》。

● 中国最早吟咏烟草的诗歌是明朝方文的《都下竹枝词》。

● 中国最早介绍鼻烟和鼻烟壶的著作是清朝王士祯的《香祖笔记》。

● 中国最早的烟草专著是清朝汪师韩的《金丝录》。

● 中国最早研究鼻烟和鼻烟壶历史的专著是清朝赵之谦的《勇庐闲诘》。

●中国最早的烟草诗专集是清朝朱履中的《淡巴菰百咏》。

●中国早期最有影响的烟草专著是清朝陆耀的《烟谱》。

●中国最早谈论卷烟和烟税的专著是清末秦辉祖的《烟草刍议》，于 1909 年出版。

●中国最早的卷烟诗是冯向华的《烟卷》："寸余纸卷裹香烟，指夹欣尝吸味鲜。倘使延烧将近口，舌焦唇敝火连牵。"见清朝张焘所撰《津门杂记》。

●中国最早谈论烟草专卖的文章是清末盛宣怀的《致载泽、绍英、陈邦瑞函》。

●中国最早谈论烟税沿革及税收制度的著作是李国藻的《烟酒税法提纲》，于 1916 年出版。

●最早介绍英美烟公司在华情况的专著是《英美烟公司在华事迹纪略》，于 1925 年出版。

●最详细介绍英美烟公司在华情况的专著是上海社会科学院经济研究所编写的《英美烟公司在华企业资料汇编》，于 1983 年出版。

●最详细介绍南洋兄弟烟草公司的史料是中国科学院上海经济研究所和上海社会科学院经济研究所编写的《南洋兄弟烟草公司史料》，于 1985 年出版。

●最早介绍制烟技术的专著是《制烟学》，于 1948 年出版。

●新中国成立后最早介绍烟草行业史的著作是上海国营中华烟草公司编写的《上海卷烟工业概况》，于 1950 年出版。

●新中国成立后最早介绍烟草厂史的资料是哈尔滨卷烟厂编写的《1904—1950 年哈尔滨烟厂简史》，于 1957 年出版。

●中国最早介绍烟厂工人斗争史的著作是中国上海卷烟一厂委员会宣传部编写的《战斗的五十年——上海卷烟一厂斗争史话》，于 1960 年由上海人民出版社出版。

●最详尽论述鼻烟壶渊源、历史及影响的专著是朱培切、夏更起编写的《鼻烟壶史话》，于 1988 年由紫金城出版社出版。

●最全面介绍烟草综合知识的读物是符树民编写的《烟草知识四百问》，于 1987 年出版。

●最早的烟草专业报纸是《北清烟报》，于 1916 年创刊。

●最早的烟草专业刊物是《烟草》月刊，于 1947 年 2 月创刊。

●最早介绍烤烟及种植方法的专著是牛森的《美种烟叶指南》，于 1934 年出版。

后记　烟草造福人类

由于有害健康等问题，烟草在现代社会引发了许多争议，但作为一种传统的农产品，烟草对人类社会的贡献也有目共睹。在科学界中还有一支新兴团队，试图将烟草的危害转化为有益之处。

医学界认为烟草具有广泛的医用价值。例如，美国已经培育出抗体烟草，从中可以提取抗癌和抗病毒干扰素，对肺癌的治疗非常有效。美国植物生理学家卡罗尔·克莱梅博士培育出一种转基因烟草，能够提取出防血栓蛋白。瑞典科学家将人类基因注入烟草苗株，可以从收获的烟草中提取到血液蛋白质活性物质 TPA，TPA 具有溶解血液凝块的独特功效，对治疗心脏病十分有益。还有一些科学家将牛胃里的一种杀菌酶注入烟草中，成功研发出新的抗生素。

生化学家认为烟草是一种珍贵的高蛋白资源。近年来，已经成功提取到可食用的烟叶蛋白质结晶体，其纯度高达99.7%，营养价值超过大豆、牛奶和鸡蛋等高蛋白食品。营养学家认为烟草还是一种更好的营养蛋白质来源。通过简便的工艺技术可以滤除烟草中的有害物质，得到纯蛋白粉。这种纯蛋白粉不含热量，可广泛应用于各类食品中，是一种极具价值的营养资源。

在美国加利福尼亚和波士顿，已有数家食品公司开始利用烟草提取的蛋白质晶体来制作各类食品，如类似鸡蛋清的溶液、糕饼、豆腐和"奶油冰激凌"。此外，农药研究专家们也开始探索利用烟草制作毒虫剂。烟草毒虫剂可以有效地毒杀害虫，对益虫无害。

在植物育种研究中，烟草也是重要的突破对象。例如，科学家们成功利用黄花烟草和秘鲁烟草进行了种间远缘杂交。近年来植物花药单倍体的研究利用，也是首先用烟草试验成功的；植物细胞的融合，同样是先在烟草属的绿色烟草和郎氏烟草中突破并成功地获得杂种。此外，烟草中的柠檬酸和苹果酸可以用于制作食品糖果及其他工业用途。

烟草被视为一种绿色工厂，可以生产高科技药物，如单克隆抗体。利用植物细胞生产单克隆抗体可以降低成本，且更安全。烟草是一种非常容易改良的物种，科学家们已经发现改良后的烟草与其他植物一样，可以生产基于蛋白质的药物，如治疗抗体和疫苗。这些药物可以治疗多种疾病，包括某种类型的乳腺癌。

由此看来，烟草为人类带来福祉的时代即将来临。

烟草的营养价值

除了提神解乏的功效，烟草还具有丰富的营养价值。烟草属于茄科草本植物，与马铃薯、西红柿、辣椒等属于同一科。烟草的青叶中富含丰富的蛋白质，蛋白质含量比大豆还要高，营养价值甚至可以媲美乳制品。干燥的烟叶中蛋白质含量高且质量很好，而且蛋白质含量与烟叶等级成反比，等级越低，蛋白质含量越高。

烟草为人类带来福祉的时代即将来临。

与其他植物蛋白质相比，烟草蛋白质具有三个显著的优势。首先，烟草中蛋白质含量高，通常可达到 15%，最高甚至可达到 17%，远远超过大豆中蛋白质的含量。据估算，种植 1 公顷烟草可获得 3 吨蛋白质，而大豆仅为 0.8 吨。大豆长期以来一直是植物蛋白质的冠军，但如今烟草有望夺过这个头衔。其次，烟草蛋白质的品质出色，烟草中的组分－1 蛋白（FIP）41 克相当于 45 克鸡蛋清的蛋白质，其营养价值与牛奶相当。动物喂养试验表明，烟草蛋白质的营养指数为 2.8，高于大豆蛋白质。第三，烟草蛋白质提取后呈结晶状，无异味，水溶性良好，具有广阔的开发利用前景。

除了丰富的蛋白质，烟草中还含有柠檬酸和苹果酸，可以提取制成天然饮料和保健饮品。此外，从烟草中还可以提取出有益于人体的糖、叶绿素、粗纤维、有机酸、矿物质和微量元素等。

烟叶被用作烹饪食材

在《芝加哥太阳时报》的一篇文章中，大卫·哈蒙德生动描述了许多富有创新精神的厨师如何利用烟草作为烹饪食材进行食品开发。

在古巴举办的第 15 届雪茄节上，来自克罗地亚萨格勒布市的美食餐饮俱乐部所有者兼行政主厨格古尔·巴克斯科展示了将烟草与美食搭配的独特方式。巴克斯科与两位厨师同行小心翼翼地将烤鱼片用烟叶和香蕉叶包裹,然后撒上咖喱和蜂蜜。在烘烤鱼片期间,他们向雪茄爱好者展示了如何将烟草汁液搅拌进黄油,以创造一种口味独特的蘸酱。此外,他们还使用火把将烟草烤干,用来给烤鱼片调味。

这种独特的烹饪方法展示了厨师们对创新的追求和对食材的巧妙运用,使烟草焕发出令人惊叹的美食魅力。

烟草的传统药用价值

烟草一直被视作具有防病治病功效的植物。人们认为,吸烟可以预防寒湿病症、活血御寒,并可以缓解倦意;烟草可以治疗皮肤炎症、腹泻、口腔炎等疾病。古人甚至将烟草用于对抗一些传染病,如伤寒、疟疾、流感和肺炎等。

历史记载,1665 年英国伦敦爆发鼠疫,许多人感染死亡,然而吸烟者却很少受到影响。人们据此认为烟草可以预防和治疗瘟疫,甚至有人上书英国国王,陈述烟草的功效,国王因此取消了禁烟令。

烟草不仅可以内服,还可以外用。用烟草水浸泡头发可以治疗头虱;将烟草泥敷在患处可以治疗肿毒;用烟油涂抹患处,或将烟草与其他中药一起煮水来浸洗皮肤,可以治疗蛇串疮、恶疮和促进伤口愈合。此外,香烟的烟灰还可以用来止痒和治疗脚气。

烟草具有广阔的现代医药发展前景

随着科技的不断进步，人们现在能够从烟草中提取和合成许多具有药用价值的物质。烟草的医药价值越来越受到认可，并且涉及的领域越来越广泛。烟草已经从过去的"致癌物"转变为现在的"治癌物"。

一个名叫欧文的美国生命起源遗传公司经理认为，通过遗传工程可以使烟草产生抗癌物质。他的公司成功地从烟草中提取出一种能够预防皮肤癌的黑色素酶。此外，美国斯坦福大学的科学家们发现，从烟草中提取出的一种化学物质可以用于治疗血癌和淋巴癌。加州物资资源科技公司的人员还在烟草中发现了一种抗癌免疫物质，将其注射到患者体内后，抗体开始攻击癌细胞。

除了治疗癌症，利用烟草植株繁殖抗病毒疫苗的研究也取得了许多成果。2014 年，英美烟草旗下的 KBP 公司与一个研究机构共同研发出一种名为 ZMapp 的有效的抗埃博拉病毒药物。2020 年，KPB 公司克隆了新冠病毒基因序列的一部分，并产生了一种抗原，这种抗原能够在人体中诱导免疫反应并产生抗体。目前，这种抗原已经被插入烟草植株中进行繁殖，一旦收获，就可以进行纯化。

中国工程院的朱尊权院士提出，烟草的生物特性使其成为理想的生物工程研究对象。可以将一些有益的基因导入烟草中，或者将其制剂添加到卷烟中。根据中医理论，烟气可以直接接触到胸肺和病变部位，或者通过血管吸收而影响全身。相比于口服药物再通过消化系统吸收，这种方法更为高效。因此，这可以成为多方合作攻关的一个课题。

烟叶的工农业经济价值

现在，从烟草中提取多种工业原料已经成为可能。例如，我们可以从烟草中提取香精。通过先进的分析仪器，人们已经能够确定烟草和烟气中存在数百种致香成分，并且可以使用提取和人工合成等技术来生产所需的单一香精。将从烟草中提取的香精应用于卷烟生产，可以显著提高卷烟产品的香气质量。

我们还可以通过烟草获取烟草浸膏，这可以从任何类型的烟草中提取。其中，烟草花浸膏具有温和的烟草花香味，十分清甜，可直接应用于增添卷烟和烟草薄片的香味。从烟草籽中可以提炼出工业用油。在提取出多种有效物质后，剩下的纤维残渣可以作为造纸原料使用。

此外，烟草还可以在农业上发挥作用，可以被用于制作肥料和杀虫剂。将烟筋或烟茎晒干后粉碎，与石灰混合后撒在田地中，对预防虫害非常有效。粉末施用后几天内就会分解，无残留毒污染，对环境、作物、人类和家禽都没有不良影响。因此，现在许多国家都在果蔬成熟期施用这类物质。

烟草废料也可以转化为优质的有机肥料。劣质烟叶、烟厂

烟草是人生路上的剑和盾。

——弗洛伊德

生产中剔除的烟末、烟屑和烟梗等，在经过发酵处理后可以变成上等的有机肥。

通过已经取得的这些研究成果我们可以看出，烟草在各个领域都有着广阔的发展潜力。克莱梅博士预言："也许再过十年，药用烟草将大规模种植。"烟草的多重价值随着烟草科技的深入发展而得以体现，这也决定了烟草产业的长期兴盛和广阔的发展前景。

烟草的多重价值随着烟草科技的深入发展而得以体现，这也决定了烟草产业的长期兴盛和广阔的发展前景。

参考文献

刘杰：《烟草史话》，社会科学文献出版社，2014。

〔日〕川床邦夫：《中国烟草的世界》，商务印书馆，2011。

〔美〕班凯乐：《中国烟草史》，北京大学出版社，2018。

杨国安：《中国烟业史汇典》，光明日报出版社，2002。

中国烟草通志编纂委员会：《中国烟草通志》，中华书局，2006。

袁庭栋：《中国吸烟史话》，山东画报出版社，2007。

《中国烟草工作》编辑部：《中国烟草史话》，中国轻工业出版社，1993。

《中国烟草》，2022年第7期。

中国烟草学会、中国烟草博物馆：《中国烟草文化图录》，2004。

〔法〕迪迪埃·努里松：《烟火撩人：香烟的历史》，三联书店，2013。

〔英〕伊恩·盖特莱：《尼古丁女郎：烟草的文化史》，上海人民出版社，2004。

图书在版编目（CIP）数据

宽窄说：烟草之书 / 四川中烟工业有限责任公司编著；
段炼编撰 . -- 北京：华夏出版社有限公司，2024.3
ISBN 978-7-5222-0566-3

Ⅰ.①宽… Ⅱ.①四… ②段… Ⅲ.①烟草工业—工业史
—中国 Ⅳ.① F426.89

中国国家版本馆 CIP 数据核字（2023）第 197179 号

宽窄说：烟草之书

编　　著	四川中烟工业有限责任公司	
编　　撰	段　炼	
责任编辑	霍本科　　王梓臻	
责任印制	刘　洋	
封面设计	戴智虹	

出版发行	华夏出版社有限公司
经　　销	新华书店
印　　装	三河市万龙印装有限公司
版　　次	2024 年 3 月第 1 版　 2024 年 3 月第 1 次印刷
开　　本	710×1000　1/16 开
印　　张	24
字　　数	250 千字
定　　价	128.00 元

华夏出版社有限公司　社址：北京市东直门外香河园北里 4 号
邮编：100028　　网址：www.hxph.com.cn
电话：010-64663331（转）
投稿合作：010-64672903；hbk801@163.com

若发现本版图书有印装质量问题，请与我社营销中心联系调换。